KB095898

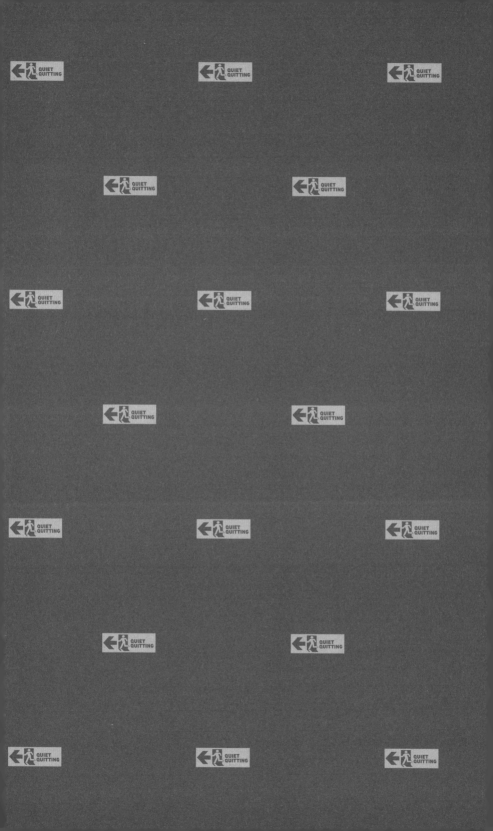

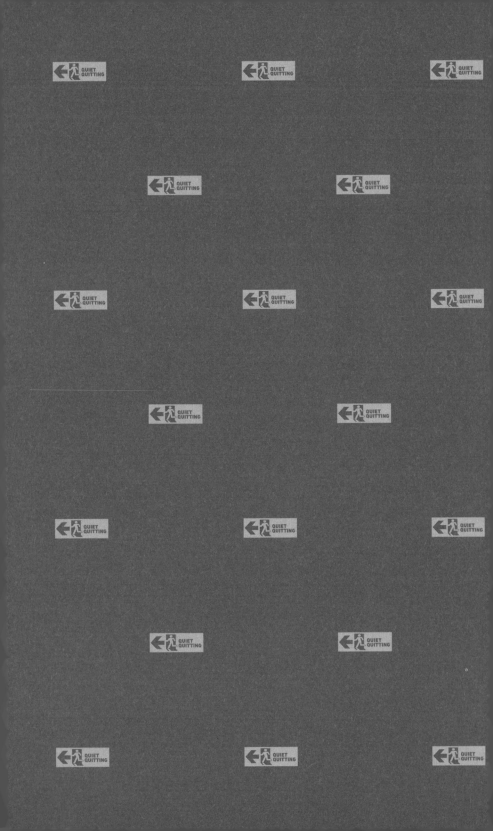

조용한퇴사

MZ세대가 조직을 버리는 이유

조용한 퇴사

이호건 지음

QUIET QUITTING

QUIET QUITTING

월요일의꿈

조용한 퇴사자가 늘고 있다!

"동렬이도 없고… 종범이도 없고…."

초창기 한국 프로야구를 주름잡던 해태 타이거즈의 김응용 감독이 1998년 모 언론과의 인터뷰에서 남긴 유명한 말이다. 당시 팀의 핵심 전력인 투수 선동렬과 유격수 이종범이 일본 프로야구로 이적한 뒤 전력이 약해지자 푸념조로 한 말인데, 이를 개그맨들이 흉내 낸 탓에 국민적인 유행어가 되었다. 김응용 감독은 한국 프로야구가 출범한 1983년 초대 우승을 포함하여 1989년까지 무려 5번이나 팀을 챔피언으로 이끈 명장이었지만, 투타의 핵심 전력이 이탈하자 누구라도 붙잡고 하소연하고 싶었을 것이다(푸념과는 달리, 그는 2000년도까지 감독직을 맡으면서 4번의 우승을 추가하여 18년 동안 총 9차례나 우승을 거머쥐었다). 우승 트로피를 놓고 치열한 전쟁을 치르는 마당에 투타의 핵심이 떠나버린 일은 마치 차포車包를 떼놓고 장기를 두는 것처럼 난감한 상황이었을 것이다.

오늘날 조직 리더도 종종 1998년 당시 김응용 감독의 입장에 놓이게 된다. 급변하는 경영환경과 치열한 경쟁 속에서 끊임없이 성과를 창출해야 하는 상황에서 능력 있는 구성원이 조직을 떠나는 경우가 빈번하게 발생하고 있기 때문이다. 모두가 힘을 합쳐도 목표 달성이 쉽지 않은데, 외려 이탈자가 발생하면 아무리 뛰어난 리더라도 난처한 입장에 처할 수밖에 없다. 누구라도 그런 상황에 처하게 되면 자연스럽게 "동렬이도 없고… 종범이도 없고…"라고 읊조렸던 김응룡 감독의 심정에 격하게 공감하게 된다. 비유하자면, 오늘날 조직 리더는 '동렬이'와 '종범이'가 떠나버린 프로야구 감독이다.

상황이 더욱 심각한 측면도 있다. 당시 김응용 감독의 경우에는 선동렬과 이종범이 떠날 것이라는 사실을 어느 정도 짐작할 수 있었다. 자질과 성적에서 군계일학처럼 돋보이는 그들인지라 외국의 명문 구단에서 눈독을 들이고 있다는 사실은 공공연한 비밀이었다. 감독도 머지않아 그들이 더 큰 무대로 떠날 것임을 이미 예상하고 있었을 것이다. 그럼에도 막상 이별이 현실이 되자 충격이 적지 않았다. 그런데 오늘날 조직 리더는 '동렬이'와 '종범이'가 떠난다는 사실을 전혀 눈치채지 못하는 경우가 많다. 별문제 없이 조직에 잘 적응하고 있다고 생각했는데 어느 날 갑자기 사직서가 날아든다. 아닌 밤중에 홍두깨라고 해야 할까, 아니면 믿는 도끼에 발등을 찍혔다고 해야 할까? 아무튼 오늘날 조직 리더는 MZ세대 부하직원으로부터 느닷없는 결별 통보를 받는다. 그래서 더욱 난감하고 치명적이다.

오늘날 MZ세대는 왜 별다른 징후도 보이지 않고, 사전에 상의도 없이 퇴사 의사를 밝히는 것일까? 갑자기 사직서를 받아든 리더로서는 당황스럽겠지만, 생각해보면 그리 이상한 일도 아니다. 수많은 대중의 주목을 받는 슈퍼스타도 아닌 마당에 자신의 이직 여부나 퇴사 의사를 타인에게 공공연히 드러내는 것은 결코 권장할 만한 행동이 아니다. 그런 유형의 일은 마치 첩보원이 007작전을 수행하듯 비밀리에, 그리고 신속하게 진행해야 한다. 사전에 정보가 유출되면 작전 수행에 심각한 장애가 생길 수 있다. 노량해전에서 이순신 장군이 자신의 죽음을 적에게 알리지 않았듯이, 퇴사나 이직 프로젝트를 수행할 때도 비밀 유지는 필수다. 특히 직속 상사에게는 더더욱 그러하다. 프로젝트의 성격상 직속 상사는 언제나 적敵일 수밖에 없으니까.

오늘날 MZ세대가 비밀 첩보작전 하듯 조직을 떠나는 현상을 단적으로 나타내는 표현이 있다. 바로 '대퇴사 시대'와 '조용한 퇴사'이다. '대퇴사 시대The Great Resignation'는 코로나 팬데믹 이후 미국에서 매달 400만 명 이상의 직장인이 자발적으로 퇴사하는 현상을 일컫는 말인데, 문제는 코로나 거리 두기가 끝난 상황에서도 떠나간 이들이 직장으로 돌아오지 않고 있다는 데 있다. 그 결과, 2022년 10월 현재 미국에는 비어 있는 일자리가 1000만 개가

넘는 실정이다. 게다가 최근 MZ세대 사이에서 '조용한 퇴사' 열풍이 확산하면서 기업들을 곤혹스럽게 만들고 있다. 조용한 퇴사 Quiet quitting를 직역하면 '조용히 그만둔다'는 뜻이지만, 실제로는 '직장에서 최소한의 일만 하겠다'는 의미를 담고 있다. 직장을 그만두지는 않지만 정해진 시간과 업무 범위 내에서만 일하겠다는 태도로 일종의 '심리적 퇴사'라 할 수 있다. 현재 직장이나 업무가 마음에 들지 않지만 사표는 쓰지 않고 자리만 지키겠다는 것이다. 대퇴사가 '이혼離婚'이라면 조용한 퇴사는 '졸혼卒婚'에 해당한다.

조용한 퇴사는 MZ세대 특유의 가치관과 직장관이 발현된 새로운 현상이라 할 수 있는데, 일각에서는 '대퇴사'의 연장선으로 인식하고 있다. 실제로 미국 갤럽에 의하면, 미국 직장인의 50%가 조용한 퇴사자라는 충격적인 결과도 보고된 바 있다.[1]

조용한 퇴사자는 당장 퇴직률 통계에는 잡히지 않아서 '대퇴사'보다는 덜 심각해 보이지만 그것이 유발하는 영향이나 결과는 결코 사소하지 않다. 조용한 퇴사자는 조직 성과에 기여하는 바가 미미하고, 새로운 인력을 충원하는 데도 걸림돌이 된다. 사소한 계기로도 언제든 퇴직자로 전환될 수 있기 때문에 장기적으로는 퇴사자와 별반 다를 게 없다. 애정이 식어버린 부부가 오랫동안 별거를 지속하면 언제 이혼서류에 도장을 찍어도 전혀 이상할 것이 없는 법이다. 이런 이유로 인해 '조용한 퇴사'는 '대퇴사'와 동일한 관점에서 다루어야 할 중대한 사안이다.

'대퇴사 시대'나 '조용한 퇴사'는 미국에서만 벌어지는 국지적 현상일까? 그렇지 않다. 구인구직 매칭 플랫폼인 '사람인'이 직장인 3,293명을 대상으로 조사한 결과, 월급 받은 만큼만 일하면 된다고 답한 직장인이 전체의 70%에 달했다.[2]

대한민국에서도 '조용한 퇴사' 트렌드는 현재진행형이라고 보는 게 맞다. 물론 최근에 벌어지고 있는 대퇴사 이슈나 조용한 퇴사 현상을 국지적 또는 일시적으로 일어난 미풍微風 정도로 볼지, 아니면 노동시장의 본질적 변화를 나타내는 중대한 변곡점으로 봐야 할지에 대해서는 이견이 있을 수 있다. 하지만 그러한 현상이 직장에서의 승진이나 보상보다는 개인적 삶과 행복을 더 중요시하는 MZ세대 특유의 가치관에서 비롯되었다는 점, 그리고 그것이 기업의 생산성 저하와 경쟁력 약화로 이어진다는 점 등을 고려한다면 일시적 바람으로 치부하기보다는 적극적으로 대응하여 부작용을 최소화하는 게 보다 현명한 대처일 것이다.

《조용한 퇴사》는 최근 노동시장에서 벌어지고 있는 '대퇴사'와 '조용한 퇴사' 현상에 대한 문제 인식과 대응책 모색을 위해 쓰였다. 이를 위해 주목한 포인트는 최근 노동시장에서의 변화 양상과 MZ세대 특유의 가치관이다. 1장에서는 오늘날 노동시장에서 MZ세대가 조직을 떠나는(혹은 버리는) 현상을 입체적으로 조망하였다. 여기에는 거시적 관점에서 노동시장의 구조적 변화와 미시적 관점에서 MZ세대의 가치관에 대해 다루었다. 2장에서는 MZ세대가 조직을 떠나는 원인에 대해 논하였다. 사람들은 새로운 현상이 발생하면 한 가지 원인으로 간단명료하게 해석해주는 것을 선호한다. 하지만 다양성과 개인화를 특징으로 하는 MZ세대의 특성상 그들이 조직을 떠나는 이유를 한두 가지 요인만으로 설명하는 것은 불가능하다. 여기서는 그들이 조직을 떠나는 이유를 15가지 관점에서 다각도로 논한다. 3장에서는 MZ세대가 조직을 떠나는 현상에 대한 대책을 소개한다. 대책에는 MZ세대가 조직을 떠나지 않게 하는 방법과 더불어 퇴사자를 어떻게 바라보고 대할 것인가도 포함한다. 어떤 이유에서건 조직을 떠나는 사람을 잘 보내주는 것도 남아 있는 직원을 위한 중요한 메시지가 되기 때문이다.

흔히 사람들은 조직과 직원의 관계를 사랑에 비유하기도 한다. 가장 바람직한 관계는 조직이 개인을 끝까지 사랑하고 책임지며, 직원들 또한 조직에 대한 애정을 가지고 충성을 다하는 상태일 것이다. 이는 분명 매우 아름다운 그림이다. 하지만 사람들은 진정한 사랑 속에는 언제나 '자유'가 내포되어 있음을 이해하지 못하는 경우가 많다. 한번 함께하기로 결정했으면 어떤 일이 있어도 그 마음을 바꾸지 않아야 진정한 사랑이라고 믿는다. 하지만 이는 지나치게 '나이브'한 생각이다. 실존주의 철학자 장 폴 사르트르Jean Paul Sartre는 진정한 사랑의 필수 조건으로 '자유로운 선택'을 강조했다. 여기서 자유란 나를 사랑할 자유만이 아니라 나를 떠날 자유, 심지어 나를 버리고 다른 사람을 사랑할 자유까지 포함한 개념이다. 그러한 자유를 허용하지 않는 상태는 사랑이 아니라 구속에 가깝다. 상대방에게 나를 버리고 언제든 다른 사람을 사랑할 자유가 있음에도 불구하고, 그 자유의 가능성을 억누른 채 나를 사랑할 때 진정한 사랑이라 할 수 있다.

조직과 개인 간의 사랑도 이와 유사하다. 구성원이 조직을 선택한 것은 전적으로 개인의 자유다. 마찬가지로 지금의 조직을 떠나거나 새로운 직장을 찾아 이직하는 것도 자유다. 그 새로운 선택을 할 자유가 있음에도 그것을 억누르고 현재 조직을 선택해야 진정한 사랑이다. 오늘날 MZ세대는 기성세대에 비해 사랑에 관한 한 '쿨'한 편이다. 자유롭게 만나고 자유롭게 사랑하고 자유롭게 헤어진다. 조직과의 관계 설정도 동일한 관점에서 이루어진다. 이런 특성으로 인해 조직과의 만남을 영원으로까지 승화시키려는 경우는 극히 드물다. 쉽게 만나고 언제든 헤어질 수 있다고 생각한다. 이렇듯 자유로운 영혼을 가진 MZ세대와 관계를 지속하는 일은 어쩌면 힘들고 피곤한 일일 수도 있다. 하지만 달리 방도가 없다. 자유로운 영혼의 소유자와 사랑을 하려면 먼저 상대방의 자유를 인정해야 한다. 자유가 없는 상태에서는 진정한 사랑도 없으니까. 결국 오늘날 경영자나 리더에게는 조직과 개인의 관계 설정에 있어 새로운 사랑 방정식을 만들어야 하는 과제가 주어진 셈이다. 과거 방식으로는 더 이상 사랑의 불꽃이 타오르지 않기 때문이다. 부디 이 책이 MZ세대와의 열렬한 사랑을 꿈꾸는 조직 리더에게 한 줄기 빛이 되기를 희망해본다.

2022년 말 겨울의 문턱에서
이호건

차례

3. 대책:
MZ세대와 더불어 걸어가는 법

1. 현상

도대체 MZ세대에 무슨 일이
벌어지고 있는가?

01 퇴직, 일상이 되다: '대퇴사 시대'에 '조용한 퇴사'까지

"축하해주세요. 저, 드디어 해냈습니다." 이 말은 언제 사용하는 표현일까? 취업준비생이 취업에 성공했을 때일까, 아니면 직장인이 다니던 회사에 사직서를 제출할 때일까? 정답은 '둘 다'이다.

오늘날과 같이 극심한 취업난에 시달리는 시대에 취업준비생이 입사入社에 성공했다는 것은 무엇보다도 축하할 일이다. 저성장이 고착화된 작금의 현실에서는 취업 시장의 문은 지나치리만큼 좁다. 오죽하면 취업 성공을 낙타가 바늘구멍을 통과하는 것에 비유하겠는가!

그러나 세상사가 대부분 그러하듯 고난을 이겨낸 자에게는 복이 오는 법이다. 일단 취업이라는 '좁은 문'을 통과한 자에게는 새로운 세계가 펼쳐진다. 취업 성공이라는 월계관을 쓴 자에게만 주어지는 특권이라고나 할까. 어려운 관문을 통과한 자에게는 카스트 제도에서 한 단계 높은 계급으로 올라갈 자격이 부여된다. '정규직 사원증'은 그것을 보증해주는 일종의 신분증명서다. 정규직 사원증을 목에 건 사람에게는 인간다운 생활을 영위할 수 있도록 매월 월급이 꼬박꼬박 나오고 주기적으로 보너스도 지급되며 연말이 되면 두둑한 성과급이 추가로 주어지기도 한다.

어디 그뿐인가. 그에게는 누구를 만나더라도 당당하게 '나는 이런 사람입니다'라고 밝힐 수 있는 표찰(통상 '명함'이라고 부르는)이 주어진다. 그리고 자신만의 공간, 책상과 의자, 게다가 고급 사양의 노트북까지 무상으로 지급된다. 식사 때가 되면 영양과 건강을 고려한 정찬이 무료로 주어지고 출퇴근 시 불편함이 없도록 대형 리무진 버스와 기사도 제공된다. 주기적인 검진을 통해 건강관리를 해주고 지나친 노동에 건강을 잃지 않도록 적절한 휴식과 휴가도 보장한다. 이렇듯 정규직 사원증이란 범상치 않은 신분임을 보여주는 증명서이자 한 단계 높은 신분으로 오를 수 있는 계층 사다리인 셈이다. 정규직 사원증만 있으면 미국의 심리학자 매슬로가 욕구 단계 이론에서 언급했던 1·2·3단계 욕구(생리·안전·사회적 욕구)가 단번에 해결된다.

눈에 보이지 않는 특권도 있다. 어쩌면 이것이 앞서 소개한 특권들보다 훨씬 가치 있는 것일 수도 있다. 그것은 바로 직장 선택의 자유가 주어진다는 점이다. "고기도 먹어본 사람이 많이 먹는다"라는 속담처럼, 취업도 한 번 성공한 사람에게는 더 이상 어려운 관문이 아니다. 한 번이라도 '좁은 문'을 통과한 사람은 이미 능력 검증은 마친 셈이다. 게다가 어찌되었건 실무 경험까지 겸비했으니 '생초짜' 신입보다는 노동시장에서 우대를 받는다. 경력 제로zero의 신입 직원과는 출발선이 다르다. 한 번 신분 상승을 이룬 사람은 그 자리를 떠나도 해당 신분은 계속 유지되는 법이다.

사실 대학 졸업(예정)자를 대상으로 하는 신규 직원 채용 시장은 취업하려는 사람에게도, 뽑으려는 회사 측에도 모두 고역苦役이다. 취업준비생은 좁은 문을 통과하느라 고생이고 채용하려는 기업은 수많은 지원자 중에서 옥석을 고르느라 골치가 아프다. 막상 우수 인재라고 해서 뽑아도 곧바로 현장에 투입하기 어렵고 다시 처음부터 실무를 하나하나 가르쳐야 한다. 어느 정도 실무 경험을 쌓고 나면—그래서 밥값을 할 즈음이면— 더 나은 조건을 제시하는 곳으로 이직하는 경우도 다반사다. 그러다 보니 기업에서도 아예 신입 직원보다는 경력 직원을 선호하는 추세다. 노동시장의 이러한 변화는 처음 직장을 구하려는 사람에게는 크나큰 장애물이다. 하지만 기존 직원에게는 이것이 또 다른 기회 요인이 된다. 능력이 검증되었고 어느 정도 실무 경험을 갖춘 인재라면 어디라도 반기는 분위기다. 이러한 수요-공급의 법칙에 따라 취업 시장에서의 '빈익빈부익부' 현상은 더욱 심화된다. 첫 직장을 구하는 취준생에게 취업의 문은 점점 좁아지고 이미 취업에 성공한 경력자에게는 여러 선택지가 주어진다.

상황이 이렇다 보니 직장의 풍속도도 변하고 있다. 과거에는 직장인이 퇴사하면 '적응 실패, 낙오, 무능력, 퇴출, 아웃사이더' 등 온갖 부정적인 이미지가 덧씌워지기도 했다. 하지만 지금은 퇴사의 의미가 전혀 다른 느낌으로 다가온다. 퇴사는 아무나 할 수 있는 일이 아니며 자유롭게 이직을 선택할 수 있는 능력자만이 행할 수 있는, 호기로운 행동이다. 특히 자발적으로 퇴사한다는 것은 더 나은 조건의 회사로 이직한다는 것을 의미하기에 그 자체로 영전榮轉이며 자신이 능력자임을 증명하는 표상이다. 따라서 "축하해주세요. 저, 드디어 해냈습니다"라는 표현은 취업준비생만이 아니라 퇴직자가 기존 직장에 사표를 내던지면서 내뱉는 자축自祝의 말이기도 하다.

퇴사자를 바라보는 동료의 반응도 과거와는 사뭇 달라졌다. 예전에는 퇴사자를 안쓰럽게 바라보면서 걱정해주는 분위기가 일반적이었다면, 요즘은 전혀 딴판으로 바뀌었다. 이제 퇴사는 축하할 일이며 칭찬과 예찬의 대상이다. 따라서 함께 일하던 동료가 퇴사한다는 소식을 접하면 부러움과 동시에 '나도 언젠가는 더 나은 곳을 찾아서 떠나야지'라는 마음을 갖게 된다. 이처럼 퇴사에 덧씌워진 부정적 이미지가 사라지고 긍정적 행위로 여겨지면서 사표를 쓰는 일이 당사자에게 더 이상 부담으로 작용하지 않게 되었다. 오히려 일상화되고 장려되는 행동이 되고 말았다.

혹자는 이러한 현상을 '대퇴사The Great Resignation 시대'라고 부르기도 한다. 대퇴사 시대란 미국 텍사스 A&M대학의 앤서니 클로츠 교수가 2021년 언론과의 인터뷰에서 처음 사용하여 공식 용어로 자리 잡은 말이다. 1929년 미국의 '대공황The Great Depression'이란 용어에서 차용한 비유적 표현이다. 대퇴사란 코로나 팬데믹을 거치며 자발적으로 회사를 사직하는 노동자의 숫자가 급격히 증가하는 현상을 말한다. 미국에서는 2021년 1월부터 10월까지 무려 3,900만여 명의 노동자가 자진 퇴사했다. 이는 통계를 집계하기 시작한 2000년 이후 최고치에 달하는 것으로 전례가 없는 규모다.[3] 클로츠 교수는 이처럼 수많은 직장인이 퇴직 러시에 동참하는 현상을 마치 1929년 대공황처럼 특별한 사건으로 보았다. 그리고 이것이 일시적 현상이 아닌 구조적 변화라고 판단했다. 그래서 그냥 퇴사가 아니라 '대퇴사The Great Resignation'라고 명명했다.

그런데 최근 또 다른 기류도 나타나고 있다. 대퇴사에 이어 MZ세대를 중심으로 '조용한 퇴사Quiet quitting'가 확산하고 있기 때문이다. 조용한 퇴사란 미국 뉴욕에 거주하는 20대 엔지니어인 '자이들 플린Zaidle ppelin(이용자명)'이 자신의 틱톡 계정에 올린 동영상이 화제가 되면서 전 세계로 확산된 것인데, 직장을 그만두지는 않지만 정해진 시간과 업무 범위 내에서만 일을 하겠다는 태도를 말한다. 사표를 던지지는 않지만 그렇다고 열심히 일하지도 않겠다는 태도로 장시간 노동이나 업무 과몰입은 거부하겠다는 인식의 표출이다. 조금 야박하게 표현하면, 조직에 대한 충성심이나 업무에 대한 열정을 회수한 채 '영혼 없는 월급쟁이'로 남겠다는 심사라 하겠다. 대퇴사가 '적극적 퇴직' 행위라면 조용한 퇴사는 '소극적 퇴직'에 해당한다.

조용한 퇴사는 실제 사표를 쓰는 것은 아니기에 대퇴사와는 전혀 다른 현상처럼 보이기도 한다. 하지만 MZ세대 특유의 가치관이 반영된 점, 그것이 기업에 미치는 영향 등을 고려할 때 조용한 퇴사는 대퇴사의 연장이라고 보는 편이 타당할 것이다. 대퇴사가 조용한 퇴사로 이어진 배경에는 경기침체와 고물가의 여파로 노동시장에 찬바람이 불기 시작한 것과 무관하지 않다. 노동시장의 상황이 좋지 않을 때는 용감하게 직장을 그만두기보다 안정적으로 월급을 유지하면서 최소한의 일만 하는 것이 보다 현명하다는 판단이 작용했을 가능성이 크다. 조용한 퇴사자는 주어진 일만을 최소한의 범위 안에서 하기 때문에 조직 성과에 기여하는 바가 미미하다. 떡하니 조직에서 자리를 차지하고 있기 때문에 새로운 인력을 충원하는 데도 걸림돌이 된다. 게다가 경기가 회복되어 노동시장이 활성화되면 언제든 대퇴사 대열에 동참할 수 있는 '잠재적 퇴직자'다.

그런데 대퇴사나 조용한 퇴사 현상은 비단 미국만의 문제가 아니다. 대한민국에서도 젊은 세대를 중심으로 퇴사 러시가 이어지고 있고, 이직이 어려운 경우에는 조용한 퇴사에 동참하고 있다. 취업 플랫폼 기업인 잡코리아가 20~30대 남녀 직장인 343명을 대상으로 '첫 이직 경험'을 조사한 결과 MZ세대 10명 중 3명 이상이 입사 1년이 되지 않아서 퇴사한 것으로 조사되었다.[4] 구체적으로 살펴보면 입사 1년차에 퇴사한 사람의 비율은 37.5%에 달했고 2년차 27%, 3년차 17.8%, 4년차 5.4%, 5년차 4.6% 순으로 나타났다. MZ세대 입사자 가운데 2년 이내에 절반 이상이 퇴사하고 5년 이내에 90% 이상이 퇴직하는 것으로 나타났다.

그것만이 아니다. 또 다른 조사에서도 비슷한 결과를 보였다. 취업 플랫폼 기업인 사람인에서 2021년 국내 기업 500개사를 대상으로 '1년 이내 조기 퇴사자' 현황을 조사한 결과 조사 기업의 49.2%가 MZ세대의 1년 이내 조기 퇴사율이 높다고 응답했다.[5] 한쪽에서는 최악의 취업난이라며 구직의 어려움을 호소하지만, 다른 쪽에서는 조기 퇴사자 때문에 골머리를 앓고 있다.

퇴사와 함께 조용한 퇴사 현상도 곳곳에서 감지되고 있다. 채용 플랫폼 '사람인'이 직장인 3,923명을 대상으로 진행한 설문조사에서도 응답자의 70%가 "딱 월급 받은 만큼만 일하면 된다"고 응답했다. 연령별로도 20대(78.5%)와 30대(77.1%)의 응답 비율이 40대(59.2%)와 50대(40.1%)보다 높아서, MZ세대가 조용한 퇴사에 더 동참하고 있는 것으로 나타났다.[6] 서울대 소비트렌드분석센터가 내놓은 《트렌드 코리아 2023》에서도 대한민국의 변화상의 핵심 키워드 중 하나로 조용한 퇴사를 꼽았다. 요컨대, 대한민국에도 MZ세대를 중심으로 퇴직이 일상화되는 '대퇴사 시대'가 도래했고, '조용한 퇴사' 열풍이 감지되고 있다.

MZ세대들은 왜 어렵게 구한 직장을 그토록 쉽게 내던지는 것일까? 앞서 언급한 잡코리아 조사에 의하면 MZ세대가 이직을 결심하게 된 이유는 다음과 같다(복수 응답 결과임).

① 업무 과다 및 야근으로 개인 생활을 누리기 힘듦(38.6%)
② 낮은 연봉에 대한 불만(37.1%)
③ 회사의 비전 및 미래에 대한 불안(27.8%)
④ 상사 및 동료와의 불화(17.8%)
⑤ 일에 대한 재미가 없어서(11.25)

큰 차이는 아니지만, MZ세대는 연봉보다는 워라밸work and life balance(일과 삶의 균형)에 대한 불만족 때문에 이직을 결심하는 것으로 나타났다. 미래에 대한 불안이나 상사·동료와의 갈등, 업무에 대한 흥미 부족 등도 주요한 퇴직 사유가 되었다.

한편 기업의 인사 담당자를 대상으로 설문을 진행한 사람인의 조사에서는 퇴직 사유를 다음과 같이 파악한 것으로 나타났다(복수 응답).

① 개인 만족이 훨씬 중요한 세대라서(60.2%)
② 이전 세대보다 참을성이 부족해서(32.5%)
③ 시대 변화에 기업이 따라가지 못해서(30.5%)
④ 호불호에 대한 표현이 분명해서(29.5%)
⑤ 장기 노력의 성과에 대한 기대치가 낮아서(26.8%)
⑥ 조직 내 불공정을 참지 못해서(13.0%)

두 조사 모두 MZ세대의 조기 퇴사율이 높다는 결과를 내놓았지만, 퇴직 사유에 대한 원인 분석에서는 서로 달랐다. MZ세대를 직접 조사 대상으로 삼은 잡코리아의 조사에서는 불만족스러운 워라밸, 낮은 연봉, 미래에 대한 불안, 인간관계에서의 갈등, 일에 대한 재미 없음 등 구체적인 불만 요인이 드러난 반면, 기업의 인사 담당자를 대상으로 진행한 사람인의 설문에서는 퇴직자의 세대 특성이 주요한 요인으로 작용한 것으로 파악되었다. 즉 회사 일보다는 개인 만족을 중요시하고 참을성이 적으며 호불호에 대한 의사 표현이 분명한 MZ세대의 특성이 기성세대보다 퇴사 결심을 쉽게 하도록 만들었다는 분석이다.

어느 쪽의 분석이 맞을까? 양쪽 모두 일리는 있다. 두 조사 결과를 비교해보면 퇴사를 결심한 MZ세대와 이들을 바라보는 기업의 시각차가 존재함을 알 수 있다. 결과로 나타난 수치만 보면 MZ세대가 기성세대에 비해 쉽게 퇴직 결정을 하는 것처럼 보인다. 하지만 그들에게도 퇴직이란 결코 쉬운 선택은 아닐 것이다. MZ세대가 아무리 돈보다는 워라밸을 추구하고 조직보다는 개인의 만족과 행복을 추구하는 경향이 있다 하더라도 퇴사 결정이란 여전히 많은 고민과 선택 비용이 소요되는 행위이기 때문이다.

한편 MZ세대의 조기 퇴직률이 높은 이유가 무엇이건, 누구에게 귀책사유가 있건 간에 해결책을 마련해야 하는 쪽은 기업이다. 시간과 비용을 들여서 어렵게 뽑은 인재가 조기에 퇴사해버리면 안정적인 조직 운영이나 기업의 성장에 악영향을 미치기 때문이다. 게다가 대퇴사 시대를 맞아 어렵지 않게 퇴직과 이직을 선택하는 친구나 동료를 보면서 남아 있는 직원들의 마음도 흔들리기 쉽다. 동료의 퇴직 소식을 자주 접하다 보면 '나도 퇴직을 고민해야 되는 것 아닐까?' 하는 마음이 절로 들기 마련이다. 그 결과 퇴직 러시에 동참하는 사람이 생겨나거나, 과거라면 그냥 참고 넘어갈 만한 사소한 불만이 퇴직이라는 극단적인 결과로 이어질 수도 있다.

대퇴사 대열에 동참하고 싶어도 갈 곳이 없을 때는 어떻게 할까? 많은 경우 '조용한 퇴사' 모드로 바꾼다. 칼을 뽑았으면 무라도 베야 하지 않겠는가. 대퇴사가 능력자의 선택지라면 조용한 퇴사는 그렇지 못한 사람의 피난처에 해당한다. 여하튼, 둘 다 현재의 직장과 업무에서 노력과 열정을 거둔다는 면에서는 동일하고,

기업 입장에서는 손 놓고 지켜볼 수만은 없는 위험요소다.

결국, 오늘날 조직은 현재 벌어지고 있는 대퇴사와 조용한 퇴사 현상을 단지 MZ세대의 독특성으로만 치부할 것이 아니라 구체적인 원인과 대책을 세워야 한다. 이유야 무엇이건 간에 젊은 직원이 조직을 떠나거나 열정을 다하지 않는다는 것은 어딘가에 문제가 있다는 이상징후로 읽어야 한다. 직원들이 열과 성을 다하지 않고 자꾸 떠나는 조직의 미래가 밝을 리는 없다. 요컨대 지금 우리는 퇴직이 일상이 된, 대퇴사 시대를 살고 있다. 승선한 배 위에서 중도에 뛰어내리는 승객이 많아지고 있는 셈이다. 어쩌면 이는 배가 침몰하고 있다는 신호일 수 있다. 대책이 필요하다.

02 달라진 MZ세대의 직업관

어떤 시대에서건 어른들이 젊은이를 두고 하는 말이 있다. "요즘 애들 참 '싸가지' 없다"는 표현이 바로 그것이다. 오죽하면 기원전 1700년경 수메르 시대의 것으로 추정되는 점토판에도 "요즘 젊은이들이 너무 버릇이 없다"라고 적혀 있을까. 예나 지금이나 젊은 세대는 기성세대들이 보기에 특이한 사고나 돌출 행동을 많이 했다. 왜 그럴까? 청춘의 피가 뜨거워서일까? 그럴지도 모른다. 젊은이가 기성세대가 만든 규칙이나 질서를 아무런 문제의식 없이 복종만 하고 있다면 그것은 청춘이기를 포기한 결과인지도 모른다. 청춘이기에 기득권에 저항할 수 있고 젊기에 혈기왕성하게 반항할 수 있다. 짧은 생애 동안 불꽃같이 살다가 간 영화배우

제임스 딘이 '반항의 아이콘'이라 불리는 것도 젊은이의 표상인 '이유 없는 반항'을 몸소 보여줬기 때문이다.

사실 기성세대의 눈에 젊은 세대가 버릇이나 '싸가지'가 없어 보이는 일은 너무나 당연하면서도 자연스러운 현상이다. 앞서도 보았듯이 젊은 세대의 '싸가지 없음'은 역사적 연원이 있는 일이다. 저 멀리 기원전까지 거슬러 올라갈 필요도 없다. 지금 MZ세대를 버릇없다고 말하는 베이비부머 세대나 X세대도 한때는 가장 버릇없다는 소리를 듣던 그야말로 신新세대였다. 다음은 1968년 5월 17일 미국의 유명 잡지인 〈라이프〉에 실린 베이비부머 세대에 대한 평가다(참고로 당시에는 베이버부머가 가장 젊은 세대였다). "(이들은) 특권 의식이 있고 나르시시즘에 빠져 있으며 자기 권리만 내세우고 버릇없이 자랐으며, 게을러터진 세대다." 그 시절에는 베이비부머 세대가 기성세대로부터 '싸가지' 없고 버릇없다는 소리를 듣고 다녔다.

베이비부머 세대로부터 신세대 자격을 이양받은 X세대 또한 기성세대에게 버릇없다는 소리를 듣기는 마찬가지였다. 다음은 1990년 7월 미국 시사주간지 〈타임〉에 실린 X세대에 대한 평가다. "이들은 회사 내에서 승진 사다리를 올라갈 바에야 차라리 히말라야에 오르는 것이 더 낫다고 말한다. 이들은 자신이 좋아하는 연예인이 TV에 나오면 열광하다가도 순식간에 채널을 옮긴다. 또한 직장을 구하고 결혼해야 할 시기가 되어도 그러한 통과

의례를 거치기 주저한다." 한마디로 이해하기 힘들고 종잡을 수 없다는 뜻이다. 'X세대'라는 이름도 럭비공처럼 어디로 튈지 알 수 없다는 의미로 붙여진 것이다. 지금은 어느덧 기성세대가 되어버린 베이비부머와 X세대도 한때는 선배 세대로부터 '싸가지' 없다며 혹평을 받던 시기가 있었다. 따라서 오늘날 MZ세대가 버릇없고 이해하기 힘든 행동을 하는 것은 결코 이상한 일이 아니다. 선배의 역사와 전통을 이어받은 지극히 자연스러운 일이다. 외려 자신들의 올챙이 시절을 떠올리지 못하는 기성세대의 좋지 못한 기억력이 문제라면 문제지 싶다.

젊은 세대가 기성세대로부터 버릇없다는 평가를 받는 또 다른 이유가 있는데, 어쩌면 이것이 근본적인 원인일 수도 있다. 우리가 특정 세대를 구분하여 새로운 명칭을 부여하는 것은 그들의 사고나 행동이 기성세대와는 다르기 때문이다. 만약 기성세대와 가치관이나 행동에 차이가 없다면 굳이 별도로 세대 구분을 할 필요가 없다. 기성세대와는 뭔가가 다르기 때문에 새로운 세대로 분류하고 그들의 독특성을 반영한 이름을 지어 명명하는 것이다. 요컨대 신세대라서 버릇없는 것이 아니라 기성세대의 문법과는 다르기 때문에 새로운 이름이 붙는 것이다. 따라서 역사상 모든 신세대의 사고와 행동은 기성세대의 눈으로는 이해하기 어려웠다. 그 결과 "버릇없다, 싸가지 없다, 종잡을 수 없다, 말세末世다" 하는 식의 혹평이 쏟아진 것이다.

세대 간 차이가 발생하는 것이 자연스럽다 하더라도 그것이 갈등 요인으로 작용한다면 문제가 된다. 현실에서 발생하는 대부분의 세대 갈등 현상도 실은 서로 간의 차이를 이해하지 못한 것에서 기인한 측면이 크다. 게다가 다른 세대를 자기 세대의 문법으로 이해하려 하고 세상사를 자기 세대 중심으로 해석하기를 마다하지 않기 때문에 세대 갈등이 끊이질 않는 것이다. 영국 출신의 작가 조지 오웰이 어딘가에서 이런 말을 한 적이 있다. "각 세대는 저마다 자기 앞 세대보다는 머리가 좋고 뒤 세대보다는 좀 더 지혜로울 것이라고 상상한다." 경험적으로 보자면 충분히 공감 가는 말이다. 예컨대 어느덧 조직의 핵심 관리자 계층에 오른 X세대는 선배 세대인 베이비부머보다는 머리가 좋고 후배 세대인 MZ세대보다는 지혜로울 것이라고 생각하는 경향이 있다. 나름 일리가 있는 관점이다. 대체로 X세대는 선배들보다 학력 수준이 높고 컴퓨터나 정보 기술을 다루는 데 능한 편이다. 게다가 세상 물정 잘 모르는 요즘 젊은이들보다는 세상을 살아가는 데 필요한 지혜를 더 갖추고 있다고 볼 수 있다.

문제는 MZ세대 또한 자기들이 잘났다고 생각한다는 데 있다. 오웰의 주장처럼 MZ세대는 자기들이 선배 세대인 X세대보다 더 똑똑하고 머리가 좋다고 생각한다. 그 결과 조직생활이나 사생활에서 선배가 후배를 향해 내뱉는 조언들이 지나친 간섭이나 잔소리처럼 들린다. 한마디로 동상이몽同床異夢이다. 선배는 후배에게 피가 되고 살이 될 만한 삶의 지혜를 기꺼이 상대방을 위해 알려 줬는데 정작 후배는 그것의 가치와 필요성을 느끼지 못한다. 외려 그런 친절을 부담스러워하고 그런 선배를 '꼰대'라며 피하려 한다.

세대 간 차이로 인한 갈등은 왜 생기는 것일까? 세대마다 통용되는 규칙이 다르기 때문이다. 프랑스 철학자 미셸 푸코Michel Foucault는 1966년 출간한 《말과 사물》에서 어떤 시대나 문화에서건 그곳에서만 통용되는 규칙이 존재한다고 주장했다. 그는 이러한 인식의 규칙을 '에피스테메epitseme'라 불렀다. 에피스테메는 '특정한 시대에 사람들의 인식의 지평과 구조를 가능케 하는 특별한 규칙'을 말한다. 쉽게 말하면 각 시대마다 사람들이 동일하게 인식하도록 만드는 규칙 같은 것이 있는데 그것이 바로 에피스테메다.

동일한 사태를 두고도 시대나 지역에 따라 평가나 해석이 달라지는 경우가 종종 발생한다. 이는 시대와 지역에 따라 사태를 바라보는 보편적인 시각에 차이가 존재하기 때문이다. 예컨대 유교 문화가 깊숙이 자리 잡았던 조선 시대만 하더라도 남존여비男尊女卑 사상은 누구나 가지고 있던 공통의 인식이었다. 그로부터 삼종지도三從之道나 여필종부女必從夫라는 도덕규범이 생겨났고 여성은 결혼을 하면 출가외인出嫁外人이 되는 것이 당연시되었다. 말하자면 남존여비라는 관념은 당시 사람들이라면 모두가 공유하고 있던 에피스테메였다.

남존여비라는 관념은 지금도 여전히 통용되고 있을까? 당연히 아니다. 푸코의 분석에 따르면 특정한 시대에 동일한 인식을 가능케 했던 에피스테메는 계속해서 이어지는 것이 아니라 중간에 단절되는 불연속 지점이 존재했다. 남존여비라는 에피스테메도 현대에 와서는 더 이상 통용되지 않는 과거의 유산이 되고 말았다. 당연히 그 자리는 새로운 에피스테메로 대체되었다. 그 때문에 지금도 과거의 에피스테메를 신봉하여 남존여비를 외치고 있다면 이는 마치 한복을 입고 사교 클럽에서 춤을 추는 것처럼 어색한 일이 되고 만다.

미셸 푸코에 따르면 근대 서양 문화에서는 두 차례의 거대한 에피스테메적 불연속이 존재했다. 16세기부터 17세기 중반까지는 유사성의 에피스테메가 통용되던 르네상스 시대였다면, 이후부터 18세기 말까지는 표상의 에피스테메가 지배하던 고전주의 시대였으며, 19세기부터 20세기 중반까지는 실체의 에피스테메가 지배하던 근대가 이어졌다는 것이다. 각 시대를 대표했던 '유사성, 표상, 실체'의 에피스테메가 무엇인지는 논의의 본질과 거리가 멀어 상술하지는 않겠으나, 우리가 눈여겨보아야 할 부분은 사람들로 하여금 동일한 인식을 갖도록 만들었던 에피스테메가 시대에 따라 달라졌다는 사실이다.

푸코의 분석에 따르면 근대 이후 서양 문화에서는 대략 150여년의 간격을 두고 사람들의 인식의 기반이 바뀌었다. "10년이면 강산도 변한다"라는 말이 있지만, 사람의 인식은 자연 경관의 변화보다는 느린 주기로 변하는 듯하다. 그렇다면 요즘은 에피스테메가 얼마에 한 번씩 바뀌는 것일까? 세상의 변화나 과학 기술의 발전 속도 등을 감안하면 과거보다는 훨씬 빨라졌을 것으로 추정된다. 산업 시대의 규칙들이 정보화 시대에는 더 이상 통용되지 않거나 휴대전화 시대의 패러다임이 스마트폰 시대가 되면서 쓸모없어진다는 사실을 무수한 경험을 통해 터득한 터다. 따라서 미셸 푸코가 에피스테메를 연구하던 시절(1966년 즈음)보다는 지금의 에피스테메 변화 주기가 훨씬 빠를 것이다.

굳이 '에피스테메'라는 표현을 사용하지 않더라도 많은 사회학자가 사람들을 세대로 구분하는 것도 따지고 보면 각 세대마다 생각의 방향이나 인식의 규칙이 다르기 때문일 것이다. 본디 세대世代란 같은 시대를 살면서 공통의 인식을 가진 비슷한 연령층의 사람을 뜻하는 용어다. 말하자면 동일 세대끼리는 생각이 얼추 비슷하다. 자라온 환경과 경험, 사물이나 사태를 바라보는 관점과 평가 기준 등이 유사하다. 푸코 식으로 말하면 동일한 에피스테메를 공유하는 사람들이다. 따라서 세대가 달라지면 공유하는 에피스테메도 달라진다. 베이비부머가 공유하는 에피스테메와 X세대가 공유하는 에피스테메 그리고 MZ세대가 공유하는 에피스테메는 서로 다르다. 말하자면 오늘날 조직은 에피스테메에 있어서는 '한 지붕 세 가족'이 모여 사는 셈이다.

본디 조직은 여러 사람이 모여서 공동의 목표를 실현하기 위해 함께 일하는 곳이다. 따라서 각자의 생각이 다르면 아무래도 목표를 달성하는 데 장애 요인으로 작용할 가능성이 크다. 오늘날 조직은 앞서 언급한 것처럼 생각이 서로 다른 세 가족(세대)이 모여 있는 곳이다. 이런 상황에서는 상대방에게 자신의 에피스테메를 강요하면 자칫 세대 갈등으로 이어질 수 있다. 푸코가 주장한 에피스테메 개념을 잘 이해하면 우리는 자신도 모르게 수용한 인식의 규칙이 있다는 사실을 자각하게 된다. 우리가 어떠한 에피스테메를 가졌다는 사실은 그 자체로는 문제가 될 것이 없다. 진짜 문제는 자신의 에피스테메가 현 시대와 맞지 않을 때다. 특히 기성세대가 자신의 에피스테메만 옳다고 고집하고 이를 젊은 세대에게 강요한다면 이는 소통의 단절로 이어질 가능성이 크다. 따라서 기성세대는 항상 자신의 에피스테메가 현재 시대와 맞는지를 점검하고 젊은 세대의 에피스테메를 이해하려는 노력을 해야 한다.

요즘 MZ세대가 가지고 있는 가치관이나 에피스테메는 기성세대와는 어떻게 다를까? MZ세대란 밀레니얼 세대와 Z세대를 합쳐 부르는 말로, 1981년부터 2010년 사이에 출생한 세대를 가리킨다. 혹자는 1981년부터 2000년까지 출생한 밀레니얼 세대와 2001년 이후에 출생한 Z세대(연구자에 따라서는 밀레니얼 세대를

1980년부터 1994년 사이에 출생, Z세대를 1995년 이후 출생으로 분류하기도 한다)를 하나로 묶어서 볼 수 있는가에 대해 의문을 표하기도 한다. 하지만 이들은 공통점도 많다. MZ세대를 규정하는 가장 큰 특징은 디지털 환경에 익숙하다는 점이다. 그들은 이전 세대와는 다르게 디지털 네이티브Digital Native다. 즉 태어날 때부터 디지털 환경을 접해왔다. 그 결과 MZ세대는 디지털 기기를 사용하는 데 능하고 디지털 문화를 향유하는 데 매우 익숙하다. 그 때문인지 이들은 자신만의 개성을 중시하며 일과 취미 등 삶의 영역 전반에서 재미를 추구한다. 또한 생각이 자유롭고 개인의 사생활을 존중받기 원한다.[7] 이런 점에서 MZ세대의 가치관은 기성세대와는 사뭇 다른 경향이 있다.

MZ세대의 이러한 특징은 조직생활에서의 가치관 차이로 이어진다. 조직은 기본적으로 하나의 조직 문화로 합심하여 공동의 목표를 달성하고자 만들어진 집합체이다. 하지만 개성과 자유, 재미와 존중을 중시하는 MZ세대는 기성세대가 가진 가치관과는 전혀 다른 직장관·직업관으로 조직생활에 임한다. 그들은 직장이나 직업에 대한 관점이나 가치가 기성세대와는 사뭇 다르다. 행복을 추구하는 방식이나 관점도 달라졌다. 그들은 특정한 가치와 삶의 방식에 얽매이기를 거부한다. 그리고 끊임없이 새로운 자아를 찾아 나선다. 기성세대가 보기에는 한마디로 예측 불가, 오리무중, 좌충우돌이다.

MZ세대의 달라진 직업관과 가치관은 대략 다음의 4가지로 요약할 수 있다.

> ① 조직보다는 개인의 행복이 중요하다
> ② 직장이나 직업은 수단이자 과정일 뿐이다
> ③ 워라밸을 추구한다
> ④ 돈보다 더 중요한 가치가 많다

1. 조직보다는 개인의 행복이 중요하다

기성세대와 마찬가지로 MZ세대도 성공과 행복을 꿈꾼다. 그러나 안타깝게도 그들이 성공과 행복을 찾는 곳은 더 이상 조직이 아니다. 그들의 꿈과 목표는 조직 밖에 있는 경우가 많다. 몸은 조직에 둔 채 이상은 밖에서 찾고 있는 것이다. 이런 행태를 두고 MZ세대를 탓할 수만은 없다. 조직이 그들의 시선을 밖으로 돌리게 만든 측면이 있다. 과거 고도 성장기에는 조직이 개인을 끝까지 책임지기도 했다. 따라서 그 시절 직장인들은 다들 조직의 성공이 곧 개인의 성공이라 여기며 살았다. 하지만 저성장이 일상화되고 불확실성이 커진 오늘날에는 그러한 등식이 더 이상 성립하지 않게 되었다. 치열한 경쟁과 상시적인 구조조정을 목도한 MZ세대는 '조직이 개인을 끝까지 책임져주지 않는다'는 사실을 너무나 잘 알게 되었고 평생직장에 대한 꿈을 진즉에 접었다. 이제 조직과 개인의 성공은 별개의 문제가 되어버렸다. 그 결과 MZ세대는 조직 밖에서 자신의 미래를 설계하기 시작했고 조직에서의 성공보다는 개인의 행복에 주력하게 되었다.

2. 직장이나 직업은 수단이자 과정일 뿐이다

조직에서의 성공보다 개인의 행복을 추구하는 경향은 직장이나 직업을 바라보는 관점의 변화로 이어졌다. 기성세대에게 직장이란 삶의 터전이자 인생의 목표였다. 직장생활에만 충실해도 삶에서 필요한 대부분의 것들이 충족되었다. 직장생활만으로도 내 집 마련이 가능했고 자녀 교육에도 큰 부담이 없었다. 대기업 명함만 있으면 사회적 인정을 받을 수도 있고 풍족하지는 않지만 노후 대비에도 별문제가 없었다. 요컨대 기성세대에게 직장이란 인생 주기에서 필요한 것들을 가져다주는 알라딘의 요술램프이자 비바람을 막아주는 우산이며 예측하지 못한 사고로부터 자신을 지켜주는 안전벨트였다.

하지만 저성장기에 직장생활을 시작한 MZ세대에 와서는 기성세대가 가졌던 직장의 개념이 완전히 사라졌다. 이제 직장은 더 이상 요술램프도, 비바람을 막아주는 우산도, 사고로부터 자신을 지켜주는 안전벨트도 아닌 게 되어버렸다. 오늘날에는 직장이라는 요술램프를 아무리 열심히 문질러봐야 소원을 물어보는 지니가 등장하지 않는다. 잦은 구조조정과 상시적인 명예퇴직에 내몰린 상황에서는 우산도 안전벨트도 사라졌다. 이에 따라 오늘날 MZ세대는 현재의 직장과 평생을 함께하겠다는 믿음을 포기했다. 기회가 된다면 언제든 새로운 조직이나 직업을 찾아 떠날 수 있다고 생각하게 되었다. '검은 머리 파뿌리가 될 때까지' 함께하겠다는 생각보다는 언제든 헤어질 각오를 하면서 조직생활에 임하게 되었다. 이제 직장은 인생의 목표도 아니며 최종적인 수단도 아니다. 현재 직장이나 직업은 자신의 행복을 위한 일시적인 수단일 뿐이며 궁극적인 행복을 위해 잠시 머무는 정거장에 불과하다. 이렇듯 오늘날 직장에는 주인은 없고 잠시 머물다가 떠나는 나그네만 거처하고 있다.

3. 워라밸을 추구한다

MZ세대가 생각하는 삶의 우선순위도 달라졌다. 기성세대는 대체로 인생에서 경제적 안정을 최우선으로 생각했다. 경제적 안정이 있어야 인간다운 삶도, 자녀 교육도, 개인적 행복도 가능했다. 따라서 기성세대는 경제적 안정을 위해 조직에 헌신하고 때로는 조직을 위해 희생을 마다하지 않았다. 조직에서 인정받아 높은 지위에 오르기만 하면 경제적 보상이 뒤따랐고 그로 인해 그동안의 투자와 희생을 만회할 수 있었다. 이렇듯 기성세대는 '선先 성공, 후後 행복'이라는 공식에 따라 삶의 우선순위를 조정하며 살았다.

하지만 오늘날 MZ세대는 삶의 최우선 목표를 경제적 안정에 두지 않는다. 그들은 높은 지위나 많은 연봉보다는 시간적 여유를 가지면서 자신이 좋아하는 취미를 즐기고 일상의 소소한 행복을 누리는 것이 더 나은 삶이라고 생각한다. 그리하여 새롭게 등장한 단어가 '워라밸work & life balance'이다. 기성세대가 자신의 일상 대부분을 일work로 채웠다면 MZ세대는 일과 생활life을 분리하여 보기 시작했으며, 양자 간의 균형과 조화를 중요하게 여겼다. 좀 더 정확히 말하면, 그들에게는 일보다는 생활이 더 중요했다. 이처럼 워라밸을 최우선 가치로 생각하는 MZ세대는 아무리 보상이 많이 주어져도 일상이 일로만 채워진다면 이는 행복한 삶이 아니라고 생각한다. 삶의 우선순위가 사뭇 달라진 셈이다.

4. 돈보다 더 중요한 가치가 많다

그렇다고 MZ세대가 돈을 싫어하는 것은 아니다. 그들도 안다. 자본주의 사회에서는 돈이 있어야 행복한 삶이 가능하다는 사실을. 돈이 있어야 자신이 좋아하는 일과 취미도 즐길 수 있고 무엇보다 노예처럼 일에 얽매이지 않을 수 있다. 따라서 MZ세대에게도 돈은 중요하다. 직장을 선택할 때도 연봉이 얼마인가는 빼놓지 않고 보는 중요한 요소다. 하지만 MZ세대는 돈에 목숨을 걸지는 않는다. 많으면 좋겠지만 그렇다고 해서 최우선 기준은 아니라는 뜻이다. 그들은 돈보다도 중요하다고 생각되는 가치에는 아낌없이 돈을 쓰기도 한다. 평소 물건을 살 때도 가격 비교 사이트를 통해 최저가로 구매하기도 하지만, 때로는 '가심비價心比'를 추구한다. 심리적 만족을 주는 상품에는 기꺼이 지갑을 연다. 공정무역 제품이라면 시장가보다 비싼 가격을 기꺼이 받아들이고 정의로운 일을 행하는 가게가 있으면 합심하여 이른바 '돈쭐'을 내기도 한다. 합리성의 관점에서는 도무지 이해할 수 없는 행동이기는 하지만, 돈을 최우선으로 생각하지 않는 MZ세대의 특징을 엿볼 수 있는 대목이다.

이러한 태도는 직장생활에서도 이어진다. 과거 기성세대는 합당한 보상만 주어진다면 무슨 일이라도 감내했다. 상사의 부당한 지시도, 자신의 역량에 걸맞지 않은 허드렛일도, 아무런 성취감을 느낄 수 없는 무의미한 업무도 마다하지 않았다. 기성세대에게는 경제적 안정이 최우선 가치였기 때문이다. 하지만 오늘날 MZ세대는 돈에 따라 움직이지 않는다. 그들은 돈보다는 일의 의미와 가치를 먼저 생각한다. 따라서 자신이 좋아하는 일이나 의미와 가치를 찾을 만한 업무라면 합당한 보상이 주어지지 않더라도 기꺼이 몰두한다. 반면 단순한 일이나 별 가치가 없다고 생각하는 일은 회피하려는 경향을 보인다. 돈보다 더 중요한 가치가 많다고 생각하기 때문이다.

이렇듯 MZ세대는 기성세대와는 다른 가치관을 지닌 채 조직 생활을 하고 있다. 그들은 기성세대가 추구하는 가치와 삶의 방식을 따르기보다는 자신들의 가치와 행복을 추구한다. 그 결과 현재 직장이 자신의 가치와 맞지 않거나 지금의 직장에서는 원하는 것을 얻을 수 없다고 판단될 때는 미련 없이 떠날 준비를 한다. 혹자는 직장생활과 인생에 대해 너무 섣부른 판단을 내린다고 평가할지도 모르겠다. 하지만 분명한 사실은 MZ세대의 직장관·직업관이 기성세대와는 다르다는 점이다. 일찍이 공자孔子께서는 "군자는 화이부동和而不同하고, 소인은 동이불화同而不和한다"는 말씀을 남기셨다. 군자는 다름을 인정하고 조화를 추구하려 하지만 소인은 다름을 인정하지 못하고 자신과 같게 만들려 한다는 뜻이다. 다름을 어떻게 다루는가에 따라 군자와 소인이 갈리는 셈이다. 화이부동의 자세는 오늘날 리더에게도 필요한 금언이지 싶다. 자신과 생각이 다른 MZ세대를 구성원으로 둔 조직 리더라면 서로 간의 차이점을 이해하고 인정하는 가운데 그들의 마음을 붙잡고 함께 공존共存·공생共生할 방법을 찾아야 한다. 그런 사람이 현명한 리더이며 군자다.

03 끝없이 이어지는 취업 전쟁: '취준생'에서 '퇴준생'으로

"회사가 전쟁터라고? 밀어낼 때까지 그만두지 마라. 밖은 지옥이다." 2014년 윤태호 작가의 웹툰을 원작으로 삼아 만든 드라마 〈미생〉에 나오는 대사다. 영업 3팀 오상식 차장(이성민 분)이 과거 직장 상사였다가 퇴직한 뒤 피자 가게를 하는 선배와 술잔을 기울인다. 오 차장이 직장생활의 어려움을 하소연하자 선배가 후배를 향해 충고하듯 내뱉은 말이다. 회사생활이 아무리 어려워도 직장 바깥의 지옥보다는 덜하니 밀어내기 전까지는 그만두지 말고 잘 버티라고 조언한다. 한마디로 '존버'하라는 뜻이다.

세상사가 대체로 그러하듯, 간절히 원하던 것을 손에 넣어도 만족감이 들기는커녕 '어, 이게 아닌데?'라는 생각이 들 때가 있다. 평소 자동차를 무척이나 좋아하던 사람이 큰맘 먹고 자신이 원하던 고급 자동차를 구매해도 잠깐 동안은 기쁨을 만끽하지만 이후부터는 생각만큼 만족감을 느끼지 못하는 경우가 많다. 남들이 부러워할 만큼 외모가 뛰어난 이성과 혼인을 해도 실제 결혼생활은 생각만큼 만족스럽지 않을 수도 있다. 연애 시절에는 외모만 뛰어나면 모든 것이 용서되지만, 실제 결혼생활에서는 외모 외에도 필요한 요소가 너무도 많기 때문이다. 이렇듯 세상사는 대체로 생각대로 전개되지 않는 경우가 더 많다.

왜 그런 것일까? 세상이 부조리不條理하기 때문이다. 프랑스 소설가이자 실존주의 작가인 알베르 카뮈에 따르면, 인간과 그를 둘러싼 세계는 기본적으로 부조리하다. 부조리하다는 표현은 '조리에 맞지 않다'는 뜻이다. 실존 철학에서 부조리란 '인간과 세계 사이의 불일치'를 의미하는데, "희구하는 정신과 그것을 좌절시키는 세계 사이의 단절"로 표현된다. 인간은 항상 무엇인가를 바라지만 세계는 항상 그의 기대를 좌절시키고 마는데, 이러한 상태가 바로 '부조리'다. 카뮈가 보기에 부조리한 상태는 특수한 경우가 아니다. 원래 세상은 부조리한 곳이다. 세상이 부조리하니 인간도 부조리하고 우리네 삶도 부조리한 것이다.

세상이 부조리하다는 사실은 직장에 들어가면 금세 깨닫게 되는 진실이다. 흔히 취업준비생은 취업에 성공하기만 하면 그다음부터는 장밋빛 인생이 펼쳐질 것으로 생각하지만, 이건 현실을 몰라도 너무 몰라서 생긴 편견이다. 어렵사리 취업한 직장에는 또 다른 지옥이 기다리고 있다. 해도 해도 끝이 보이지 않는 '업무 지옥', 꼰대 정신과 갈굼의 미학으로 중무장한 채 간수 노릇을 하는 '상사 지옥', 안하무인과 갑질에 도가 튼 진상들이 득실거리는 '고객 지옥' 등 온갖 난관과 역경이 도사리고 있다. 더구나 이러한 지옥 상태는 시간이 지나면 조금 나아지는 것이 아니라 끝도 없이 펼쳐진다. 요컨대 직장생활이란 끝없이 펼쳐진 지옥 길을 걷는 '고난의 행군'에 가깝다.

알베르 카뮈는 부조리한 세계에 내몰린 현대인들의 모습을 그리스 신화에 나오는 시시포스Sisyphus에 비유했다. 시시포스는 코린토스의 왕으로, 죽은 뒤에 신들을 기만한 죄로 커다란 바위를 산꼭대기로 밀어 올리는 형벌을 받는다. 하지만 그 바위는 산의 정상에 다다르면 반대편으로 굴러 떨어져 다시 밀어 올리기를 영원히 반복해야 한다. 영원히 끝나지 않는 무의미한 노동이 되풀이되는 형벌을 받는 것이다. 카뮈는 오늘날 직장인의 모습이 시시포스의 형벌과도 같다면서 이렇게 주장했다. "오늘날의 노동자는 그 생애의 그날그날을 똑같은 일에 종사하며 산다. 그 운명도 시시포스 못지않게 부조리한 것이다."

오늘날 직장인의 모습이 시시포스와 같은지에 대해서는 이견이 있을 수 있다. 하지만 직장에서의 일이 대체로 부조리하다는 점에는 동의하는 이가 많을 것이다. 대체로 직장인들은 자신이

'원하는' 일을 하지 못한다. 위에서 '주어진' 일을 하는 경우가 대부분이다. 하지만 그럼에도 그 일을 거부할 수 없다. 월급을 받아야 하니까. 이처럼 자신이 원하지도 않고 하기도 싫은 일을 억지로 한다는 관점에서 보자면, 오늘날 직장인에게 주어진 업무란 시시포스에게 내려진 형벌과 흡사하다. 한 가지 다른 점이 있기는 하다. 시시포스는 주어진 형벌을 스스로 멈출 수 없지만 직장인은 그것을 거부할 권리를 가지고 있다. 부조리한 직장생활을 할 수밖에 없는 오늘날 직장인에게는 마지막 수단이 주어졌다. 바로 '사직서'라 불리는 최후의 보루다. 사표를 던지는 순간 현대의 시시포스에게 채워진 족쇄가 풀리면서 끝없이 반복해야 하는 무의미한 노동으로부터 벗어날 수 있다. 요컨대 사표란 이 세상의 모든 굴레와 속박을 벗어던지겠다는 결단이자 독립 선언이다.

하지만 독립 선언은 아무나 할 수 있는 것이 아니다. 독일 철학자 니체도 독립은 아무나 선언할 수 있는 것이 아니라면서 이런 말을 남겼다. "독립이란 극소수의 인간에게만 가능한 것이며 강자의 특권에 속하는 것이다. 아무 거리낌 없이 아주 당연한 권리라고 생각하여 그것을 시도하는 사람이라면 강한 인간일 뿐만 아니라 무모하리만큼 대담한 인간일 것이다."[8] 자신에게 주어진 노동이 형벌이라고 생각하여 사표를 내던지고 싶지만, 그것을 결행하는 사람은 극소수에 불과하다. 현실이 발목을 잡고 있기 때문이다. 폼 나게 사표를 내던지고 싶지만 그다음을 감당할 자신이 없다. 그래서 대부분의 직장인은 직장이 감옥이고 자신에게 주어진 업무가 형벌임을 인지하면서도 그 상황을 묵묵히 견디며 살아간다.

그런데 최근 들어서는 상황이 사뭇 달라졌다. 곳곳에서 아무 거리낌 없이 사직서를 내던지는 무모하면서도 대담한 족속들이 생겨나고 있다. 바로 'MZ세대'라 불리는 녀석들이다. 이들은 선배 세대가 마음은 있어도 쉽사리 시도하지 못했던 독립을 너무도 쉽게 그리고 당당하게 선언한다. 그러면서도 표정까지 밝다. 오죽하면 "안녕히 계세요 여러분~ 전 이 세상의 모든 굴레와 속박을 벗어던지고 제 행복을 찾아 떠납니다~~"라는 이른바 '퇴사짤'이 등장하겠는가!

그들은 어떻게 선배들이 감히 엄두조차 내지 못하는 행동을 과감하게 시도하는 것일까? 그 이유는 (니체의 주장처럼) 그들이 '강자'이기 때문이다. 그들은 이미 취업이라는 '좁은 문'을 통과했다. 따라서 현재 회사가 아니더라도 갈 곳이 많다. 언제든지 받아 주겠다면서 두 손 벌리고 환영하는 곳도 있다. 이러한 능력은 대부분의 기성세대가 가지지 못한 것이다. 그렇기에 그들은 일견 무모하면서도 대담해 보이는 독립 선언을 보란 듯이 할 수 있는 것이다. 갈 곳도, 불러주는 곳도 없는 선배 세대에게는 야박하게 들릴지 모르지만, 보란 듯이 사직서를 내던질 수 있는 MZ세대는 '강자'다. 강자이기에 과감하게 독립을 선언할 수 있는 것이다.

요즘 노동시장에서 새롭게 등장한 신조어로 '퇴준생'이라는 말이 있다. 퇴준생은 퇴사와 취업준비생을 조합한 말로, 퇴사를 준비하는 직장인을 일컫는 말이다. 취준생이 취업에 성공하면 직장인이 되는 것이 아니라 퇴준생이 되는 것이 오늘날 현실이다. 퇴준생은 직장을 다니면서 동시에 더 나은 회사로의 이직이나 창업, 자아실현 등을 위해 준비하는 사람이다. 이들은 충동적으로 퇴사를 결정하기보다는 '준비된 퇴사'를 하고자 하는 유형이다. 아직 회사에는 공식적으로 밝히지 않았지만, 출사표를 가슴에 품은 채 직장생활을 하는 유형으로 잠재적 퇴사자에 해당한다. 당연히 선택지가 많은 MZ세대 중에는 퇴준생이 많다. 아니, 정확히 말하면 MZ세대의 대부분은 퇴준생이라고 보는 편이 옳다.

기성세대는 퇴준생을 어떻게 바라볼까? 그들의 태도를 현명하다고 생각할까, 기회주의자라고 생각할까? 의외로 후자라고 생각하는 경우가 많다. 한번 생각해보자. 현재 직장을 다니면서 새로운 직장이나 직업을 준비하는 것은 기회주의적 행동일까? 드라마 〈미생〉에 다음과 같은 장면이 나온다. 영업 3팀 오상식 차장이 계약직 신입 사원인 장그래를 옥상으로 불러서 이런 말을 해준다. "바둑에 이런 말이 있어. 미생. 완생. 우린 아직 다 미생이야!" 사람들은 흔히 정규직과 계약직의 처지를 바둑에 비유하면서 정규직은 완생完生(바둑에서 최소 두 집을 확보하여 완전히 살아 있는 상태), 계약직은 미생未生(아직 완전하게 살아 있지 않은 상태)이라고 부르지만, 실상은 정규직도 미생에 불과하다는 뜻이다.

물론 언제 해고당할지 모르는 계약직 입장에서는 노동법의 보호를 받는 정규직 신분이 모든 비바람을 막아줄 든든한 우산 아래 있는 것처럼 여겨질 수 있다. 하지만 실상은 정규직이라고 안전이 보장된 상태는 결코 아니다. 정규직 신분이라도 성과를 내지 못하거나 경영진의 눈 밖에 난다면 미래를 장담할 수 없다. 그래서 모든 샐러리맨은 (정규직, 비정규직 가릴 것 없이) 미생이다. 퇴준생은 스스로를 미생이라고 생각하는 자다. 현재 지위는 언제든 무너질 수 있는 사상누각에 불과하다고 여긴다. 그래서 더 안전하고 좋은 곳으로 이동하기 위해 끊임없이 노력한다. 스스로를 미생이라 여기는 퇴준생은 살아남기 위해, 더 안전한 자리를 확보하기 위해 고군분투하는 신인류다.

MZ세대에 비해 기성세대의 퇴준생 비율은 낮은 편이다. 왜 그럴까? 현재 자신의 처지가 완생이라 생각하기 때문일까? 물론 기성세대 중에서도 자신의 처지를 완생이라고 생각하는 이는 드물 것이다. 하지만 미래에 대해 아무런 대비를 하지 않는 모습을 보면 마치 완생인 듯 행동하고 있는 것처럼 느껴진다. 실상은 미생이지만 마치 완생인 것처럼 사고하고 행동하는 이유는 무엇 때문일까? 아마도 현실을 직면하는 것이 두렵기 때문은 아닐까? 문화인류학자 어니스트 베커는 《죽음의 부정》이라는 책에서 죽음을 바라보는 인간의 태도를 다음과 같이 표현했다. "우리는 죽을 운명이라는 것을 객관적으로는 알고 있지만, 이 엄청난 진실을 회피하기 위해 온갖 획책을 다한다." 인간은 누구나 언젠가는 죽는다는 사실을 잘 알고 있지만, 이러한 진실을 마주하기보다 회피하려 한다는 것이다. 왜 그런지는 충분히 공감이 가지만, 현명한 태도라고 말하기는 어려울 것이다.

직장생활을 끝내는 행위인 퇴직도 사회적 죽음에 비유할 만하다. 기성세대는 왜 언젠가는 맞게 될 퇴직을 외면하는 것일까? 그 이유는 인간이 죽음을 회피하려는 마음과 비슷하다. 언젠가는 퇴직할 테지만 그걸 미리 생각하는 것이 고통스럽기 때문이다. 그런 의미로 보자면, 퇴준생은 현실을 냉정하고 담대하게 바라보는 유형이다. 신체적 죽음처럼 언젠가는 만나게 될 사회적 죽음을 회피하지 않고 당당하게 직시하고 있기 때문이다. 어찌 보면 퇴준생을 안타까운 눈으로 바라보는 기성세대가 외려 제 분수를 착각하고 있는지도 모른다. 사실 알고 보면 모든 직장인은 퇴준생이다. 〈미생〉에서 정규직인 오상식 차장이 "우린 아직 다 미생이야"라고 말한 것처럼 말이다. 사실 MZ세대가 취업에 성공해도 퇴준생 신분에 머무는 태도는 결코 잘못이 아니며, 비난받을 일도 아니다. 그것은 경쟁과 효율성을 최우선으로 하는 오늘날 환경이 빚어낸 반작용이다. 따라서 직장인이 퇴준생이 되어 미래를 준비하는 행태를 나무랄 것이 아니라 어떻게 하면 현재 직장에서 행복과 성취감을 느낄 수 있도록 할 것인지를 고민해야 한다.

현실적으로 MZ세대가 퇴준생이 되는 것은 무엇 때문일까? 가장 큰 이유는 현재 직장에 대한 불만 때문일 것이다. 이런 유형을 '불만 회피형'이라고 명명하기로 하자. 이들은 현재 직장에 대한 무언가의 불만 때문에 이직을 고려하는 유형이다. 물론 이는 일차적으로는 회사 내부의 문제점 때문에 발생한 것이겠지만, MZ세대의 독특한 성격이 한몫 거든 측면도 있다. 앞에서도 언급했듯이, 그들은 '평생직장'이란 개념을 모르며 또한 믿지도 않는다. 취업이란 단순한 고용 계약 이상도 이하도 아니다. 조건이 맞으면 계속하는 것이고 조건이 맞지 않으면 헤어지면 그만이다. 조직과 개인은 상하 관계도 아니고 개인이 일방적으로 조직에 충성해야 할 이유도 없다. 그렇기 때문에 조직과 계약을 맺었더라도 만족스럽지 못하다고 느끼면 미련 없이 결별을 선언한다. MZ세대가 조직을 떠나는 이유는 대략 3가지다. 첫째, 조직이 개인의 기대치를 충족시키지 못한다고 느낄 때. 둘째, 현실이 원하던 이상과 다를 때. 셋째, 미래에 대한 비전이 없을 때. 한마디로 조직생활이 부조리하다고 느낄 때 이직을 고민한다.

물론 이직을 고민한다고 해서 모두가 사직서를 던지는 것은 아니다. 그들도 바보는 아니니까. 중요한 포인트는 강자(능력자)일수록 고민은 짧고 결단은 빠르다는 사실이다. 조직생활에서 이상과 현실의 괴리감을 느꼈다 하더라도 별다른 선택지가 없는 사람은 결단을 미루거나 포기한다. 마땅한 대안이 없기 때문이다. 하지만 능력을 갖춘 MZ세대에게는 선택지가 무수히 많다. 그렇기 때문에 사소한 불만이 과감한 독립 선언으로 이어지기도 한다. 물론 이러한 모습이 기성세대의 눈에 좋게 보일 리 만무하다. 너무 성급하고 즉흥적인 선택처럼 보일 수 있다. 하지만 당사자는 선배의 시선에 개의치 않는다. 어차피 떠나면 다시 볼 사람이 아니니까.

MZ세대가 사직서를 제출하는 이유를 모두 불만 때문으로 해석해서는 곤란하다. 더 나은 발전을 위해 이직하거나 자신의 이상을 실현하기 위해 새로운 선택을 하기도 한다. 전자가 '성취지향형'이라면, 후자는 '이상주의형'이다. 성취지향형 퇴사는 자신의 경력 개발과 성공을 위해 더 나은 곳으로 이직하는 경우다. 이들은 한 회사에서 차근차근 단계를 밟아서 올라가기보다는 현재 회사를 징검다리 삼아 더 나은 곳으로 점프하려고 생각한다. 성취지향형 퇴사자는 대체로 동기부여가 강하다. 매사에 성실하고 자기계발에도 열성적이다. 그래야만 본인의 계획대로 점프업이 가능하기 때문이다. 대체로 회사에서 인재라고 생각하는 구성원 중에 성취지향형 퇴사자가 많다. 이들이 퇴사를 해버리면 회사 입장에서는 아까운 인재를 놓치는 꼴이 된다.

이상주의형 퇴사는 자신이 꿈꾸던 삶을 찾아서 떠나는 경우를 말한다. 이들은 더 나은 조건의 회사로 이직하는 것이 아니라 자신만의 행복을 찾아서 떠나는 유형이다. 때로는 경제적 보상을 고려하지 않고 물질적 풍요마저 포기한 채 의미 있는 일을 찾아서 떠나기도 한다. 이들은 보통 사람들이 중요시 여기는 의식주나 소속감, 안전의 욕구를 덜 중요하게 생각한다. 왜냐하면 더 높은 차원인 자아실현의 욕구를 생각하기 때문이다. 이들은 자신의 꿈과 행복을 찾아서 나머지 가치를 기꺼이 포기할 수 있다. 그것이 자아실현의 길이라고 믿기 때문이다. 그래서 이런 유형의 퇴사자는 현실적으로 만류하기가 어렵다. 게다가 자신의 꿈을 찾아가는 길을 막는 것이 옳은 일인지도 생각해볼 문제다.

조직을 떠나는 이유가 불만 때문이건, 성취동기 때문이건, 자아실현 때문이건 간에 MZ세대의 독립 선언은 단순한 '사표辭表' 제출이 아니다. 정확히 말하면 '출사표出師表'를 던지는 행위에 가깝다. 출사표란 출병할 때 그 뜻을 적어서 임금에게 올리는 글을 뜻하는 말로 촉한의 재상 제갈량이 위나라를 정벌하고자 황제 유선에게 올린 표문에서 유래한 말이다. MZ세대가 상사에게 사표를 내는 것은 단지 현재 직무에서 사임을 하겠다는 의사 표현만이 아니다. 더 나은 회사나 세상으로 나아가겠다는 출정식出征式이나 독립 선언이라고 봐야 한다.

퇴직 사유가 무엇 때문이건 간에 MZ세대의 이탈은 조직 입장에서는 크나큰 손실이다. 사실 신입 직원을 한 명 채용하여 인건비 이상의 성과를 내기까지는 오랜 시간과 많은 비용이 투입되어야 한다. 어렵게 뽑은 직원이 1~2년 만에 퇴사를 해버리면 그동안 들인 비용은 말짱 도루묵이 되고 만다. 신규 직원의 잦은 이직은 금전적 손실만 초래하는 것이 아니다. 능력 있는 MZ세대의 퇴직은 기존 직원의 사기 저하와 조직 구조의 공백, 조직 문화의 활력 상실 등 여러 부정적 요인을 연쇄적으로 유발시킨다. 요컨대 오늘날에는 MZ세대의 퇴직을 부추기는 요인은 점점 증가하고 있고 그로 인해 실제 퇴직률은 높아지는 추세다. 기업은 이러한 세태를 심각하게 인식하고 대책을 마련해야 한다.

04 '박힌 돌'이 '굴러온 돌'을 튕겨 내다

"굴러온 돌이 박힌 돌을 빼낸다"라는 속담이 있다. 외부에서 새로 들어온 사람이 이미 터를 잡고 있던 사람을 밀어내거나 내쫓을 때 사용하는 표현이다. 이러한 현상은 실제 조직에서 흔히 목격할 수 있다. 한때 잘나갔던 고참 선배가 자신의 자리를 후배에게 내주고 무대에서 쓸쓸히 내려오는 상황 말이다. 아직 충분히 경쟁력을 유지하고 있다고 생각했는데, 이런 상황에 내몰린다면 당사자로서는 무척이나 당황스러울 것이다. 이는 분명 주객主客이 전도된 상황으로, 새파란 녀석에게 자리를 빼앗긴 선배 입장에서는 통탄을 금치 못할 일이다. '찬물도 위아래'가 있고 '구관이 명관'이거늘, 이는 분명 야박한 처사가 아닐 수 없다.

요즘에는 반대의 현상도 심심찮게 목격할 수 있다. '박힌 돌' 때문에 '굴러온 돌'이 튕겨 나가는 상황도 왕왕 발생한다. 앞서 소개했듯이, 요즘 MZ세대는 어렵게 입사한 첫 직장에서 절반 이상이 2년 이내에 퇴직하는 실정이다. 이는 분명 MZ세대의 독특성에 기인한 바가 크겠지만 조직 자체의 요인도 없다고 말하기 어렵다. 손바닥도 양쪽이 부딪쳐야 소리가 나듯이, 젊은 세대의 높은 퇴직률은 당사자와 조직 모두에게 일정 부분 책임이 있다고 보는 편이 옳다. MZ세대의 높은 퇴사율에 대한 당사자 요인은 앞에서 여러 차례 언급한 바 있기 때문에 여기서는 조직 요인을 중심으로 논의하기로 하자.

박힌 돌 때문에 굴러온 돌이 튕겨 나가는 현상은 왜 발생하는 것일까? 우선 조직에 만연한 이른바 '고인 물' 현상으로 설명이 가능하다. 고인 물이란 한곳에 오래 물이 고여서 정체된 상태를 말하는데, 이를 조직에 비유하면 오래되어 활력이 없고 정체되거나 아예 쇠퇴하는 상태나 그러한 집단에 속한 사람을 일컫는 표현이다. 주로 보수적 문화를 가진 조직이나 관료 조직에서 자주 나타나는 현상으로, 오래된 기득권 계층이 핵심 권력을 잡고 있어서 새로운 세력이 비집고 들어갈 틈이 없는 상황에서 주로 발생한다. 물론 '고인 물'은 단어가 주는 부정적인 뉘앙스에도 불구하고 경험과 연륜이 풍부하고 조직 운영이나 관리에도 안정적이라는 장점이 있다. 하지만 "고인 물은 썩는다"는 격언처럼 조직에 고인 물이 가득하면 조직 전체에 활력이 떨어지고 조직 창의성이 저하되며 외부 환경 변화에 대처가 느려진다.

특히 문제가 되는 부분은 고인 물 조직에는 창의적이고 뛰어난 천재가 들어오지 않는다는 점이다. 설령 들어오더라도 오래 버티지 못한다. 왜 그럴까? 천재의 속성이 그러하기 때문이다. 19세기 영국의 철학자이자 경제학자인 존 스튜어트 밀은 《자유론》에서 천재의 특성에 대해 이렇게 진술했다. "천재는 오직 자유의 공기 속에서만 자유롭게 숨을 쉴 수 있다. 천재는 그 속성상 다른 사람들보다 더 개인적이기 때문에, 사회가 각 개인이 자기 기분대로 살아가지 못하게 쳐놓은 작은 그물 속으로 들어가는 것을 다른 사람들보다 더 어려워한다." 천재는 기본적으로 보통 사람보다 더 많은 자유의 공기를 필요로 한다. 그 자유의 공기를 자양분 삼아 남들과는 다른 생각과 능력을 발휘하기 때문이다. 이 때문에 천재는 고인 물 조직과는 상극이다. 수질이 탁하고 자유의 공기가 희박한 그곳에서는 제대로 숨조차 쉬지 못한다. 고인 물에서는 일급수 고기가 살지 못하는 것과 같은 이치다.

고인 물 상태에서는 수질 정화도 어렵다. 고인 물이 이미 조직의 핵심 권력을 잡고 중요한 의사결정에 관여하기 때문이다. 이렇듯 고인 물 조직은 권력이 분산되지 않고 집중되어 있는 것도 문제다. 영국 역사가 존 에머리치 에드워드 달버그 액튼은 권력 현상과 관련하여 다음과 같은 유명한 말을 남긴 바 있다. "권력은 부패하는 경향이 있고 절대 권력은 절대적으로 부패한다." 경험적으로 보면 매우 타당한 지적이다. 혁명을 통해 새롭게 권력을 잡은 사람도 장기 집권을 하면 부패해진다는 점은 많은 역사가 증명하는 진리에 가까운 사실이다. 물론 조직의 고인 물은 국가 통치자처럼 절대 권력을 휘두르는 경우는 많지 않다. 하지만 작은 권력이라 하더라도 한곳에 집중되어 오래 지속되면 자신의 기득권을 유지하려는 수단으로 활용되는 경우도 많고, 이는 새로운 변화와 혁신의 걸림돌로 작용한다.

개인 차원에서 고인 물은 '꼰대'로 발전하는 경우가 많다. 꼰대란 권위적인 사고를 가진 기성세대를 속되게 표현하는 말로, 자신의 나이나 가치관에 기초하여 자기보다 나이가 어린 사람을 계도·훈계·강요하려는 사람을 말한다. 꼰대는 자신의 말이나 생각이 언제나 옳다고 믿기 때문에 타인에게도 자기 생각을 강요한다. 당연히 다른 사람과 소통하거나 좋은 관계를 형성하기 어렵다. 특히 젊은 세대에게 꼰대는 기피 대상 1호다. 사실 사람은 누구나 나이가 들면 꼰대화 경향이 생길 수밖에 없다. 또 어디에도 꼰대가 전혀 없는 조직은 없다. 하지만 꼰대의 수가 문제다. 조직에서 꼰대가 소수로만 존재한다면 그들이 나머지 다수의 직원으로부터 소위 '왕따'를 당한다. 조직으로 보자면 별 데미지가 없다. 하지만 꼰대가 다수를 차지하고 있다면 이는 심각한 문제가 된다. 꼰대를 싫어하는 구성원 중에서 다른 선택을 할 수 있는 사람은 조직을 떠난다. 주로 능력 있는 MZ세대, 천재 등이 여기에 속한다. 그 결과 조직에는 꼰대와 꼰대를 싫어하지만 달리 갈 곳이 없는 사람만 남게 된다. 이렇듯 조직에 고인 물과 꼰대가 많아지면 전반적인 구성원의 수준이 낮아진다.

고인 물이 싫어서 또는 꼰대를 피해 MZ세대가 조직을 떠나면 가장 큰 피해를 보는 쪽은 누구일까? 떠난 자일까, 남겨진 자일까? 당연히 후자다. 퇴직 사유가 무엇이든지 간에 조직을 떠나는 MZ세대는 능력자일 가능성이 크다(물론 남아 있다고 해서 모두 능력이 없다는 뜻은 절대 아니다). 철학자 니체가 말했듯이, 독립 선언은 강자의 권리이니까 말이다. 그들은 각자 새로운 길을 떠난다. 능력자가 조직을 떠나면 그가 맡았던 업무는 다른 누군가가 대신해야 한다. 누가 하는가? 직속 상사나 주변 동료가 맡든가, 아니면 새로운 인력을 보충하여 맡겨야 한다. 전자의 경우라면 남겨진 사람에게 고통이 가중된다. 어쨌거나 새로운 업무가 추가로 주어졌기 때문이다. 후자의 경우도 별반 나아지는 것이 없다. 새롭게 채용한 인력이 해당 업무를 잘해낼 정도의 능력을 갖춘다는 보장도 없고, 만약 능력을 가진 사람이라면 그도 곧 퇴사할 가능성이 크기 때문이다. 이러거나 저러거나 능력 있는 MZ세대가 퇴사하면 남겨진 사람이 피해를 본다.

업무 부담의 고통은 그나마 사소한 문제에 속한다. 그것은 그냥 참고 해내면 그만이다. 더 큰 문제는 조직의 전체적인 경쟁력이 저하된다는 점이다. 젊은 세대의 잦은 이탈은 남아 있는 동료들에게 부정적인 기제로 작용한다. 특히 평소 능력 있다는 평을 받던 직원이 퇴사하면 '얼마나 비전 없는 회사이기에 떠날까?' 하는 의구심을 유발하고, 그로 인해 회사에 대한 자부심과 신뢰가 하락한다. 급기야 미래에 대해 부정적인 생각을 갖게 된다. 자신도 새로운 직장을 찾아봐야 하는 게 아닐지 고민하게 된다. 직원들의 사기는 저하되고 업무 의욕이 감소한다. 이로 인해 조직 관리가 점점 어려워지고 조직 전반에 활력이 떨어진다. 이러한 상태가 지속되면 새로운 이탈자가 생겨나면서 악순환이 가중된다. 그 결과 구성원의 전체적인 경쟁력이 약화된다.

노동시장에서의 기업 이미지와 평판이 나빠진다는 점도 간과할 수 없는 문제다. 오늘날에는 인터넷과 소셜네트워크의 발달로 인해 퇴직자의 퇴사 이유가 만천하에 공개된다. 요즘은 '블라인드 teamblind.com'나 '잡플래닛jobplanet.co.kr'과 같은 직장인 익명 커뮤니티가 활성화되어 직장에서 벌어지는 시시콜콜한 사건·사고나 불만들이 실시간으로 공유되고 있다. 한 조사에 따르면, 직장인의 45.3%가 직장인 익명 커뮤니티를 이용하는 사람이 많다고 밝혔으며, 전체 응답자의 79.7%가 직장인 익명 커뮤니티를 인지하고 있고, 25.3%는 직접 이용해본 것으로 나타났다.[9] 또한 익명 커뮤니티의 이용 경험은 20대(37.6%)와 30대(39.6%)가 40대(12.4%)와 50대(11.6%)보다 월등히 높은 것으로 나타났다. 말하자면, MZ세대가 기성세대보다 직장인 익명 커뮤니티 이용 빈도가 훨씬 높았다.

직장인이 익명 커뮤니티를 이용하는 이유로는 '회사에 대한 정보를 알기 위해(49.8%)', '다른 직원들이 회사에 대해 어떤 의견을 가지고 있는지 궁금해서(47%)', '회사에 대해 몰랐던 사실을 알 수 있어서(39.1%)' 등이 높게 나왔다. 당연히 특정 회사에 다니던 사람의 퇴직 이유는 익명 커뮤니티 이용자에게는 매우 궁금하면서도 중요한 정보다. 이런 환경 때문에 오늘날 MZ세대의 퇴사는 단지 당사자의 이탈만으로 끝나지 않는다. 퇴사자의 퇴직 사유는 온라인을 통해 평소 그 회사를 눈여겨보았던 잠재적 구직자들에게 빠르게 전파되고, 그들의 입을 통해 전체 취업준비생에게 공개된다. 신규 직원의 이직이 빈번할 경우 고용 시장에서의 회사 평판이 급격히 나빠져서 우수 인재를 뽑기가 점점 어려워진다.

이처럼 MZ세대의 퇴직은 어렵게 뽑은 우수 인재의 이탈만을 의미하는 것이 아니다. 기존 직원 사기 저하와 업무 가중, 인력 구조의 왜곡, 조직 활력 감퇴, 인적 구성원의 경쟁력 약화, 노동시장에서의 이미지 추락 등 부정적 효과가 연쇄적으로 이어진다. 단지 개인의 문제라거나 MZ세대의 치기 어린 성격 때문이라거나 하기에는 지불해야 하는 대가가 너무 크다. 따라서 경영자나 인사 담당자는 MZ세대의 이탈이 잦아진다면 조직 체질에 적색 경고등이 들어왔음을 인식하고 근본적인 원인 파악과 대책 마련에 나서야 한다.

처음으로 돌아가 보자. 속담처럼 굴러온 돌이 박힌 돌을 빼내는 것은 도의상 옳지 않다. 하지만 조직에 먼저 들어왔다는 이유만으로 '박힌 돌' 행세를 하는 것 또한 올바른 처사가 아니다. 특히 박힌 돌이 조직에 새로운 피를 공급할 '굴러온 돌'을 튕겨 내버린다면 이는 조직에 치명적인 해가 된다. 조직도 인간 개개인과 마찬가지로 유기체다. 인간처럼 조직도 생주멸生住滅의 과정을 거친다. 태어나 일정 기간 머물다가 언젠가는 사라진다. 어느 누구도 영원히 머물 수는 없다. 장강長江(양쯔강)의 뒤 물결이 앞 물결을 밀어내는 것이 자연의 이치듯이, 조직에서 기성세대가 젊은 세대에 의해 물러나는 것은 순리이자 필연적인 과정이다. 그것을 거부하거나 생략해버리면 조직은 고인 물이 되어 누구도 살 수 없는 시궁창처럼 변하고 만다.

혹자는 이렇게 반박할 수도 있겠다. 나이가 들었다는 이유만으로 젊은 세대에게 자리를 물려주면 기성세대는 뭘 먹고 사느냐고? 동의한다. 억울한 생각이 들 수도 있다. 아직도 충분히 쓸모가 있다고 생각하는 기성세대라면 더 그럴 것이다. 하지만 영원히 조직에 머물 수도 없는 노릇이지 않은가. 시기의 차이만 있을 뿐 누구나 언젠가는 조직을 떠나야 한다. 다만 아무런 대책 없이 무작정 물러나서는 곤란하다. 떠날 때를 대비해서 미리미리 준비해야 한다. 장강의 앞 물결이 뒤 물결에 의해 밀려난다고 해서 사라지는 것은 아니다. 더 넓은 바다로 나아간다. 박힌 돌 행세를 하며 버티다가 쫓겨나듯이 밀려나면 모양새만 사나워진다. 때가 되었다 싶으면 '쿨'하게 스스로 물러날 수 있어야 한다. "박수 칠 때 떠나라"는 이런 때 하는 말이다. 박수 칠 때 떠나려면, 다시 말해 '쿨'하게 물러나려면 평소에 준비가 되어 있어야 한다. 떠날 준비가 된 자가 강자이며 능력자다. 독립 선언은 강자만의 특권이라는 니체의 주장을 잊지 말아야 한다. 그의 말은 MZ세대뿐만 아니라 기성세대에게도 적용되는 만고의 법칙이다.

1장 요약 대퇴사 시대가 도래했다

1장에서는 극심한 경쟁을 뚫고 취업에 성공한 MZ세대가 얼마 지나지 않아서 퇴직하는 현상에 대해 소개하였다. '대퇴사 시대'라고 부르기도 하는 이러한 현상이 실제 현실에서는 어떻게 전개되고 있는지, 그 배경에는 어떤 요인들이 작용하는지를 알아보았다.

1. 퇴직이 일상이 되다: 극심한 취업난 속에서도 퇴직자들이 속출하고 있다. 미국 텍사스 A&M대학의 앤서니 클로츠 교수는 코로나 팬데믹을 거치며 자발적으로 회사를 사직하는 노동자의 숫자가 급격히 증가하는 현상을 두고 '대퇴사 시대'라고 명명하였다. 실제로 미국에서는 2021년 1월부터 10월까지 무려 3,900만여 명의 노동자가 자진 사퇴했다. 대퇴사 현상은 비단 미국만의 문제가 아니다. 대한민국에서도 MZ세대를 중심으로 퇴사 러시rush가 이어지고 있다. 조사에 따르면, MZ세대 입사자의 절반 이상이 2년 이내에 퇴사하고, 5년 이내에 전체의 90% 이상이 퇴직하는 것으로 나타났다.

대퇴사와 더불어 '조용한 퇴사' 현상도 생겨나고 있다. 조용한 퇴사란 직장을 그만두지는 않지만 정해진 시간과 업무 범위 내에서만 일하겠다는 태도로 일종의 '심리적 퇴사'에 해당한다. 조용한 퇴사자는 조직 성과에 기여하는 바가 미미하고 새로운 인력을 충원하는 데도 걸림돌이 되며, 언제든 퇴직자로 전환될 수 있기 때문에 장기적으로는 퇴사자와 별반 다를 게 없다. 바야흐로 퇴직이 일상이 되어버렸다.

2. 달라진 MZ세대의 직장관·직업관: MZ세대가 어렵게 들어간 직장에서 일찍 퇴직하는 이유는 기성세대와는 다른 가치관을 가지고 있기 때문이다. 오늘날 MZ세대 직장인이 가진 직업관과 가치관은 대략 다음 4가지로 요약할 수 있다.

① 조직보다는 개인의 행복이 중요하다
② 직장이나 직업은 수단이자 과정일 뿐이다
③ 워라밸을 추구한다
④ 돈보다 더 중요한 가치가 많다

이렇게 달라진 직장관·가치관으로 인해 MZ세대는 현재 직장이 자신의 가치와 맞지 않거나 지금의 직장에서 원하는 것을 얻을 수 없다고 판단될 때는 미련 없이 떠날 준비를 한다.

3. '취준생'에서 '퇴준생'으로: MZ세대 취업준비생은 취업에 성공했다고 해서 마냥 직장인 신분으로 갈아타지 않는다. 그들에게 취업 성공이란 '취준생'에서 '퇴준생'으로의 변화를 의미할 뿐이다. 그들은 직장을 다니면서 더 나은 회사로의 이직이나 창업, 자아실현을 위해 준비하는 이른바 '퇴직준비생' 신분을 지속한다. 그들이 퇴준생이 되는 이유는 다양하다. 현재 직장에 대한 불만 때문일 수도 있고, 성취동기나 자아실현을 위해서일 수도 있다. 그들의 독립 선언은 단순한 '사표' 제출이 아니다. 더 나은 회사나 세상으로 나아가겠다는 '출사표'를 던지는 행위다. 이렇듯 오늘날에는 MZ세대의 퇴직을 부추기는 요인이 점점 증가하고 있고, 그로 인해 실제 퇴직률도 높아지는 추세다.

4. '박힌 돌'이 '굴러온 돌'을 튕겨 낸다: "굴러온 돌이 박힌 돌을 빼낸다"는 속담이 있지만, 오늘날 조직에서는 반대로 '박힌 돌'인 기성세대 때문에 '굴러온 돌'인 MZ세대가 튕겨 나가는 상황이 자주 발생한다. 이러한 배경에는 물이 한곳에 오래 고여서 정체된 상태인 '고인 물' 현상이 있는데, 조직에 고인 물이 가득하면 조직 전체의 활력이 떨어지고 조직 창의성이 저하되어 외부 환경 변화에 대한 대처가 느려진다. MZ세대의 퇴직은 어렵게 뽑은 우수 인재의 이탈만을 의미하는 것이 아니다. 기존 직원 사기 저하와 업무 가중, 인력 구조의 왜곡, 조직 활력 감퇴, 인적 구성원의 경쟁력 약화, 노동시장에서의 이미지 추락 등 부정적 효과가 연쇄적으로 이어진다. 따라서 경영자나 인사 담당자는 MZ세대의 이탈이 잦아진다면 조직 체질에 적색 경고등이 들어왔음을 인식하고 근본적인 원인 파악과 대책 마련에 바로 나서야 한다.

2. 원인

왜 MZ세대는
그렇게 행동하는가?

01 MZ세대는 돈을 중요하게 생각하지 않는다?

흔히 "인생에서 돈이 전부가 아니다"라고 말한다. 맞다. 인생을 돈만 가지고 살 수는 없다. 하지만 돈이 없는 사람에게는 돈이 전부다. 수중에 땡전 한 푼 없다면, 설령 그가 아무리 고매한 인격의 소유자라 하더라도 인간다운 삶을 영위할 수 없기 때문이다. 독일의 사회학자 게오르그 짐멜은 《돈의 철학》에서 인간과 돈의 관계에 대해 다음과 같이 주장했다. "돈은 인간이 세계와 맺는 관계의 적절한 표현이다." 사회적 동물인 인간은 어떤 형태로든 세계와 관계를 맺으며 살 수밖에 없는데, 돈은 그 관계를 맺는 수단이자 표현이라는 뜻이다. 이는 달리 말하면, 돈이 없다면 세계와 관계를 맺을 수 없고 적절하게 자신을 표현할 수도 없다는 의미이기도 하다. 간혹 산속에서 홀로 살아가는 '자연인' 중에는 "돈 없이도 행복하게 살 수 있다"고 말하는 경우가 있는데, 이는 속세와의 관계를 끊어버렸기에 할 수 있는 표현이리라. 세상 속에 있으면서 타인과 더불어 살아가는 현대인들에게는 결코 해당되지 않는 말이다.

사실 현대인들은 돈을 떠나서는 세상과 관계를 맺기 어렵다. 자신의 존재를 드러내는 데도 한계가 있다. 오늘날에는 타인과 어울리면서 자신을 표현하려면 어느 정도의 돈은 반드시 필요하다. 예컨대 강남의 시가 30억 원짜리 아파트에 살면서 2억 원짜리 외제차를 몰고 한 끼에 수십만 원 하는 식사를 부담 없이 하는 사람과 변두리 사글세방에 살면서 라면이나 편의점 도시락으로 끼니를 때우는 사람이 함께 만나서 어울리는 모습은 상상하기 어렵다. 그들이 세계와 관계를 맺는 방식은 '감히' 비교조차 할 수 없을 정도로 천양지차이기 때문이다. 오늘날 부자와 빈자의 사이에는 마크 트웨인의 소설 《왕자와 거지》에 등장하는 두 인물만큼이나 큰 간극이 존재한다. 전혀 다른 세계를 살아가기에 만날 일도, 어울릴 일도 없다. 오늘날에는 가진 돈의 많고 적음이 당사자의 존재와 주변의 관계에 결정적인 영향을 미친다.

심지어 현대로 오면서 돈은 더욱 강력한 힘을 발휘하고 있다. 짐멜은 돈을 '신神'이라고 표현하기도 했다. "지상에서 돈은 세속적인 신이다. 돈이 절대적인 수단이며, 바로 그 때문에 절대적인 목적이 되면서 그 심리적 중요성이 상승한다." 오늘날 돈은 절대적인 신처럼 강력한 힘을 가지게 되었고, 그 결과 현실에서 종교적 신의 지위를 대체했다는 뜻이다. 오늘날 돈은 《반지의 제왕》에 나오는 '절대 반지'와 같다. 돈은 세상 모든 것을 능가하는 절대적인 힘을 지녔고, 돈만 있으면 나머지 모든 권력과 힘들을 제압할 수 있다. 현대인들은 모두 강력한 힘을 지닌 돈 앞에서 머리를 조아리기 시작했다. 돈을 추앙하고 존경하고 심지어 숭배하게 되었다. 돈 앞에서 비굴하게 굴복하는 인간을 두고 '너무 비루한 것 아닌가?' 하는 의문을 가질 법도 한데, 그렇게 생각하는 사람은 이제 좀체 찾아보기 어렵다. 왜? 불완전한 인간이 완전한 신에게 머리를 조아리는 것은 너무도 자연스러운 일이 아니던가. 그러니 힘없는 인간이 신적 힘을 소유한 돈에 빌붙어서 아첨하는 것은 전혀 이상할 게 없다.

그런데 이처럼 강력한 힘을 지닌 돈에 저항하는 세력이 등장하기 시작했다. 바로 'MZ세대'라 불리는 이들이다. MZ세대는 자본주의 체제를 살아가면서도 돈에 복종하지 않는다. 물론 이들도 돈을 싫어하지는 않는다. 하지만 돈이 전부라고 여기지도 않고, 최소한 돈에 목숨을 걸지는 않는다. 이러한 상황은 신의 자리를 차지한 돈 입장에서는 매우 불쾌한 일일 것이다. 하지만 달리 손쓸 방법도 없다. 세속적 신이 된 돈에게는 마음에 들지 않는 인간을 향해 벌을 내릴 '제우스의 번개'가 없기 때문이다. 돈은 강력한 힘을 지녔지만, 그건 어디까지나 돈에 목숨을 거는 인간에게 만 그렇다. 돈이 전부라고 여기지 않는 사람에게는 별 힘을 발휘 하지 못한다.

"적당히 벌고 아주 잘 살자!" 이 구호는 전주 남부시장 2층 에 위치한 '청년몰'에 입주한 젊은이들의 삶의 모토다. 청년몰은 2011년 문화체육관광부가 '문화를 통한 전통시장 활성화 시범 사 업(일명 '문전성시')'으로 시작한 프로젝트다. 청년몰에는 각종 공방 과 소품점, 책방, 카페, 음식점 등 30여 개의 다양한 가게가 운영 되고 있다.[10] 주인은 대부분 19세에서 39세 사이의 청년으로 이른 바 'MZ세대'가 주를 이룬다. 개개인의 이력과 창업 동기도 다양 하다. 이루고 싶은 꿈과 비전도 천차만별이다. 하지만 삶을 대하 는 가치와 행복을 추구하는 방식은 유사하다. '적당히 벌고 아주 잘 살자'라는 슬로건 속에 그들의 인생 태도와 철학이 잘 녹아 있 다. 이들은 자본주의 체제가 강요하는 돈의 질서나 규범을 따르 지 않기로 선택한 자들이다. 세속적인 신을 거부한 배교자라 할 수 있는데, 이들은 돈과 행복에 대한 자신만의 기준을 세우고 이 를 실천하는 사람들이다. 돈에 목매지 않는다는 면에서는 기성 세대와 다른 별종들이다.

그렇다면 MZ세대는 전반적으로 돈을 중요하게 생각하지 않 는다고 볼 수 있을까? 천만의 말씀이다. 남부시장 청년몰 입주자 가 MZ세대 전체를 대변하는 것은 절대 아니다. 어쩌면 그들은 정

그림 1 한국 MZ세대가 꼽은 최대 우려 사안 5가지

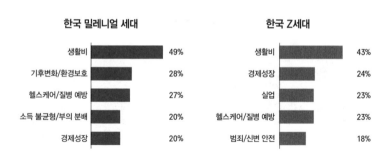

한국 밀레니얼 세대

생활비	49%
기후변화/환경보호	28%
헬스케어/질병 예방	27%
소득 불균형/부의 분배	20%
경제성장	20%

한국 Z세대

생활비	43%
경제성장	24%
실업	23%
헬스케어/질병 예방	23%
범죄/신변 안전	18%

규분포 바깥에 위치한 소위 '아웃라이어outlier'에 가까울지도 모른다. 전체 MZ세대의 특성을 대변하는 것이 아니라 하나의 경향 정도로 해석하는 것이 타당하다. MZ세대는 돈에 목숨을 걸지는 않지만 돈을 매우 중요하게 생각한다. 2022년 딜로이트컨설팅이 MZ세대 직장인 501명을 대상으로 한 조사, '딜로이트 글로벌 2022 MZ세대 서베이'에 따르면 MZ세대의 70% 이상은 최고 소득층과 최저 소득층 간의 격차가 벌어지는 부의 불평등에 대해 우려하고 있으며, 최대 고민도 생활비인 것으로 조사되었다([그림 1] 참조). 이들은 이러한 재정적 우려를 해결하기 위해 소득을 늘릴 방안을 적극적으로 모색하고 있는 것으로 나타났다.

한편 MZ세대가 직장을 떠나겠다고 결정하는 이유도 '급여가 충분하지 않아서'라는 답변이 가장 높게 나타났다([그림 2] 참조). 말하자면, 다수의 MZ세대는 남부시장 청년몰에 입주한 젊은이들과 달리 돈을 중요하게 생각하고, 돈 때문에 발생한 여러 걱정

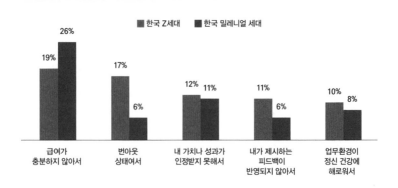

그림 2 MZ세대가 직장을 떠나겠다고 결정하는 주요 이유

들로부터 벗어나기 위해 돈을 더 버는 쪽으로 해결 대안을 찾고 있다. 말하자면, MZ세대 직장인에게도 돈은 매우 중요한 요소다.

남부시장 청년몰 사례와 딜로이트컨설팅 조사 결과 간에 차이가 발생하는 이유는 무엇일까? 돈에 대해 상반된 태도를 보이는 현상을 어떻게 해석해야 할까? 우선 두 사례에서 직업적 차이에 주목할 필요가 있겠다. 남부시장 청년들은 직업으로 자영업을 선택한 사람들이고, 딜로이트컨설팅 조사 응답자들은 기업에 소속된 샐러리맨이다. 직업생활의 출발점에 대한 선택이 서로 달랐다. 그 결과 중요하게 추구하는 가치에도 차이가 생겼다. 결국 어떤 직업을 선택했는지에 따라 동일한 세대 안에서도 가치관의 차이가 발생하고 있다.

독일의 사회학자 카를 만하임은 인간이 생각하는 방식을 '사유의 존재 구속성'이라는 개념으로 설명한 바 있다. 사유의 존재

구속성이란 "인간의 사유는 각자가 서 있는 존재론적 위치에 영향을 받는다"는 뜻이다. 예컨대 한국에서는 부동산 가격을 두고 첨예하게 대립한다. 어떤 사람은 "현재 가격은 거품이 끼어서 지나치게 높다. 합리적인 수준까지 떨어져야 한다"고 주장하지만, 또 어떤 이는 "한국의 부동산 가격은 외국에 비하면 싸다. 더 올라야 한다"고 말한다. 누구 말이 옳은 것일까? 정답이 없다. 이처럼 동일한 현상을 두고 판단과 해석이 달라지는 이유는 우리의 사유가 자신의 존재 상황에 구속되어 있기 때문이다. 무주택자는 어쨌거나 부동산 가격이 하락해야 한다고 생각한다. 하지만 다주택자의 경우는 정반대로 생각한다. 이는 끝장 토론을 해봐야 결론이 나지 않는 사안이다. 옳고 그름의 문제가 아니라 각자 생각의 방향이 현재 자신이 처한 존재 상황에 영향을 받기 때문이다.

샐러리맨이 돈을 중요하게 생각하는 이유는 현재 자신의 존재 상황이 그러하기 때문이다. 샐러리맨이란 기본적으로 어딘가에 자신의 노동력을 제공하고 그 대가로 돈을 받기로 선택한 사람이다. 좋게 표현하면 근로계약을 맺었다고 할 수 있는데, 속되게 표현하면 돈을 벌기 위해 기꺼이 자신의 신체를 어딘가에 저당 잡히는 계약을 스스로 한 셈이다. 말하자면, 자유를 포기한 대가로 돈을 선택한 것이다. 따라서 샐러리맨은 돈을 많이 받기를 원한다. 그래야만 자신의 가치가 높아지기 때문이다. 반면 남부시장 청년몰에서 자영업을 하기로 선택한 사람은 돈을 우선으로 생각했다고 보기 어렵다(돈을 더 많이 벌기 위해 개인 사업이나 자영업을 선택하는 경우도 있지만 남부시장 청년몰의 경우에는 애초부터 큰돈을 버는 것을 기대하기 어렵다. 그렇기에 '적당히 벌고 아주 잘 살자'는 슬로건을 내건 것이다). 이들은 돈보다는 자신이 좋아하는 일을 선택한 사람이다.

이런 상황을 감안하면, 기업의 경영자나 인사 담당자가 'MZ세대는 돈을 중요시하지 않는다'고 생각하는 것은 심각한 착각이다. MZ세대 중에 일부는 돈을 최우선 가치로 생각하지 않지만, 그런 사람은 애초부터 조직생활을 하지 않는 경우가 많다. 사회생활을 조직에 들어가서 시작하기로 마음먹은 사람에게는 돈이 매우 중요한 가치이자 기준이다. 앞서 딜로이트컨설팅 조사에서도 알 수 있듯이, 금전적 보상이 충분치 않으면 조직생활을 지속할 이유를 상실한다. 돈은 조직생활을 선택한 첫 번째 동기이기 때문이다.

이 대목에서 오해하지 말아야 할 것이 있다. MZ세대 직장인들이 돈을 중요하게 여긴다고 해서 돈만 많이 주면 그들의 마음을 잡을 수 있다고 생각하면 안 된다. 이 또한 착각이다. 낮은 연봉은 조직을 떠나게 만드는 기제로 작용하지만, 돈을 많이 준다고 해서 사람을 붙잡아두지는 못한다. 다시 딜로이트컨설팅의 조사 결과를 살펴보자. [그림 3]은 MZ세대가 현재 직장에 머물겠다고 결

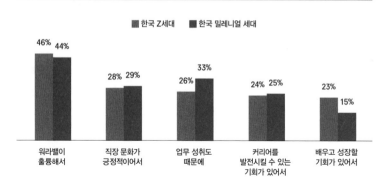

그림 3 MZ세대가 현재 직장에 머물겠다고 결정하는 주요 이유

■ 한국 Z세대　■ 한국 밀레니얼 세대

워라밸이 훌륭해서	직장 문화가 긍정적이어서	업무 성취도 때문에	커리어를 발전시킬 수 있는 기회가 있어서	배우고 성장할 기회가 있어서
46% 44%	28% 29%	26% 33%	24% 25%	23% 15%

정하는 이유에 대한 응답이다. 보는 바와 같이 MZ세대가 퇴사를 하지 않고 현 직장에 오래 머물려는 동인은 돈 때문이 아니다. 워라밸이나 업무 성취도, 좋은 직장 문화나 개인적 발전 등의 요인 때문에 머무는 것이다.

금전적 보상이 퇴직 동기로는 작용하지만 조직 만족이나 몰입으로 이어지지 않는 이유는 무엇 때문일까? 그것은 돈이라는 수단이 '위생 요인'이기 때문이다. 미국 심리학자 프레드릭 허츠버그Frederick Herzberg의 '2요인 이론Two Factor Theory'에 따르면, 만족과 불만족의 작동 방식은 서로 다르다. 그는 이를 '동기 요인(만족 요인)'과 '위생 요인(불만족 요인)'으로 구분하여 설명한다. 동기 요인이란 그것이 충족되면 만족감이 높아지는 요소를 말한다. 반면 위생 요인이란 그것이 주어지지 않으면 불만족이 생기는 요소를 말한다.

그림 4 만족과 불만족의 작동 방식에 대한 전통적 견해와 허츠버그의 견해

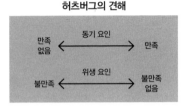

허츠버그는 만족과 불만족은 동일한 선상의 양극단에 있는 것이라는 전통적 견해를 부정하고, 각각은 서로 다른 선상에 존재한다고 주장했다. 즉 만족의 반대가 불만족이 아니고 불만족의 반대도 만족이 아니라는 뜻이다. 만족 요인이 주어지지 않는다고 해서 불만족으로 변하는 것이 아니라 단지 '만족 없음' 상태가 될 뿐이다. 반대로 불만족 요소가 제거되었다고 해서 만족감이 생기는 것은 아니다. 단지 '불만족 없음'의 상태가 될 뿐이다. 말하자면, 만족(동기) 요인과 불만족(위생) 요인은 서로 다른 선상에서 작동하는 변수다([그림 4] 참조).

허츠버그는 만족감과 관련된 동기 요인으로 성취감, 성장, 자긍심, 상사나 동료의 인정, 승진 기회 등의 요소를 들었다. 위생 요인으로는 월급 액수, 감독이나 지시량, 작업 조건, 인간관계, 회사의 정책이나 제도 등을 들었다. 따라서 MZ세대에게 적당한 급여가 주어지지 않으면 위생 요인이 충족되지 않은 상태가 되어 불만족을 가중시키고, 이는 퇴직 사유가 될 수 있다. 하지만 급여를 무한정 높인다고 해서 만족감이 비례하여 높아지지는 않는다. 허츠버그의 이론에 의하면, 돈은 위생 요인이기 때문이다.

추가로 고려해야 할 점이 있다. 허츠버그가 2요인 이론을 발표한 시기는 1959년이다.[11] 그는 당시 203명의 회계 전문가 및 엔지니어와 직무 관련하여 가장 즐거웠고 만족했던 상황과 불만족스러웠던 상황에 대해 인터뷰를 진행했고, 이를 통해 동기 요인과 위생 요인에 따라 만족과 불만족의 변화가 상이함을 발견했다. 당시 조사 대상의 욕구나 그로 인한 영향이 오늘날 MZ세대에게도 여전히 유효하게 적용될지는 확인이 필요하다. 실제로 2요인 이론이 발표된 후 학계에서는 만족과 불만족의 메커니즘에 대한 새로운 관점을 제기했다는 점에서는 찬사가 쏟아졌지만, 비판도 적지 않았다. 대표적인 것이 동기 요인과 위생 요인에 대한 분류가 개인마다 다를 수 있다는 점이다. 가령 허츠버그는 월급(돈)을 위생 요인으로 분류했지만 사람에 따라서는 월급 상승이 다른 어떤 요소보다 만족감을 높이는 요인이 될 수도 있다.

직장인이라면 누구나 더 많은 연봉을 받기를 원한다. 하지만 연봉은 액수의 많고 적음의 문제, 즉 경제적 가치만을 의미하는 것은 아니다. 그것은 자신에 대한 인정과 존중, 가치와 지위를 나타내는 기호다. 간혹 프로 스포츠 선수 중에는 연봉이 자존심이라고 말하는 경우도 있다. 남녀 직장인 645명을 대상으로 '연봉의 거짓과 진실'을 주제로 설문을 진행한 결과, 응답자의 79.1%가 '주변 사람들에게 자신의 연봉을 부풀려서 공개한 적이 있다'고 답했다.[12] 이를 보면 오늘날 직장인에게 연봉이란 단순히 돈의 많고 적음만이 아니라 자기 가치에 대한 인정이자 자존심의 척도로 작용하기도 한다.

그런 의미에서 보자면, 오늘날 MZ세대에게 연봉(돈)은 위생 요인이면서 동시에 동기 요인이기도 하다. 연봉이 너무 적으면 불만족이 발생하여 퇴사로 이어지기 쉽다. 그러나 돈을 많이 준다고 해서 동기부여가 끝없이 되는 것은 아니다. 그렇다고 연봉을 적당히 주기도 어렵다. 소위 잘나가는 기업에 속한 MZ세대 구성원들은 절대적인 액수도 중요하게 여기지만, 경쟁 기업보다 얼마나 많은지에 따라서 가치와 자존심 문제로 인식하기 때문이다. 일례로 연봉 협상 시즌이 되면 한국을 대표하는 반도체 기업끼리 연봉 인상 폭을 두고 기 싸움을 벌이기도 한다.[13]

이론적으로는 직원들의 임금 수준은 해당 기업의 실적과 성과에 따라 정하는 것이 합당하다. 하지만 현실은 그러한 단순 도식으로만 전개되지 않는다. 구성원의 자존심까지 고려해야 하기 때문이다. 이런 상황이 경영자나 인사 담당자 입장에서는 골치 아플 수도 있다. 금전적 보상이 전부가 아니지만 그것을 소홀히 하면 문제가 생길 수도 있기 때문이다. 아무튼 오늘날 MZ세대에게는 다양한 관점의 보상과 동기부여책을 입체적으로 마련해야 한다는 점만은 분명해 보인다.

02 현재 회사는 종착역이 아니라 정거장일 뿐

"난 난 꿈이 있었죠. 버려지고 찢겨 남루하여도 내 가슴 깊숙이 보물과 같이 간직했던 꿈." 가수 인순이가 불러 많은 청춘들의 호응을 받았던 〈거위의 꿈〉이라는 노래 가사다(원작은 패닉의 이적과 전람회의 김동률이 1997년 결성한 프로젝트 그룹 카니발이 부른 곡으로, 2005년 인순이가 리메이크하여 크게 히트했다). 노래 속 주인공에게는 '꿈'이 있다. 꿈이 없는 인생은 비루하다. 꿈이 있다면, "삶이 그대를 속일지라도 슬퍼하거나 노하지" 않을 수도 있다. 꿈만 있다면, "저 차갑게 서 있는 운명이란 벽 앞에 당당히 마주칠" 수도 있다. 그래서 꿈은 소중하다. 현실이 힘들수록 꿈은 반드시 필요하다.

한번 생각해보자. 취업준비생에게 꿈은 무엇일까? 아마도 본인이 원하는 직장에 취업하는 일일 것이다. 대기업 사원증이나 공무원 신분증을 목에 거는 것이 꿈인 사람이 대부분이다. 그렇다면 그 꿈을 이룬 다음에는 어떻게 될까? 꿈을 이루었으니 이제 더 이상 꿈이 필요 없을까? 당연히 아니다. 취업의 꿈을 이루었다고 해서 인생의 목표가 완성된 것도 아니고 행복이 보장되는 것은 더더욱 아니다. 그런 의미로 보자면 취업 성공의 꿈은 최종적인 목표가 아니라 기껏해야 중간 목표 정도에 불과하다.

그리스 철학자 아리스토텔레스가 《니코마코스 윤리학》에서 삶의 궁극적인 목적은 행복에 있다면서 다음과 같이 말했다. "사실 행복을 제외하고는 모든 것은 수단으로 선택하고 있는 것이다. 행복은 궁극적인 목적이기 때문이다." 아리스토텔레스의 주장이 옳다면 취업 성공의 꿈은 궁극적인 목적이 아니라 행복에 이르기 위한 수단으로 채택된 것일 뿐이다. 궁극적인 목적인 행복에 이르기 위해 지금은 취직을 하는 것이 좋겠다고 판단하여 취업 전선에 뛰어든 것이다. 그렇다면 취업에 성공한 이후에는 어떻게 될까? 당연히 궁극적인 목적을 달성하기 위해 또 다른 여정을 이어나가야 한다. 어떻게? 그건 개인마다 다르다. 각자 정한 로드맵에 따라 진행될 것이다.

취업에 성공한 직장인들도 누구나 이루고 싶은 꿈이 있다. 취업한 상태가 곧 꿈의 완성은 아니니까. 그렇다면 직장인의 꿈은 조직 안에 있을까, 조직 바깥에 있을까? 사람마다 다를 것이다.

'평생직장'이라는 개념이 통용되던 시절에는 조직 안에서 꿈을 꾸던 사람이 적지 않았다. 과거에는 처음 들어간 직장에서 정년 퇴직 때까지 일하면서 조직이 발전하는 것을 흐뭇하게 바라보면서 성공의 결실을 함께 나누던 시절도 있었다. 당시에는 그렇게만 해도 내 집 마련, 경제적 안정, 자녀 교육, 노후 대비까지 인생에서 필요한 중요한 문제들을 대부분 해결할 수 있었다. 그렇기 때문에 당시에는 조직과 '결혼'하여 '백년해로'하는 길도 행복을 얻기 위한 좋은 방법 중 하나였다.

하지만 지금은 상황이 많이 바뀌었다. 평생직장이라는 개념은 어느덧 종말을 고하고 있다. 취업 포털 사이트를 운영하는 잡코리아가 직장인 771명을 대상으로 '현재 직장을 평생직장이라고 생각하는지'를 물어본 결과, 응답자의 81.3%가 '그렇지 않다'고 답했다. 현재 직장을 평생직장이라고 생각하는 직장인 비율은 18.7%에 그쳤다.[14] 평생직장 개념이 직장인들 사이에서 점점 사라지고 있는 셈이다.

상황이 이러하다 보니 현재의 직장에서 오랫동안 근무할 수 있을지에 대한 기대도 점점 옅어지고 있다. 끝없는 경쟁과 상시적인 구조조정에 내몰린 오늘날 직장인 중에는 언제 잘릴지 모른다는 불안과 스트레스 속에서 하루하루 연명하는 이가 적지 않다. 실제로 현직에 있는 직장인에게 물어보면, 현재 직장에서 얼마나 오래 근무할 수 있을지에 의구심을 갖는 경우도 많다.

2021년 잡코리아가 알바몬albamon.com과 함께 직장인 534명을 대상으로 '직장인이 체감하는 정년퇴직 시기'에 대해 설문조사를 진행한 결과, 직장인들은 '평균 51.7세'에 부장 직급으로 정년퇴직할 것 같다고 답했다.[15] 이는 법정 정년 60세보다도 8.3년이나 앞당겨진 수치다.

한편 근무 기업에 따라 체감 정년 시기도 달랐는데, 대기업에 근무하는 직장인들이 체감하는 정년퇴직 시기가 평균 '49.5세'로 가장 낮게 나타났다. 이어 중견기업과 중소기업에 근무하는 직장인은 평균 '51.7세'로 같게 나왔으며, 공기업이나 공공기관 근무자는 '평균 53.8세'로 응답하였다([그림 5] 참조). 이를 통해 알 수 있는 점은 사람들이 선호하는 대기업일수록 실제 근무할 수 있는 기간이 짧다는 사실이다. 통상 대기업이 중견기업이나 중소기업보다 보상이나 복리후생 수준이 좋은 편인데, 이는 구성원을 타이트하게 관리한 결과로 얻게 된 반대급부인지도 모른다. 연봉은 높은데 밥값을 하지 못하는 구성원을 빠르게 퇴출시켜야만 높은 보상 수준을 유지할 수 있는 것은 아닐까? 아무튼 대기업일수록 평생직장을 꿈꾸기가 더욱 어려워졌다.

많은 사람이 조직 안에서 꿈을 꾸고 그 꿈을 이루기 위해 노력하던 시절에는 신규 직원을 뽑을 때도 '개인의 꿈이 어디 있는지'가 중요한 질문이었다. 그래서 과거에는 면접관이 지원자에게 "당신은 만약 우리 회사에 입사하면 어느 위치까지 올라가기를

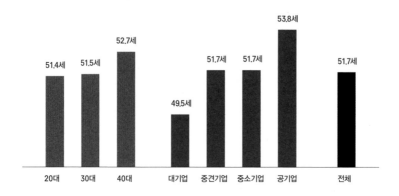

그림 5 직장인들이 체감하는 정년퇴직 시기

20대	30대	40대	대기업	중견기업	중소기업	공기업	전체
51.4세	51.5세	52.7세	49.5세	51.7세	51.7세	53.8세	51.7세

기대하십니까?"라는 질문이 단골 레퍼토리였다. 아무리 능력이 뛰어난 지원자라 하더라도 자신의 꿈을 조직 밖에서 찾는다면 이는 심각한 결격 사유다. 당시에는 조직 안에서도 길이 있었고 그 길을 공유하려는 사람이라야 우선 선발 대상이 되었다.

어느새 평생직장 개념이 사라진 지금에는 누구도 조직 안에서 꿈을 찾지 않게 되었다. 일부 선택받은 소수를 제외하고는. 그도 그럴 것이 이제 조직 안에는 꿈도 없고 길은 지워졌다. 게다가 실질적인 정년은 조금씩 짧아지고 있는 반면, 평균수명은 점점 늘어나고 있다. 직장생활을 할 수 있는 절대적 시간이 줄어들고 있다. 개인의 인생 주기 전체에서 직장생활이 차지하는 비율 또한 점점 낮아지고 있다. 따라서 오늘날에는 신규 직원 채용 면접장에서 "당신은 우리 회사에서 어느 자리까지 올라가기를 희망합니까?"와 같은 질문은 더 이상 들리지 않는다. 현실적이지도 않고 아무런 의미도 없는 질문이기 때문이다.

이제는 직장인이 조직 밖에서 꿈을 찾는 것은 전혀 이상한 일이 아니다. 오히려 직장 밖에서 자신의 꿈을 찾고 실현하려는 이를 못마땅한 시각으로 바라보는 자가 상식이 없는 사람에 가깝다. 직장이 구성원을 평생 보살펴주던 시절이면 몰라도, 그렇지 않다면 제 살길을 찾는 것은 전혀 이상할 게 없고 잘못된 일도 아니다. 그런 의미로 보자면 오늘날에는 세대마다 직장을 바라보는 시각에 상당한 차이가 있다. 평생직장에 대한 미련을 버리지 못한 기성세대는 여전히 직장 안에서 꿈을 찾는 경우가 많다. 높은 곳으로의 승진을 통해 성공을 꿈꾸기도 하고 정년퇴직까지 버팀으로써 현실적 안정을 도모한다. 반면 평생직장에 대한 기대를 애초부터 갖지 않는 MZ세대는 직장 안에서보다는 바깥에서 자기 꿈을 실현하고자 한다. 그 결과 현재 직장이나 직업은 인생의 최종 목적이 아니라 수단이며 잠시 거쳐 가는 정거장이 되고 말았다.

누구의 생각이 옳은 것일까? 결론부터 말하면 둘 다 옳다. 기성세대는 기성세대대로, MZ세대는 그들 나름대로 타당한 근거가 있다. 기성세대는 현재 조직이나 업무에 투자한 기간도 길고 목표에서 그리 멀리 떨어져 있지도 않다. 고지高地가 손에 잡힐 듯 가까운 거리에 있다. 넘보지 못할 목표도 아니고 결코 불가능한 꿈도 아니다. 게다가 달리 다른 선택지도 없다. 괜히 조직을 떠나서 자기 사업하겠다고 하다가 그동안 모아둔 재산마저 날릴 위험도 있다. 실제 주변 사람들 중에 그런 선택을 했다가 후회하는 경우도 심심찮게 목격하게 된다. 그래서 기성세대 입장에서는 현재 조직에서 승부를 보는 것도 나쁘지 않은 선택이다. 어쩌면 가장 안전하면서도 현명한 선택일 수도 있다.

기성세대와 달리 MZ세대에게는 조직 안에서 뭔가 대단한 목표를 설정하고 그것을 얻기 위해 매진한다는 게 상당히 요원한 일이다. 팔자를 고칠 만큼 높은 자리로 올라선다는 보장도 없고 현실적으로 고지가 너무 높이, 멀리 떨어져 있다. 십수 년 뒤에도 현재 회사가 시장에서 살아남아 있을지 장담할 수 없다. 이런 이유 때문에 MZ세대는 조직 밖에 목표를 설정해두고 현재 조직과는 무관한 꿈을 꾼다. 이 또한 어찌 보면 매우 합리적인 선택이다. 결국 조직 안에서 꿈을 꾸는가, 조직 바깥에서 꿈을 찾는가의 차이는 카를 만하임이 주장한 사유의 존재 구속성과도 관련이 있다. 기성세대와 MZ세대가 처한 조직에서의 존재 상황이 다르기 때문에 각자의 생각과 판단도 다른 것이다. 옳고 그름의 문제가 아니다.

그런 의미로 보자면 MZ세대가 조직을 떠나는 일은 단지 사표를 쓰는 것이 아니다. 자기 인생의 궁극적인 목표를 향해 나아가는 출사표의 제시라 보아야 한다. 불교에서는 모든 현상이 인연因緣에 따라 생기소멸生起消滅한다고 본다. 인연이 있어 만나고 인연이 다하면 헤어진다. 이러한 인연의 법칙을 무시하면 고통이 찾아온다. 한 번 맺은 인연이 영원해야 한다고 생각하면 그로 인해 큰 고통에 빠진다. 조직과 개인의 만남도 인연의 법칙을 따른다. 만남이 있으면 언젠가는 헤어지기 마련이다. 다만 시대마다 사람마다 생기소멸을 결정하는 인연의 시점이 다를 뿐이다.

과거 평생직장 개념이 우세하던 시절에는 한 번 만나면 웬만해서는 헤어지지 않고 끝까지 함께했다. 하지만 오늘날에는 쉽게 만나고 쉽게 헤어진다. 수많은 하객 앞에서 검은 머리 파뿌리 될 때까지 서로를 사랑하겠다고 언약을 하고도 부부의 연을 끊는 경우가 많은 것이 요즘 시대다. 하물며 달랑 근로계약서 한 장 쓰고 같은 직장에서 만난 사이야 오죽하겠는가! 그러니 오늘날에는 만남과 헤어짐에 대해 조금 관대한 마음을 가질 필요가 있다. 이별의 순간이 찾아와도 그러려니 해야 한다. 마음이 돌아선 사람의 바짓가랑이를 붙잡고 애걸복걸해봐야 아무 소용없다. 차라리 잘 가라며 손뼉 쳐주고 행운을 빌어주는 편이 더 낫다. 그래야만 좋은 인상이라도 남길 수 있다. 정 이별이 싫다면 함께 있을 때 잘해주어야 한다. 일만 시킬 것이 아니라 부하 직원의 성장과 행복에도 신경을 써야 한다. 상대의 꿈과 인생 목표를 이해하고 그것을 이루는 데 도움을 주어야 한다. 그렇게 되면 직장 상사-부하가 아니라 인생의 동반자가 되어 인연을 오랫동안 지속할 수 있다. 있을 때 잘해야 한다.

03 허드렛일이나 하려고 입사한 것이 아니다

　오래된 무협 영화를 보면 이런 장면이 나온다. 부모님의 원수를 갚기 위해 무림 고수를 찾아간 주인공은 스승에게 자신을 제자로 받아달라고 간청한다. 우여곡절 끝에 제자가 된 주인공. 하지만 스승은 그에게 무술을 가르쳐주기는커녕 물 길어 오기, 장작 패기, 마당 쓸기 등 허드렛일만 죽어라 시킨다. 처음에는 스승이 시킨 일이라 어쩔 수 없이 하지만 점점 불만이 쌓여간다. 하루는 화가 난 주인공이 스승에게 따져 묻는다. "이제 허드렛일은 그만하고 싶습니다. 빨리 저에게 제대로 된 무술을 가르쳐주십시오." 이에 스승은 빙긋이 웃으면서 이렇게 말한다. "멍청한 녀석아, 지금까지 네가 한 일이 바로 무공 수련 과정이라는 사실을 깨닫지 못했단 말이냐?" 무술과는 관련 없는 허드렛일이라고 생각했던 물 길어 오기, 장작 패기, 마당 쓸기 등은 본격적으로 무공 비법을 전수하기 전 기초 체력을 다지는 정규 훈련 과정이었던 셈이다.

이 이야기를 들으면 무슨 생각이 드는가? 교훈적이라고 생각되는가? 만약 그렇다면 당신은 기성세대일 가능성이 크다. 기성세대는 모든 일에는 단계가 있고 아래에서부터 차근차근 단계를 밟아 위로 올라가야 한다고 생각한다. 처음에는 허드렛일부터 시작하여 한 단계씩 높은 수준의 실무를 배우는 것이 올바른 방법이라고 생각한다. 독일 철학자 니체도 이와 비슷한 생각을 했다. 그는 《차라투스트라는 이렇게 말했다》에서 다음과 같이 가르쳤다. "이것이 나의 가르침이니, 언젠가 나는 법을 배우고자 하는 자는 먼저 서는 법, 걷는 법, 달리는 법, 기어오르는 법, 춤추는 법부터 배워야 한다는 것이다. 처음부터 날 수는 없는 일이다." 니체는 모든 일에는 단계가 있다고 본 듯하다. 예컨대 아이가 태어나서 곧바로 나는 법부터 배울 수는 없다. 나는 법을 배우기 위해서는 먼저 서는 법, 걷는 법, 달리는 법부터 배워야 한다. 이는 지극히 상식적이면서도 일리 있는 주장이다. 서지도 못하는 자가 어떻게 걸을 수 있으며, 걷지도 못하는 자가 어떻게 달릴 수 있단 말인가. 높은 수준의 무언가를 하려면 그 아래 단계는 모두 마스터해야 하는 것은 너무나 당연하다.

니체의 주장을 조직 업무에 대입하면 연차가 낮은 신입 직원이 곧바로 중요한 업무를 맡는 것은 사리에 맞지 않는 일이다. 처음에는 허드렛일처럼 보이는 일부터 시작하여 조금씩 중요도가 높은 업무로 나아가야 한다. 무림 고수에게 무공 비급을 전수받기 위해서는 허드렛일처럼 보이는 물 길어 오기, 장작 패기, 마당 쓸기 등의 과정을 거쳐야 하는 것처럼 말이다. 이런 이유 때문에 조직에서 허드렛일은 항상 아래 직원 몫이 되는 것은 지극히 당연하면서도 자연스러웠다. 아무리 명문대를 나왔더라도 처음 조직에 들어가면 복사하기, 생수통 갈기, 상사의 잔심부름 등 업무와 별 관련 없어 보이는 허드렛일조차 군말 없이 해내야 한다. 왜냐? 그것이 무공 수련을 위한 정규 코스이기 때문이다.

최근 들어서는 이러한 논리에 동의하지 못하는 친구들이 생겨났다. 바로 MZ세대다. 이들은 기성세대가 오랫동안 고수해왔던 업무 및 성장 커리큘럼에 대해 이의를 제기했다. 허드렛일부터 시작해서 차근차근 중요도가 높은 업무를 수행하는 것을 당연하다고 생각지 않았다. 긴 '가방끈'과 우수한 '스펙'으로 무장하고 치열한 경쟁을 뚫고 당당히 조직에 입성한 MZ세대는 연차나 직급이 낮다는 이유만으로 허드렛일을 한다는 것을 이해하지 못했고 용납하지도 않았다. 이들은 자신의 커리어에 도움 되지 않는 일은 할 이유가 없다고 생각했다.

취업 포털 잡코리아와 알바몬이 20~30대 직장인 971명을 대상으로 '불합리한 조직 문화를 경험한 적이 있는가?'를 물어본 결과, 응답자의 77.7%가 일을 하면서 불합리하다고 느낀 경험이 있다고 말했다.[16] 응답자들이 불합리한 조직 문화라고 느낀 상황은 다음과 같다(복수 응답).

① 단지 나이가 어리다는 이유로 허드렛일을 맡아야 했을 때(41.2%)
② 자신이 노력한 만큼 공정한 보상을 받지 못했다고 느꼈을 때(37.0%)
③ 업무를 지시받을 때 일에 대한 배경과 이유를 명쾌하게 듣지 못했을 때 (33.0%)
④ 선배나 상사가 반말 등을 하며 동료로 대우하지 않을 때(32.6%)
⑤ 회사와 업무 스케줄 때문에 개인의 일정에 영향을 받을 때(21.8%)

이를 통해 알 수 있는 점은, MZ세대는 조직에서 연차나 나이에 따라서 업무의 중요도나 질적 수준에 차이를 두는 문화를 수긍하지 못한다는 사실이다. 오늘날 MZ세대 구성원은 나이나 연차와 무관하게 조직에서 의미 있는 일을 하면서 성장하길 바라고 그에 걸맞은 보상을 원한다. 따라서 이들에게 나이나 경험 부족 등을 이유로 허드렛일을 주거나 중요한 일에서 배제하면, 불합리하다고 느끼며 반발심을 갖는다.

MZ세대가 조직생활에서 불합리한 조직 문화를 경험하면 어떻게 대응할까? 앞선 조사의 응답자 중 60.7%가 '곧 회사를 그만둬야겠다고 생각했다'고 답했다. 불합리한 조직 문화는 MZ세대의 퇴사 요인으로 작용하는 셈이다. 기타 응답으로는 '상사나 관련 업무 책임자에게 직접 항의한다(13.8%)', '기업 리뷰 플랫폼에 글을 남긴다(5.8%)' 등이 있었으며, '조직에서 자연스럽게 생길 수 있는 일이라고 생각한다'는 답변은 18.4%에 불과했다. 말하자면, MZ세대는 조직에서 업무를 하면서 불합리한 조직 문화를 경험하면 이를 수긍하기보다는 적극적인 행동으로 표출하는 경우가 대부분이다.

대철학자 니체의 가르침에도 불구하고, 오늘날 MZ세대는 업무에 관한 한 기성세대의 조직 문화, 즉 나이나 연차에 따라 허드렛일과 중요한 일을 구분하는 관습을 당연한 것으로 받아들이지 않는다. 이제 어떻게 해야 할까? 당연히 문화를 바꾸어야 한다. 본디 문화는 구성원 모두가 자연스럽게 받아들인 상태여야 한다. 그렇지 못하다면 그것은 문화가 아니라 강제이자 억압에 불과하다. 결국 구성원의 분포가 변하면 조직 문화도 바뀌어야 한다. 기성세대만이 수용하는 규범이 아니라 MZ세대까지 공감할 수 있는 문화로 변모해야 한다.

MZ세대가 원하는 조직 문화는 어떤 모습일까? MZ세대는 기본적으로 수평적이고 자율적인 조직 문화를 원한다. 이른바 '꼰대 문화'를 싫어하는 MZ세대는 조직에서도 수직적인 관계보다는 수평적인 소통을 원한다. 나이나 연차보다는 능력과 역량에 따라 역할을 수행하고 업무에서도 자기 목소리를 내길 원한다.

상사가 시킨 일을 수동적으로 하기보다는 스스로의 판단과 책임 하에 자율적인 업무를 수행하기를 원한다. 한마디로 업무에 있어서는 나이나 연차를 따지지 않고 능력과 역량에 따라 자기 몫을 하고 싶어 한다.

MZ세대는 왜 조직에서 자기 목소리를 내고 싶어 하는 것일까? 직장에서의 일을 '노동'으로 행하고 싶지 않기 때문이다. 노동이 아닌 '놀이'로서의 일을 원하기 때문이다. 회사 일을 노동이 아닌 놀이로 행한다? 혹자는 '이게 말이 되는가?' 하는 의문을 가질 수도 있겠다. 결론부터 말하면, 일을 놀이처럼 한다는 것도 충분히 가능하다. 노동과 놀이는 어떻게 다를까? 사전적 의미로 노동은 '무엇인가를 얻기 위해 육체적·정신적 노력을 들이는 행위'이고, 놀이는 '즐겁게 노는 것'을 말한다. 예컨대 대학생이 생활비를 벌기 위해 편의점에서 아르바이트를 하는 것은 '노동'이다. 주말에 친구들과 취미생활을 즐긴다면 이는 '놀이'라고 볼 수 있다.

하지만 노동과 놀이의 구분이 생각처럼 쉽지만은 않다. 가령 직장인이 회사에서 행하는 업무는 노동일까, 놀이일까? 퇴근 시간 이후 술자리 회식은 노동일까, 놀이일까? 여기에는 정답이 없다. 사람에 따라 결과가 달라지기 때문이다. 대다수 직장인은 회사 일을 노동으로 행하는 경우가 많다. "목구멍이 포도청이라 어쩔 수 없이 회사에 나간다"고 말하는 사람이 의외로 많다. 이런 유형들은 "로또 복권 1등에 당첨만 되면 당장이라도 사표를 쓰겠다"고 말한다. 왜? 노동은 힘들고 괴로우니까. 그래서 먹고사는 문제만 해결되면 당장이라도 노동을 그만두고 싶어 한다. 하지만 간혹 회사 일을 놀이처럼 즐기는 사람이 있다. 이런 사람은 자신의 일에 열정과 몰입을 다하고 업무에 대한 성취감이나 보람도 느낀다. 당연히 스트레스를 받거나 힘들어하는 법도 없다. 왜? 노동이 아닌 놀이로 즐기기 때문이다.

회식의 경우를 생각해보자. 퇴근 시간 이후에 술집에서 벌어지는 단체 회식은 노동일까, 놀이일까? 어떤 사람은 술자리 회식만큼은 놀이라고 생각한다. 술잔을 기울이며 노동에 지친 심신을 위로하고 동료들과 즐거운 시간을 보낸다. 하지만 모든 사람이 회식에서 놀이를 즐기는 것은 아니다. 회식조차 노동으로 임하는 사람이 있다. 그는 퇴근 이후에는 더 이상 직장 사람들과 어울리고 싶지 않다. 특히나 자신이 싫어하는 상사와의 술자리는 가급적 피하고 싶다. 하지만 달리 방법이 없어서 참석했을 뿐이다. 그에게 술자리 회식은 즐거운 이벤트가 아니라 고역에 가깝다. 빨리 술자리가 끝나기를 고대할 뿐이다. 그는 지금 놀이가 아닌 노동으로 회식에 임하고 있기 때문이다.

동일한 행위를 하면서도 그것이 놀이라고 생각하는 사람이 있는가 하면, 노동이라고 느끼는 사람이 있다. 이러한 차이는 왜 생기는 것일까? 가장 핵심적인 원인은 '자발성' 유무다. 네덜란드 역사학자인 요한 하위징아는 《호모 루덴스Homo Ludens》에서 놀이의 특징을 이렇게 정의했다. "모든 놀이는 자발적 행위다. 명령에 의한 놀이는 더 이상 놀이가 아니다. 기껏해야 놀이를 모방한 것에 지나지 않는다." 하위징아에 의하면, 어떤 행위가 '놀이'로서의 기능을 하기 위해서는 자발성이 전제되어야 한다. 어떤 일이라도 자발적으로 하지 않는다면, 그것은 노동에 불과하다. 술자리 회식에 억지로 참가한 사람은 노동을 행하고 있는 것이다. 회사 일도 마찬가지다. 자신은 원하지 않는데 상사가 시킨 일을 억지로 하고 있다면 노동에 불과하다. 반면 스스로의 선택에 의해 자발적으로 참여했다면 그것은 놀이가 될 수 있다.

앞서 MZ세대는 수평적이고 자율적인 조직 문화를 원하고 업무에서 자신의 목소리를 내고 싶어 한다고 언급한 바 있다. 이들은 상사가 일방적으로 시킨 일을 수동적으로 하고 싶어 하지 않는다. 그렇게 행하는 일은 노동에 불과하기 때문이다. 반면 수평적이고 자율적인 문화 속에서 자발적으로 참여하여 행하는 일에는 열정적인 참여와 몰입을 다하게 된다. 그 상태에서의 일은 노동이라기보다는 놀이에 가깝기 때문이다. 구성원이 특정 업무를 노동으로 행하는가, 놀이로 임하는가는 성과에도 큰 차이가 있다. 대체로 노동에서는 열정을 쏟거나 몰입감을 경험하기 어렵다. 일에 대한 즐거움이나 성취감을 맛보기도 힘들다. 당연히 탁월한 성과를 기대하기도 어렵다. 반면 놀이에 임하는 사람은 열정적으로 참여하고 집중하고 몰입한다. 즐거움이나 행복, 성취감이 뒤

따른다. 그렇기 때문에 업무를 놀이처럼 행하는 사람은 성과도 탁월할 가능성이 크다. 자신도 모르게 몰입하다 보니 성과는 자연스럽게 뒤따르기 때문이다. 따라서 뛰어난 성과를 내고 싶다면 MZ세대로 하여금 노동이 아닌 놀이로서의 일을 하도록 해야 한다. 그러기 위해서는 그들의 자발성을 훼손해서는 안 된다.

인류학자 데이비드 그레이버는 맡은 일 중에서 무의미하고 불필요하다고 느끼는 직업을 '불쉿 잡Bullshit Jobs'이라고 불렀다.[17] 비속어인 '불쉿bullshit'은 '쓸모없는, 쓰레기 같은'이라는 뜻이다. 즉 '불쉿 잡'이란 맡겨진 업무가 너무나 무의미하고 불필요해서 그 일을 하는 사람을 괴롭히는 직업을 말한다. 그는 2013년 한 잡지에 기고한 〈불쉿 잡이라는 현상에 관하여〉라는 글에서 이렇게 지적한 바 있다. "엄청난 수의 사람들이 직장생활 내내 내심으로는 쓸모없다고 생각하는 업무를 보느라 시간을 허비했다. 이런 상황이 유발한 도덕적이고 정신적인 피해는 매우 깊다."[18] 기술이 발전했음에도 불구하고 오늘날 조직에서는 무의미하고 가치 없다고 여겨지는 직무가 많다는 뜻이다. 당연한 말이지만, 자신의 업무에서 의미와 가치를 찾고자 하는 MZ세대는 자신에게 허드렛일이 주어지면 그것을 '불쉿 잡'이라고 생각할 가능성이 크다. 스스로 자신의 업무를 불쉿 잡이라고 생각하는 직원이 직무에 몰입하고 조직생활에 열정을 갖기를 기대하는 것은 아무래도 무리가 있다.

다행히 최근 들어서는 불쉿 잡을 없애고 의미 있는 업무를 만들어냄으로써 MZ세대의 자발적 참여를 유도하려는 기업들이 생겨나고 있다. 특히 MZ세대가 핵심 소비층으로 부상하면서 신제품 개발이나 마케팅 전략에 MZ세대 구성원의 참여를 유도하는 기업이 늘어나고 있다. 이들은 사내에 MZ세대로만 구성된 프로젝트팀을 만들어 젊은 세대의 소비 트렌드를 반영한 신제품을 기획하거나 MZ세대 소비자를 겨냥한 마케팅 전략을 수립하는 등 기업 경영에 MZ세대의 아이디어와 목소리를 적극적으로 활용하기 시작했다. 조직 문화를 MZ세대 구성원에 맞추기 위해 기존 관행이나 업무 방식을 혁신하는 데 앞장서고 있다. MZ세대가 기업 경영과 조직 문화의 전면에 나서도록 한 것이다.

예컨대 CJ제일제당은 MZ세대 직원 6명으로 이루어진 사내 벤처기업을 조직하여 실제 사업화를 진행했다. 2021년 10월 사내 벤처 1호로 선정된 '푸드업사이클링'에서는 버려지는 식품 부산물을 즐겁게 활용한다는 사업 비전을 담은 '익사이클EXcycle'을 론칭하였다. 실제 MZ세대 직원이 최고 책임자가 되어 아이디어를 발굴하고 이를 사업화로 연결하는 등 MZ세대를 경영에 적극적으로 가담하게 만들었다.[19] GS리테일도 MZ세대 아이디어를 모아 신상품 개발에 활용하는 애자일Agile 조직인 '갓생기획 프로젝트'를 운영하고 있다. 이 프로젝트팀에서는 MZ세대에게 인기 있는 도넛 브랜드인 노티드와의 협업을 통해 '노티드 우유' 콜라보 제품을 만들어 큰 호응을 얻기도 했다. 삼성전자도 경영진과 MZ세대가 직접 소통할 수 있는 창구인 'MZ보드'를 만들어 회사 제품에 대한 피드백과 소비자 트렌드를 공유하고 있다. 또한 특정 상품에 대해서는 MZ세대가 기획부터 마케팅까지 전 과정을 맡아서 진행하기도 했다. 유통 업체인 홈플러스의 '플러스 체인저'나 기아(주)의 '기아 영 이노베이터' 등 조직 문화 개선 아이디어 발굴을 위해 MZ세대로만 구성된 문화 혁신 조직을 운영하는 기업도 증가하고 있다.

앞서 소개한 기업들은 MZ세대 구성원을 기존 조직 문화에 흡수하기 위해 고심하기보다는 그들의 역량과 아이디어를 최대한 활용하기 위한 방법을 찾기 위해 노력한다. 이를 통해 구성원의 자발적이고 능동적인 참여를 유도함으로써 조직 문화를 개선하고 구체적인 성과를 창출하기도 했다. 이들은 MZ세대에게 허드렛일이나 주면서 억지 노동을 시키는 것이 아니라 자발적인 놀이를 통한 적극적인 참여를 유도하였다. 월급보다는 일에서 의미와 재미를 추구하는 MZ세대의 특성을 잘 활용하여 개인적 성장과 업무에 대한 몰입도를 높이고 동시에 조직의 성과까지 이루어내는 두 마리 토끼를 동시에 잡은 셈이다. 이제 기업도 MZ세대에게 무슨 일을 줄 것인지를 고민해야 한다. MZ세대는 결코 허드렛일이나 하려고 회사에 입사한 것이 아님을 명심해야 한다.

04 돈이나 승진보다는 워라밸

MZ세대가 직장을 선택할 때 가장 중요하게 생각하는 것은 무엇일까? 구인구직 플랫폼 사람인의 조사에 따르면 연봉이 가장 중요한 요소인 것으로 나타났다.[20] 2030세대 직장인 1,865명을 대상으로 설문조사를 한 결과, 직장을 고를 때 중요하게 생각하는 선택 기준 상위 5개는 연봉(33.8%), 워라밸(23.5%), 고용 안정성(13.1%), 복리후생(10%), 커리어 성장 가능성(8.7%)인 것으로 나타났다. '돈보다 더 중요한 가치가 많다'고 생각하는 가치관에도 불구하고 연봉은 MZ세대가 직장을 고를 때 중요하게 고려하는 요소임을 알 수 있다.

사실 자본주의 경제 체제에서 살아가는 사람이라면 세대에 관계없이 돈을 중요하게 생각할 수밖에 없다. 어느 정도의 돈은 인간다운 삶을 영위하기 위한 최소한의 기반이다. 돈이 없다면 인간다운 삶도, 자유도, 행복도 모두 '그림의 떡'이 되기 십상이다. 따라서 MZ세대가 아무리 고상하고 쿨한 척하더라도 직장 선택에 있어 돈을 가장 중요하게 생각하는 것은 충분히 이해할 만하다.

그렇다면 돈만 많이 주면 조직에 충성하고 직장생활에 만족할까? 그렇지는 않다. 한국직업능력연구원이 8,353명의 청년들을 대상으로 '취업하고 싶지 않거나 퇴사의 사유가 될 수도 있는 일자리 특징'을 조사한 결과, 가장 기피하는 일자리 조건은 '정시 근무가 지켜지지 않는 직장'이 2.94점(4점 만점)으로 가장 높게 나타났다.[21] 두 번째는 불편한 통근 환경(2.74점), 세 번째는 본인 기대보다 낮은 월급(2.74점), 네 번째는 비정규직(2.68점), 다섯 번째는 주5일 근무가 아닌 직장(2.55점) 순으로 나타났다. 요즘 젊은 세대는 정시 근무가 지켜지지 않는 회사를 가장 기피한다는 응답인데, 이는 낮은 월급보다도 훨씬 중요하게 생각하는 기준이다.

중소기업중앙회가 발표한 '2021년 청년 일자리 인식 실태 조사'에서도 MZ세대들이 직장생활에서 우선적으로 고려하는 사항은 바로 '워라밸'이라고 나타났다.[22] 상위로 응답한 답변들을 구체적으로 살펴보면, '일과 여가의 균형 보장(27.9%)', '임금 만족도(25.9%)', '건강한 조직 문화나 사내 분위기(12.9%)' 순이었다. 특히

MZ세대 취업준비생 중에는 워라밸이 지켜진다면 중소기업이라도 취업할 의향이 있다는 답변이 무려 절반에 가까운 49.8%에 달했다. MZ세대 직장인들은 임금보다도 워라밸을 중시했으며, 워라밸만 보장된다면 중소기업도 마다하지 않겠다는 자세를 보였다. 이는 물질적 보상보다는 개인적 행복을 추구하는 MZ세대의 특징을 여실히 보여주는 결과라 하겠다.

MZ세대는 왜 워라밸을 그토록 중요하게 생각하는 것일까? 워라밸이란 일과 삶의 균형을 뜻하는 영어 표현 'work and life balance'의 줄인 말로, 일work과 생활life이 조화롭게 균형을 이루는 상태를 말한다. MZ세대가 돈보다는 워라밸을 중시한다는 말은 아무리 보상을 많이 해주더라도 개인적 여유 시간이 없는 상태를 기피한다는 뜻이다. MZ세대가 돈보다는 여가나 취미 활동 등을 통한 개인적 행복을 더 중시하는 삶의 태도를 가졌다고 해석할 수 있다. 정말로 여가나 취미 활동을 즐기는 것이 돈을 많이 버는 것보다 중요할까? 가난과 빈곤을 경험하면서 자란 탓에 기성세대는 경제적 안정을 최우선으로 생각했다. 반면 가난에 대한 트라우마도 없고 빈곤에 대한 걱정도 없는 MZ세대에게는 돈의 우선순위가 상대적으로 낮다. 조금 과장되게 표현하면, 그들은 돈을 벌지 못한다고 해서 굶어 죽을 걱정을 하지는 않는다. 밥벌이보다는 개인적 자유나 행복이 먼저다. 그 결과 돈보다는 워라밸이 우선이라고 생각한다.

워라밸을 중시하는 MZ세대의 가치관은 최근 회자되고 있는 '소확행'이나 '욜로YOLO' 현상과도 깊은 관련이 있다. 소확행이란 '작지만 확실한 행복'이라는 뜻으로 일상에서 쉽게 느낄 수 있는, 작지만 확실하게 실현 가능한 행복 또는 그러한 행복을 추구하는 삶의 경향을 말한다. 소확행을 추구하는 MZ세대는 크게 성공하여 한 채에 수백만 달러를 호가하는 베벌리힐스의 대저택을 소유하거나 초호화 고급 요트를 타고 세계 일주를 하는 등의 원대한 포부를 갖지는 않는다. 그러한 꿈은 보기에는 좋을지 모르지만 도무지 현실적이지 않기 때문이다. 이들은 거대하지만 불확실한 행복을 좇기보다는 작지만 일상에서 실제로 성취할 수 있는 소소한 행복을 추구하며 살자는 주의다. 이러한 태도는 일확천금이나 인생 역전을 꿈꾸는, 이른바 '아메리칸 드림'을 좇던 기성세대와는 사뭇 다른 가치관이다. 일종의 인식의 전환이라고 할 수 있는데, 행복을 가져다주는 대상이나 목표를 크고 거창하게 설정하는 것이 아니라 작고 소소한 것으로 전환함으로써 좀 더 쉽게 이루어 보려는 심산이다.

MZ세대는 왜 자신들의 목표나 이상을 스스로 낮춰 잡는 것일까? 왜 '대大확행'이 아니라 '소小확행'으로 한발 물러선 것일까? 기성세대는 MZ세대의 이런 태도를 '너무 소심하다'고 비판하는 경우도 있다. 하지만 달리 생각하면, 원대한 꿈이나 이상마저 가질 수 없을 만큼 우리 사회가 각박해진 것은 아닐까? "개천에서

용 난다"라는 속담을 들으며 살았던 기성세대와 달리, 지금은 개천에서 절대 용이 날 수 없는 시대로 변해버린 것은 아닐까? 사실 기성세대만 하더라도 출신과 집안 환경에 무관하게 본인만 열심히 하면 계층 사다리를 뛰어넘는 일이 가능하던 시대를 살았다. 하지만 지금은 부의 되물림이 고착화되고 '흙수저'는 아무리 노력해도 '금수저'를 뛰어넘을 수 없는 현실이다 보니 고육지책으로 선택한 것이 소확행인지도 모른다.

한때 '사다리 걷어차기'라는 말이 널리 회자된 적이 있다. 이 표현은 독일의 경제학자 프리드리히 리스트가 보호무역을 통해 성장한 선진국들이 후발국들에게는 자유무역을 강요하는 행태를 비판하면서 사용한 표현으로 케임브리지대학교 장하준 교수가 책의 제목으로 인용하면서 널리 알려지게 된 것이다. 사다리 걷어차기란 먼저 사다리를 타고 정상에 오른 사람이 뒤따르는 자가 정상에 오르지 못하도록 그 수단을 빼앗아버리는 행위로 매우 교활한 짓이다. 이 비유는 다른 분야에서도 자주 사용되는데, 주로 온갖 방법으로 혜택을 누린 기득권 계층이 다른 사람들에게는 자신들이 누린 방법이나 이익의 기회마저 빼앗는 경우를 비유적으로 표현한다.

적절한 비유인지는 모르겠으나, 고도 성장기에 회사에 들어가 조직의 빠른 성장으로 인해 여러 가지 측면에서 수혜를 받았던 기성세대와 달리 저성장이 일상화된 시대에 조직생활을 하는 MZ세대는 선배 세대가 가졌던 '아메리칸 드림'을 더 이상 꿈조차 꾸지 못하는 상황이 되었다. 어느 누구도 적극적으로 사다리 걷어차기를 시도하지는 않았겠지만 결과적으로는 어디에도 정상으로 올라갈 사다리는 존재하지 않게 되었다. 그 결과 오늘날 MZ세대는 조직에서 더 이상 꿈과 행복을 찾지 않게 되었다. 대신 그 자리를 소확행이라는 소박한 꿈으로 대체했다. 그 때문에 기성세대는 MZ세대의 소확행을 소심하다거나 삶의 열정이 부족하다고 해석해서는 곤란하다. 냉철한 현실 인식과 합리적인 판단의 결과로 내린 최선의 선택일 수 있다.

소확행을 추구하는 경향은 자연스럽게 욜로 현상으로 이어진다. 욜로YOLO란 '인생은 한 번뿐이다'라는 뜻의 'You Only Live Once'의 앞 글자를 딴 용어로 '현재-자신'의 행복을 가장 중요시하며 사는 태도를 말한다. 쉽게 말해 '한 번뿐인 인생, 즐기면서 살자'라는 주의로, MZ세대 중에는 '욜로족'이 많다. 기성세대가 내일의 행복을 위해 오늘의 고통을 감수하며 살았다면, 욜로족은 내일의 행복을 위해 오늘을 결코 희생하지 않겠다는 태도를 가졌다. 이들은 오늘의 행복을 내일로 미루지 않는다. 지금 당장 눈앞의 행복을 적극적으로 추구한다. 그래서 욜로족은 내 집 마련이나 노후를 위한 저축보다는 지금 당장의 행복을 위해 여행이나 취미 활동, 여가생활에 투자를 아끼지 않는다. 당연하게도 욜로족은 직장에서 오랜 시간을 머무는 것을 기피한다. 돈을 아무리 많이 줘도 용서가 되지 않는다. 그것은 '욜로'라는 가치관에 위배되기 때문이다.

'워라밸, 소확행, 욜로' 등 눈앞의 행복을 추구하는 MZ세대를 바라보는 기성세대의 시각은 어떨까? '요즘 젊은 친구들은 자기들 나름의 가치를 추구하며 잘 살아가는군!'이라고 쿨하게 생각할까? 개인적으로는 그렇게 생각하는 사람도 있을 것이다. 하지만 조직의 업무와 얽히면 좀처럼 이해심을 발휘하기가 어렵다. 어쨌든 조직은 구성원들이 합심하여 성과를 창출하고 정한 목표를 달성해야 하는 곳이다. 게다가 동일한 시장을 놓고 치열하게 싸우는 경쟁 상대도 있는 상황이다 보니 타인의 가치관까지 한가롭게 살피고 있을 겨를이 없다. 상대를 죽이지 않으면 내가 죽을 수도 있는 치열한 전장戰場이 바로 직장이기 때문이다.

이제 어떻게 해야 할까? 두 마리 토끼를 잡아야 한다. 워라밸을 적극적으로 보장하면서 동시에 조직의 효율성도 높여야 한다. 그동안 우리는 조직의 성과를 시간 함수로 생각하는 경향이 있었다. 즉 조직에서 근무시간이 많을수록 성과도 높을 것이라고 생각했다. 틀린 관점은 아니다. 시간당 생산성이 동일하다면 근무시간이 길수록 성과도 높다. 하지만 이러한 도식은 산업사회에서나 통용될 옛날 패러다임에 불과하다. 시간당 생산성을 높인다면 짧은 근무시간에도 높은 성과를 올릴 수 있다. 해법은 MZ세대를 얼마나 오랜 시간 동안 일하게 만들 것인가가 아니다. 짧은 근무시간에도 얼마나 높은 생산성을 유지할 것인지가 더 중요한 이슈다. 그렇게만 되면 워라밸과 조직 성과라는 두 마리 토끼를 한꺼번에 잡을 수 있다.

워라밸을 바라보는 관점도 변해야 한다. 기성세대는 워라밸을 일을 하는 근무시간과 삶을 위한 시간의 비율로 이해하는 경향이 있다. 그 결과 워라밸을 추구할수록, 다시 말해 삶을 위한 시간이 많아질수록 근무시간이 줄어든다고 생각한다. 하지만 정확히 말하면, 워라밸은 일과 삶의 대립 구도가 아니다. 일의 반대편에 삶이 있는 것이 아니라 삶 속에 일이 포함되어 있다. 삶 속에는 일도 있고, 여가도 있고, 사랑도 있고, 배움도 있다. 말하자면, 삶은 일하고 놀고 사랑하고 배우는 활동이 모두 포함된 개념이다. 따라서 충분히 여가를 즐긴 사람이 일에서도 열정적이다. 사랑하는 사람과 충만한 애정의 시간을 보낸 사람이 일터에서 더 열심히 일한다. 배움의 시간을 충분히 보낸 사람이 업무를 수준 높게 처리한다. 요컨대 워라밸 수준이 높을수록 업무 생산성이 높아진다.

따라서 조직 성과를 고민하는 리더라면 구성원의 워라밸을 적극적으로 보장하고 오히려 장려해야 한다. MZ세대가 워라밸을 추구하려는 태도를 단지 근무를 최소한으로만 하고 정시 퇴근이나 하려는 기회주의적 행동으로 이해해서는 곤란하다. 워라밸과 근무시간, 워라밸과 생산성, 워라밸과 조직 성과는 트레이드 오프trade-off 관계에 있는 것이 아니다. 상호 보완적 관계라고 보는 것이 옳다. 이런 의미로 보자면, 오늘날 MZ세대가 돈보다 워라밸을 중시하는 태도는 관리 측면에서 긍정적이다. 금전적 보상을 해주기보다 워라밸을 보장하는 것만으로도 조직의 성과를 높일 수 있기 때문이다. 따라서 성과를 원하는 조직의 리더라면 MZ세대의 워라밸을 적극적으로 장려해야 한다.

05 나는 나로 살고자 한다

입사한 지 6개월밖에 되지 않은 신입 사원 홍길동이 정규 출근 시각인 오전 9시에 딱 맞춰서 사무실 문을 열고 들어온다. 이를 못마땅하게 생각한 팀장이 그를 불러 점잖게 직장 예절에 대해 충고했다. 그들의 대화는 다음과 같다.

팀장: 홍길동 씨! 아직 입사한 지 얼마 되지 않아 직장 예절을 잘 모르나 본데, 정해진 출근 시간보다는 10분쯤 먼저 사무실에 도착해서 미리미리 업무를 준비하는 것이 올바른 직장 예절이에요.

홍길동: 왜 지정 시간 이전에 출근해야 하나요? 그렇다면 퇴근 시간 10분 전에 미리 컴퓨터 끄고 엘리베이터 앞에서 기다려도 되나요?

팀장: ….

올바른 출퇴근 시각을 두고 벌이는 기성세대와 MZ세대의 논쟁에서 누구 말이 옳을까? 결론부터 말하면, 둘 다 옳다. 물론 논리적으로는 신입 사원의 말이 더 타당해 보인다. 하지만 팀장의 주장이 틀렸다고 말할 수도 없다. 팀장은 지금 실정법이 아니라 관습법을 근거로 주장을 펼치고 있다. 관습법이란 사회생활에서 습관이나 관행이 굳어져서 법적 효력을 갖게 된 것을 말한다. 회사 규정으로 정한 시간보다 10분 일찍 출근하여 업무 준비를 하는 것이 모두가 수용하는 관례라고 한다면 그것은 충분히 법적 효력을 가지게 된다. 아마도 팀장은 지금까지 정규 출근 시간보다 최소 10분 전에는 사무실에 도착하는 것이 본인을 포함하여 모든 사람이 받아들인 암묵적 규칙이라고 생각했을 것이다.

문제는 그러한 규칙은 논쟁의 당사자인 MZ세대가 등장하기 이전까지만 유효했다는 데 있다. 팀장은 지금 자신의 주장이 암묵적인 관행이나 묵시적 동의하에 광범위하게 받아들여진 관습법이라고 주장하고 싶겠지만, 최소한 해당 신입 직원에게는 통하지 않는 규칙이다. 실제로도 신입 직원은 그 규칙에 동의한 적이 없다. 하지만 이런 상황이 과거에는 별문제가 되지 않았다. 그냥 예전부터 쭉 이어져 오던 관행이라고 설명하면 그만이었다. 하지만 지금은 상황이 달라졌다. 요즘 MZ세대는 과거로부터 이어져 내려온 관행이라고 무조건 따르는 법이 없다. 그것이 합리성을 갖추었는지, 현재 상황에 비추어볼 때 따를 이유가 있는지, 따랐을 때 실익이 있는지 등을 꼼꼼히 따져본 후에 따를지 말지를 판단하기 때문이다. 말하자면, 오늘날 MZ세대는 선배나 기성세대의 지시나 조언에 대해서도 이것저것 따져가며 판단하는 매우 '신중한 소비자(?)'다. 이는 선배나 상사의 지시나 권유라면 묻지도 따지지도 않고 따르던 기성세대와는 사뭇 다른 소비 행태다. 오늘날 MZ세대는 조직생활에서 '호갱'이 되는 것을 원치 않는다.

이런 이유로 MZ세대는 직장 상사의 충고를 곧이곧대로 듣지 않는 경우가 많다. 게다가 상사의 눈치도 보지 않는다. 이들은 정규 출근 시간에 딱 맞춰서 출근하고, 업무 시간이 끝나면 칼같이 퇴근한다. 예전에는 상사가 퇴근한 뒤라야 후배들도 업무를 종료하는 것이 예의였다면, 지금은 정시 퇴근이 기본이다(엄밀하게 말하면, '정시 퇴근'이나 '칼퇴근'이라는 용어도 잘못된 표현이다. 제 시간에 퇴근하는 것을 마치 혜택이나 예외적인 상황으로 생각하게 만들기 때문이다. 그냥 '퇴근'이 정확한 표현이다). 업무가 많아서 상사가 일을 계속하고 있더라도 전혀 개의치 않는다. 정해진 근무시간이 끝나면 퇴근하는 것이 너무나 당연한 일이기 때문이다. 이처럼 오늘날에는 기성세대가 자연스럽다고 느낀 일들이 MZ세대에게는 통하지 않는 경우가 허다하다.

왜 이런 현상이 생겨나는 것일까? 조직생활에 대한 소비 패턴의 변화 경향은 김수현 작가가 2016년 출간한 《나는 나로 살기로 했다》가 크게 히트한 것에서도 확인할 수 있다. 이 책은 지금까지 무려 100만 부 이상 팔렸다고 한다. 이 책이 불티나게 팔린 것은 도서의 제목에 공감하는 사람이 그만큼 많다는 방증일 것이다. 사람은 누구나 '나'로 살기를 원한다. 하지만 현실은 그렇지 못한 경우가 더 많다. 김수현 작가의 책 제목과 달리 현실은 내가 나로 사는 것을 허락지 않는 경우가 허다하다. 그렇기 때문에 그에 대한 반작용과 호기심으로 《나는 나로 살기로 했다》는 책을 집어 든 것이다.

나로 살고자 하는 욕망을 가로막는 사람은 누구일까? 의외로 '부모'나 '직장 상사'인 경우가 많다. 대부분의 부모는 자식을 사랑하지만 한편으로는 자식의 욕망을 가로막기도 한다. 놀고 싶은 것이 있어도, 하고 싶은 일이 있어도 어른이 된 다음에 하라고 말한다. 직장 상사도 마찬가지다. 정시에 퇴근하여 개인적 시간을 보내고 싶어 하는 부하 직원에게 언제나 마감 시한이 얼마 남지 않은 상태에서 긴급한 업무를 지시한다. 차근차근, 여유롭게, 시간에 구애받지 않고 일을 하라고 말하는 경우는 결코 없다. 매번 중요하면서도 긴급한 업무를 시간 여유도 없이 준다. 그러다 보니 '나로 살고 싶은' 욕망을 번번이 가로막힌 채 타인의 요청대로만 살아간다.

'나는 나로 살기로' 선택한 MZ세대를 바라보는 기성세대의 시각은 어떠할까? 자신이 원하는 모습대로 살고자 하는 MZ세대의 욕망을 있는 그대로 긍정할까? 개인마다 다를 테지만, '세상 물정을 모른다'거나 '자신만 생각하는 이기주의'라며 그들의 가치 판단을 폄하하는 경우도 있다. 하지만 부모나 직장 상사 등 타인의 욕망을 우선시하며 살아가는 기성세대의 가치 판단이 자신이 원하는 모습대로 살기를 위하는 MZ세대의 욕망보다 수준이 높다고 말하기는 어렵다. 미국의 심리학자 매슬로의 욕구 단계설에 대입하면, 타인의 욕망에 충실하려는 기성세대의 태도는 기껏해야 3단계인 '소속감과 애정의 욕구Belongingness and Love Needs' 또는 '4단계 존경의 욕구Esteem Needs'에 해당한다. 반면 자신이 진정으로 원하는 바를 추구하려는 MZ세대의 태도는 5단계 '자아실현의 욕구Self-Actualization Needs'에 가깝다. 말하자면 나로 살기로 선택한 MZ세대가 더 높은 욕구 수준을 가진 셈이다. 따라서 이기주의라거나 세상 물정 모른다며 폄하할 일이 결코 아니다.

MZ세대는 왜 기성세대와 달리 자신의 욕망에 충실한 것일까? 가장 핵심적인 이유는 MZ세대가 기성세대보다 생명력이 충만하기 때문이다. 프랑스 철학자 앙리 베르그송은 생명의 역사를 추적한 《창조적 진화》에서 생명 진화의 근원에는 '엘랑비탈elan vital'이라는 힘이 있다고 주장했다. 엘랑비탈은 '생명 안에 내재하는 폭발적인 힘'을 뜻하는데, 이것이 진화에 결정적인 작용을 했다는 것이다. 베르그송은 생명이 가진 엘랑비탈의 힘 때문에 진화가 '폭발적으로' 이루어졌다고 주장했다(이는 생명의 진화가 '점진적으로' 이루어진다는 신 다윈주의 주장과는 대비되는 관점이다). 엘랑비탈이라는 약동의 힘 때문에 마치 포탄에서 화약이 폭발하듯 무수히 많은 개체가 가지를 뻗어 나왔다는 것이다.

생명 안에 있는 엘랑비탈이라는 폭발적인 힘 때문에 진화가— 점진적이 아니라— 폭발적으로 이루어진다는 말은 새로운 개체는 기존의 질서를 따르지 않는다는 뜻이기도 하다. 이러한 관점은 젊은 세대가 기성세대의 질서를 따르지 않는 현상을 이해하는 데 도움이 된다. 무슨 말인가? 베르그송에 따르면, 폭발적 진화는 '생명의 힘'과 '물질의 저항'의 만남에서 시작된다. 생명과 물질의 대립인데, 이해를 위해 각자 머릿속에 포탄을 하나씩 떠올려보자. 일반적으로 포탄은 내부에 화약이 들어 있고 외부는 쇠로 된 외피(탄피)로 구성되어 있다. 여기서 내부에 들어 있는 화약은 자유롭게 밖으로 뻗어 나가려는 성질을 가졌다. 생명의 성질이 그러하다. 반면 외부를 둘러싸고 있는 탄피라는 물질은 화약이 밖으로 나가려는 것을 안에 가두려는 힘이다. 물질의 성질이 그러하다. 이처럼 포탄은 밖으로 나가려는 생명의 힘과 그것을 가두려는 물질의 저항으로 구성되어 있다. 말하자면, 생명은 밖으로 나가려는 자유를 상징하고 물질은 자유를 가두려는 저항을 상징한다. 이처럼 포탄은 자유를 갈망하는 생명과 이를 가두려는 물질이 서로 대립하고 있는 상태다.

폭발은 언제 일어날까? 자유를 원하는 생명의 힘이 물질의 저항을 넘어서는 순간 폭발이 일어나면서 무수히 많은 개체로 나누어진다. 이것이 베르그송이 주장하는 진화의 메커니즘이다. 이러한 도식을 조직 안 기성세대와 MZ세대의 관계에 대입해보자. MZ세대는 왜 기성세대가 정한 질서나 관습을 따르지 않는 것일까? 그 이유는 그들 안에 내재한 생명의 원초적 힘인 '엘랑비탈' 때문이다. 물론 지금의 기성세대가 조직에서 가장 신세대였던 시절에는 그들 속에도 엘랑비탈이 존재했다. 하지만 그들의 엘랑비탈은 선배 세대의 물질적 저항을 넘어서지 못했다. 그 결과 약간의 소극적 반항은 있었지만 전체적으로 대세를 거스르지는 못했다. 하지만 오늘날 MZ세대는 기성세대와는 저항의 강도가 다르다. 그들은 강력한 엘랑비탈의 힘을 바탕으로 자신들을 가로막는 저항에 부딪히고 균열을 내기 시작했다. 그 결과 자신으로 살고자 하는 사람이 많아졌고 실제로 그렇게 사는 사람이 생겨나기 시작했다.

젊은 세대가 자신의 원하는 대로만 살면 세상이나 조직이 제대로 돌아갈 수 있을까 하는 우려가 생기기도 한다. 하지만 크게 걱정하지 않아도 좋다. 베르그송은 생명의 자유가 물질적 저항을 넘어서는 행위를 '진화'라 불렀다. 매우 긍정적인 것으로 본 것이다. 생명의 자유가 물질적 저항을 이겨내지 못하면 어떻게 될까? 자녀가 부모의 저항을 넘어서지 못하면 어른이 되어도 '마마보이'가 되고 조직에서 상사의 저항에 굴복한 젊은 세대는 '예스맨'에 머물 가능성이 크다. 마마보이나 예스맨의 가장 큰 문제는 자생력이 없다는 점이다. 이는 성장 과정에서 물질적 저항 때문에 생명력을 제대로 기르지 못한 결과다.

요즘은 많은 기업에서 '창조적 인재'를 강조한다. 탁월한 인재한 사람이 10만 명을 먹여 살릴 수도 있는 세상이다. 창조적 인재로 성장하기 위해서는 생명 진화의 근원이 되는 힘인 엘랑비탈이 거세되어서는 곤란하다. 엘랑비탈이 가진 잠재력이 새로운 창조를 이루기 위한 원천이 되기 때문이다. 베르그송은 진화를 '잠재성의 현실화'라고 표현했다. 생명에 내재한 잠재성이 무수한 요소들과 상호 침투하면서 새로운 창조를 이루어낸다는 뜻이다. 그래서 그의 책 제목이 '창조적 진화'다. 무한한 잠재성을 가진 생명은 자유를 통해 새로움을 창조하고 그 과정에서 진화가 이루어진다는 뜻이다. 이를 두고 베르그송은 "생명의 진화 앞에서 미래의 문은 크게 열려 있다"고 말했다.

결국 MZ세대가 기성세대가 만든 질서나 규범을 따르지 않는다는 것은 매우 긍정적인 신호다. 아직 그들 내부에 있는 엘랑비탈의 힘이 살아 있다는 뜻이기 때문이다. 문제는 그 폭발적인 힘을 얼마나 긍정적으로 활용할 수 있는가다. 따라서 MZ세대의 욕망과 자유 못지않게 기성세대의 관용과 포용의 태도가 중요하다. "나는 나로 살고 싶다"고 말하는 MZ세대의 욕망을 인정하고 그것을 새로운 창조를 이끌어낼 기회로 삼아야 한다.

한편 나는 나로 살고 싶다는 MZ세대의 가치관을 기성세대도 배울 필요가 있겠다. 내가 원하는 모습대로 삶을 살겠다는 태도는 자기 주도적 인생을 살겠다는 의지이며 매우 실존적인 삶의 자세다. 독일 철학자 하이데거는 대부분의 사람이 스스로 주체가 되어 삶을 살아가기보다는 익명의 타인들('세상 사람들')에게 예속되어 그들의 기대나 요구에 휘둘리며 살아간다고 보았다. 이처럼 타인의 지배 아래에 놓여서 자신이 원하는 인생을 살지 못하는 상태를 '비본래적 실존'이라고 불렀다. 이와 달리 타인의 지배에 예속되지 않고 진정한 자기 자신으로 살아가는 삶을 '본래적 실존'이라고 명명했다. 결국 실존이란 타인의 생각대로 사는 것이 아니라 스스로 선택하고 결단하여 자신이 진정으로 원하는 모습대로 살아가는 삶을 말한다. 따라서 "나는 나로 살기로 했다"라고 선언한 MZ세대는 실존적 삶을 살기로 선택한 셈이다. 비난하거나 비판할 것이 아니라 오히려 칭찬하고 장려해야 할 삶의 태도다.

06 이름값보다는 성장 가능성이 중요하다

퀴즈 하나 풀어보자. 다음에 소개된 세 사람의 공통점은 무엇일까?

A. 18세에 하버드대학교 법학과에 입학하였으나 19세에 대학 중퇴, 20세에 창업

B. 17세에 리드대학교 철학과에 입학하였으나 1학기만 마치고 중퇴, 21세에 창업

C. 18세에 하버드대학교 심리학과에 입학하였으나 20세에 대학 중퇴, 20세에 창업

우선 명문대에 입학했으나 중간에 학교를 그만두었다는 점, 그리고 20대 초반에 창업하여 자기 사업을 시작했다는 점이 눈에 띈다. 보통 사람은 한창 공부할 나이에 이들은 사회생활을 시작했다. 그것도 안정적인 직장에 들어가 샐러리맨으로 출발한 것이 아니라 보란 듯이 회사를 차리고 사장이 되어 경영을 시작했다.

한번 생각해보자. 만약 당신이 앞에 소개된 이들의 부모라면 자녀의 선택을 지지할 수 있을까? 어렵게 들어간 명문대를 중간에 때려치우고 나와서 사업을 시작한다고 한다면, 당신은 그 결정을 존중해줄 수 있을까? 아마 대부분의 부모는 자녀가 왜 그러한 결정을 내렸는지 도무지 이해조차 하지 못할 것이다. 그래서 화들짝 놀라면서 자녀의 무모한 결정을 만류하려 들 것이다. 하지만 너무 걱정할 필요는 없다. 앞에서 소개한 사람들은 실제 당신의 자녀가 아니거니와 그들의 결정이 무모하거나 잘못되지도 않았기 때문이다. 이들은 실제로는 대단한 성공을 이루었다. 첫 번째 사람 A는 마이크로소프트의 창업자인 빌 게이츠Bill Gates다. 두 번째 B는 전前 애플 CEO 스티브 잡스Steven Paul Jobs다. 세 번째 C는 메타(옛 페이스북) 창업자인 마크 저커버그Mark Zuckerberg다. 이들은 모두 성공한 사업가이지만 명문대를 중퇴한 이력의 소유자라는 공통점이 있다.

그러면 성공한 사업가가 되기 위해서는 대학을 중퇴하는 것이 더 나을까? 절대 아니다. 앞의 사례를 보고 '대학을 중간에 그만

둘수록 사업가로서 성공할 확률이 높다'는 식의 결론을 내리는 것은 어불성설이다. 이러한 해석은 표본 오류의 대표적 사례다. 아마도 성공한 사업가를 분석해보면 대학 중퇴자보다 졸업자가 훨씬 많을 것이다. 다만 그들은 보통 사람들과 달리 평범함을 거부했고 그 길에서 큰 성공을 거둔 것만은 틀림없는 사실이다. 만약 그들이 남들처럼 대학을 졸업한 후 안정된 직장에 들어가서 샐러리맨으로 생활하다가 창업을 했다면 지금과 같은 엄청난 성공을 거두지 못했을 수도 있다. 사실 큰 성공에는 다소간 무모한 도전과 약간의 행운이 필요한 법이다.

최근 들어 앞서 소개한 세 사람 정도는 아니지만 평범함을 거부하고 자신만의 길을 가려는 사람들이 생겨나기 시작했다. 바로 2030 MZ세대들이다. 이들은 모두가 부러워하는 대기업이나 공직도 미련 없이 내던지는 결기를 보여준다.[23] 남들은 들어가지 못해서 안달인 좋은 직장을 스스럼없이 포기하는 이가 많아지고 있는 것이다. 물론 그들이 좋은 직장을 버리는 이유는 다양하다. 하지만 어디인들 백퍼센트 만족스러운 직장이 있을까? 특히나 대기업이나 공무원 신분이라는 이름값을 포기하는 일은 결코 쉬운 선택이 아니다. 무모함인지 용기인지 정확히 판단하기는 어렵지만, 하여간 기성세대는 감히 시도하지 못한 행동을 실천에 옮기는 자들이다. 이들은 왜 남들이 부러워하는 명함과 타이틀을 헌신짝 버리듯 내던지고 새로운 길을 선택하는 것일까?

'아이덴티티identity'라는 말이 있다. 우리말로는 '정체성正體性'이라고 번역되는 이 표현은 변하지 않는 존재의 본질을 깨닫는 성질을 말하는데, 타인과 구별되는 개인의 특질을 가장 잘 드러내는 핵심을 뜻한다. 가령 처음 만난 사람에게 자신을 소개할 때 "나는 누구입니다. 나는 이러이러한 사람입니다"라고 표현하게 되는데, 이때 '누구' 또는 '이러이러한'에 해당하는 단어가 개인의 정체성을 함축한 말이다. 사람들은 존재의 본질이나 핵심에 해당하는 정체성을 통해 자신을 드러낸다. 그리고 타인을 판단하고 이해하는 데도 이 정체성을 기반으로 한다.

정체성은 크게 두 가지 유형으로 구분할 수 있다. '개인 정체성personal identity'과 '사회적 정체성social identity'이다. 개인 정체성이란 개인이 가진 본질적인 특성들, 예컨대 성격이나 성품, 가치관이나 철학 등을 통해 당사자의 본질을 드러내는 행위를 말한다. 가령 어떤 사람이 자신을 소개할 때 "나는 지독한 독서광입니다"라고 표현하는 경우가 있는데, 이는 그가 가진 여러 요소 중에서 '지독할 정도로 독서를 좋아한다'는 점이 자신을 드러낼 수 있는 가장 두드러진 특질이기 때문이다. 이처럼 개인 정체성이란 개인이 가진 여러 특징 중에서 가장 대표적인 상징을 나타낸 말이다.

사회적 정체성이란 개인적 특징이 아니라 당사자가 속한 집단의 구성원으로서 가지는 정체감을 뜻한다. 이를테면 그 사람이 속한 집안, 출신 학교, 회사, 국가 등 집단 범주를 통해 개인이 어떤 사람인지를 나타내는 행위를 말한다. 가령 홍길동이라는 사람은 '○○가문의 몇 대손'이며, 한국을 대표하는 '□□그룹의 임원'이며, 명문대인 '☆☆대 출신'이고, '미국 시민권자'라고 소개하는 식이다. 그 사람의 개인적 특질이 아닌 그가 속한 집단의 위상으로 개인의 정체감을 드러내는 행위를 말한다. 개인 정체성이 주로 내면과 관련이 있다면, 사회적 정체성은 겉으로 보이는 외형적 요소로 표현하는 경우가 많다.

사람은 대부분 자기가 속한 집단이 많기 때문에 여러 종류의 사회적 정체성을 가진다. 예컨대 홍길동이란 사람은 남성이면서 대한민국 국민이고, 홍 씨 가문 몇 대손이며, A대학 석사 출신이며, 프로야구 B구단의 팬이며, C기업 이사로 재직 중이라고 표현할 수 있다. 흥미로운 사실은 사람이 자신을 표현할 때 본인이 가진 여러 사회적 정체성 중에서 가장 좋은 것 위주로 드러낸다는 점이다. 최동훈 감독의 영화 〈타짜〉(2006)에는 여주인공인 정 마담(김혜수 분)이 도박장을 급습한 경찰에게 끌려가면서 다음과 같이 외친다. "놔~ 이것들아. 나 이대 나온 여자야!" 이대 나온 여자라니? 범죄 행위가 발각되어 현행범으로 끌려가는 상황에서는 전혀 어울리지 않는 표현이다. 그녀는 왜 그 상황에서 자신을 '이대 나온 여자'라고 표현한 것일까? 그 이유는 자신을 나타낼 수 있는 여러 특징 중에서 '이대 출신'이라는 점이 가장 긍정적인 정체성이기 때문이다. 이렇듯 사람들은 의도적으로(또는 은연중에)

자신이 가진 사회적 정체성을 통해 자신을 표현하려 한다.

사람들은 개인 정체성과 사회적 정체성 중에서 어느 쪽을 더 많이 사용할까? 대체로 사회적 정체성을 더 많이, 자주 사용한다. 예컨대 맞선을 보러 나간 사람은 상대방이 누구인지를 알고자 한다. 이때 상대방의 직장, 직업, 직급 등을 먼저 확인한다. 그러고는 학력이 어느 정도인지, 출신 대학이 어디인지, 사는 동네는 어디이며, 집안은 어떠한지를 파악한다. 주로 사회적 정체성을 통해 상대가 괜찮은 사람인지 아닌지를 판단한다. 물론 성격이나 인성, 가치관이나 철학 등도 파악하지만, 이건 어디까지나 앞선 기준보다는 후순위로 두는 경우가 대부분이다.

사람들은 왜 개인 정체성보다 사회적 정체성을 더 우선적으로 고려하는 것일까? 대부분 홀로 사는 것이 아니라 집단 속에서 타인과 관계를 이루며 살아가고 있기 때문이다. 철학자 하이데거는 인간(그는 인간을 '현존재Dasein'라 불렀다)을 '세계-내-존재'라고 명명한 바 있다. 이 말은 인간의 존재 방식이 홀로 살아가는 것이 아니라 항상 '세계 속에' 존재하며, 이것이 인간 존재의 본질적 구조라는 뜻이다. 예컨대 나는 '홍길동'이기도 하지만 '누구누구의 자녀'이면서 '어느 조직에 속한 누구'이면서 동시에 '어느 집의 가장'이기도 하다. 말하자면, 나라는 존재는 세계 내에 속하면서 다른 존재자와의 연결 속에서 존재한다. 그리고 나는 이러한 연결 관계를 결코 거부할 수 없다. 인간이란 존재가 본래 그렇게 살도록 구조화되어 있기 때문이다. 따라서 나와 연결되어 있는 관계망을 깡그리 무시한 채 홀로 살아갈 수는 없다. 여기는 무인도가 아니니까.

인간의 본질이 '세계-내-존재'이다 보니 우리는 사회적 정체성을 도외시하며 살 수 없다. 인간은 태어나서 일정한 나이가 되면 학교라는 집단에 소속되어 집단의 성원으로서의 정체성을 획득해야 한다. 이때 소위 '명문 학교'에 소속되면 금상첨화다. 명문 학교가 갖는 집단의 정체성, 즉 명문 학교 출신이라는 이름값을 통해 자신의 사회적 정체성을 확장할 수 있기 때문이다. 학교를 졸업하면 좋은 직장에 소속되어야 한다. 누구나 입사하고 싶어 하는 대기업에 취직하는 것 또한 명문 학교 타이틀만큼이나 명예스러운 일이다(명문 학교 출신이라는 타이틀이 대기업 취업에 결정적인 도움이 되기도 한다). 따라서 기성세대는 학교나 직장을 선택할 때도 전공이나 적성보다는 타이틀에 집착하는 경우가 많았다. 그걸 가지면 자신의 정체성도 덩달아 상승하기 때문이다.

그런데 최근 들어 이러한 경향에 균열이 생기기 시작했다. 그럴듯한 사회적 정체성을 보장받을 수 있는 자리보다는 개인의 행복을 우선시하는 세대가 등장했기 때문이다. 바로 MZ세대인데, 이들은 정체성에 대한 우선순위에 있어 기성세대와는 사뭇 다른 생각을 가지기 시작했다. 이들은 남들이 선호하는 명함을 획득하기 위해 노력하기보다는 자신이 진정으로 원하는 삶을 살고자 했다. 사회적 정체성보다는 개인 정체성을 더 중시하기 시작한 것이다.

사실 기성세대가 젊은 세대보다 사회적 정체성에 집착하는 경향은 최근 들어 생긴 현상은 아니다. 프랑스 소설가 생텍쥐페리의 《어린 왕자》에는 이런 대목이 나온다. "어른들은 숫자를 좋아한다. 어른들에게 새로 사귄 친구 이야기를 하면 어른들은 제일 중요한 것은 도무지 묻지 않는다. 어른들은 '그 친구의 목소리가 어떠냐? 무슨 장난을 좋아하느냐? 나비를 수집하느냐?' 이렇게 묻는 일은 절대로 없다. '나이가 몇이냐? 형제가 몇이냐? (…) 그 애 아버지가 얼마나 버느냐?' 하는 것이 어른들이 묻는 말이다." 생텍쥐페리가 보기에도 어른들의 관심사는 매우 이상했나 보다. 자녀의 친구에 대해 알고 싶어 하지만 정작 중요한 것, 즉 친구의 개인 정체성과 관련된 것들은 묻는 일이 절대로 없기 때문이다. 주로 물어보는 것이, 요즘 식으로 바꾸어 말하면, "걔 아버지는 뭐 하시노?"라거나 "걔는 몇 평에 사니?" 하는 것들로, 대부분 사회적 정체성 위주로만 친구를 보려 한다는 것이다. 요컨대 어른과 아이의 관심사나 평가 기준이 전혀 다르다.

생텍쥐페리의 동화에 나오는 어른과 아이의 시각차는 오늘날 조직에서 기성세대와 MZ세대의 가치관 차이와 유사하다. 대체로 기성세대는 이름값을 중요시한다. 대기업 명함이나 공무원증은 금전적 보상과는 별개로 매우 중요한 요소다. 그것이 주는 사회적 정체성의 이점은 돈으로도 살 수 없는 그 무엇이기 때문이다. 모르는 사람을 만나거나 은행에서 대출을 받을 때도 이 '마패'만 꺼내 보이면 '만사 오케이'니까. 하지만 MZ세대는 이름값이나 타이틀에 연연하지 않는 경우가 많다. 그들은 사회적 정체성보다는 개인 정체성을 우선시하기 때문이다.

MZ세대가 타이틀보다 중요하게 생각하는 것은 무엇일까? 괜찮은 기업을 다니다가 2년 만에 사표를 쓴 '성준(가명) 씨'의 퇴사의 변을 들어보자.

"솔직히 처우 때문은 아닙니다. 2년차에 이직한다고 해서 딱히 연봉이 오르거나 하지는 않고요. 그런 것보다는 한 살이라도 어릴 때 제가 정말로 좋아하는 일을 주도적으로 해보고 싶었습니다. 지금 하는 일도 나쁘진 않지만, 경력을 제대로 쌓고 있는 건지 나중에 후회하지는 않을지 자신이 없었어요."[24]

MZ세대가 돈이나 타이틀을 싫어한다고 생각하면 오산이다. 그들도 대기업 명함을 선호한다. 하지만 다른 어떤 요소들보다 중요한 1순위는 아니다. 그들은 일을 통해 자신이 성장할 수 있는지, 업무를 통해 배울 것이 있는지를 중요시한다. 중견 유통 회사에 근무하다가 퇴사한 엄모(27세) 씨도 퇴직 이유를 이렇게 말했다. "업무 강도도 낮고 급여도 나쁜 편은 아니었지만 일을 배우려고 간 목적이 컸다. 커리어를 더 쌓기 힘들다는 판단에 퇴사했다."[25] 결국 MZ세대 중에는 타이틀보다는 성장 가능성을 중요하게 생각하는 사람이 많다. 이들은 남들이 부러워하는 직장이라도 더 이상 배울 점이 없거나 성장 가능성에 한계를 느끼면 미련 없이 새로운 길을 선택한다.

이처럼 MZ세대는 좋은 직장에 들어가서 호의호식하는 것을 바라지 않는다. 그들에게 현재 직장은 궁극적인 인생 목표를 향한 과정이자 수단에 불과하다. 따라서 현 직장에서의 업무를 통해 끊임없이 배우고 성장해야 한다고 생각한다. 그래야만 자신의 커리어를 쌓고 롱런할 수 있는 기반을 쌓을 수 있기 때문이다. 따라서 우수한 인재를 확보하고 유지하고 싶다면 보상이나 복지에만 신경을 쓰는 것으로는 부족하다. 성장과 발전, 커리어 관리에도 신경을 써야 한다. 오늘날 MZ세대는 회사의 이름값보다는 성장 가능성을 중요하게 생각한다는 점을 명심해야 한다.

07 직장생활?
크게 기대하지 않아요

속담에 "티끌 모아 태산"이라는 말이 있다. 작은 티끌이 모이면 크고 높은 태산泰山도 될 수 있다는 뜻으로, 일확천금을 꿈꾸기보다는 적은 돈이라도 차곡차곡 모으면 나중에 큰 재산이 된다는 교훈을 전해준다. 실제로 1960~1970년대만 하더라도 적은 월급을 쪼개서 한 푼 두 푼 저축하다 보면 결국에는 내 집 마련의 꿈을 실현하고, 나중에 부동산 가격이 상승하여 꽤 많은 자산을 보유하는 경우도 적지 않았다. 하지만 오늘날 젊은 세대는 '티끌 모아 태산'이라는 속담을 더 이상 믿지 않는다. 오히려 "티끌은 모아봐야 티끌일 뿐"이라는 자조 섞인 말을 하는 경우가 많다.

본디 속담이란 예로부터 전해 내려오는 삶의 지혜나 교훈을 함축한 말로 인생 경험이 적은 사람에게는 '피가 되고 살이 되는' 지침이 되기도 한다. 하지만 오늘날 MZ세대는 옛 조상들의 지혜가 담긴 잠언을 곧이곧대로 믿는 경우가 별로 없다. 이러한 현상을 젊은 세대의 버릇없음이나 건방짐으로 해석해서는 곤란하다. 그들이 옛 속담을 믿지 않는 이유는 그것이 오늘날의 실제 현실과는 너무도 다르기 때문이다. 특히 '티끌 모아 태산'은 오늘날 MZ세대가 받아들이기에는 실상과의 괴리가 너무 크다. 오늘날에는 '티끌(?)' 같은 월급을 모아서 도심에 있는 아파트를 구입하는 일은 '미션 임파서블'에 가깝다. 대도시에 위치한 30평대 아파트 가격은 '태산'보다도 더 높기 때문이다.

한 시민단체의 분석에 따르면, 2004년 3억 4,000만 원이었던 서울 아파트 전용 84㎡(약 25평)의 평균 가격이 2022년(5월 기준)에는 12억 8,000만 원으로 9억 원 이상 상승한 것으로 나타났다.[26] 이로 인해 무주택자의 내 집 마련 기간도 2004년에는 18년이던 것이 2022년에는 36년으로 늘어났다. 같은 기간 노동자의 평균 임금은 1,900만 원에서 3,600만 원으로 약 2배가량 오르는 것에 그쳤다. 임금이 오르는 속도가 아파트 가격 상승 속도에 턱없이 못 미친다. 이 때문에 이제는 월급만으로 서울에 아파트 한 채를 마련한다는 것은 요원한 일이 되고 말았다. 이제 티끌은 모아봐야 티끌일 뿐이다.

티끌은 모아봐야 티끌이라는 현실 인식은 직장에 대한 기대치를 낮추는 요인으로 작용했다. 아무리 열심히 노력해도 월급으로는 내 집 마련조차 어려운 현실이기 때문에 직장생활을 더 열심히 하려는 동기가 생겨날 리 만무하다. '월급 노예'나 '월급 바보'라는 비아냥이 생겨난 것도 이러한 현실과 무관하지 않다. 서이종 서울대학교 사회학과 교수는 "기성세대와 달리 MZ세대는 직장생활만으로 내 집 마련이 불가능하다. 부동산 투자를 할 수 없는 상황에서 주식, 코인, NFT 등 대체적 금융 투자를 통해 경제적 자립과 조기 은퇴를 꿈꾸는 젊은이들이 많다"고 진단했다.[27] 월급만으로는 인생 역전은커녕 내 집 마련조차 할 수 없는 현실 때문에 직장생활에 대한 기대치를 낮추고 다른 대안을 찾는 경우가 늘어났다. 결국 오늘날 MZ세대는 회사에 오래 근무하면서 쌓은 커리어로는 월급 노예에서 벗어날 수 없다는 인식으로 인해 직장생활에 대한 기대치를 낮추게 되었고, 이는 잦은 퇴직으로 이어졌다.

월급에 대한 인식도 과거와는 사뭇 달라졌다. 기성세대에게 있어 월급이란 노동의 대가이면서 의식주를 해결하고 가족을 부양하기 위한 필수적인 생계 수단이며, 미래와 노후를 준비하기 위한 최소한의 마중물이었다. 그래서 아무리 힘들고 고통스러워도 노동을 중단할 수는 없었다. 밥벌이가 아무리 지겨워도 '목구멍이 포도청'인 기성세대에게 월급이란 사막의 오아시스와 같은 한줄기 구원이자 절대 외면할 수 없는 지상명령이었다. 하지만

MZ세대에게 월급이란 여전히 노동의 대가이긴 하지만, 더 이상 완전한 생계 수단도 아니며, 더구나 그것만으로 미래를 준비하기에는 턱없이 부족한 계륵鷄肋과도 같은 것이 되고 말았다. 큰 이익이 주어지지는 않지만 그렇다고 버릴 수도 없는 그 무엇이다. 수많은 MZ세대가 "월급으로는 미래가 없다"를 외치면서 '영끌 투자'에 나서고 '빚투족' 대열에 동참하는 것이 그 증거다.[28] 요컨대 MZ세대에게 있어 월급은 '티끌'에 불과하고 그것을 열심히 모아본들 인생 역전은 꿈도 꾸지 못하는 시대가 된 것이다.

티끌을 모아도 태산이 되지 않는 시대를 살아가는 MZ세대는 어떻게 대응하고 있을까? 그냥 포기해버리거나 가만히 손 놓고 있을까? 물론 MZ세대 중에는 현실의 벽이 너무 높아서 골방으로 숨어버린 사람도 적지 않다. 각박하고 답도 없는 사회생활에서 도피하여 집안에만 틀어박혀 사는 '히키코모리(은둔형 외톨이)'도 생겨났다. 하지만 모두가 그런 것은 아니다. 인간은 본디 생각보다 강한 생명력을 지닌 존재다. 러시아의 문호 도스토옙스키가 인간에 대해 다음과 같이 정의한 바 있다. "인간은 어떠한 것에도 곧 익숙해지는 동물이다. 이것이야말로 인간에 대한 최상의 정의다." 인간은 아무리 어려운 상황에서도 돌파구를 찾는 존재다. 대다수 MZ세대는 월급만으로 내 집 마련조차 할 수 없는 현실에 굴하지 않고 자기만의 방법으로 돌파구 마련에 나섰다. 하나의 월급봉투로는 부족함을 느낀 그들 중에서 여러 개의 월급봉투를 만들겠다고 생각하는 이도 생겨나기 시작했다. 바로 '투잡족'이나 'N잡러'가 된 경우다.

　'투잡족'이란 이런저런 이유로 본래 직업 외에 부업을 병행하는 2개의 직업을 가진 사람을 일컫는 말이다. 주5일제 근무 형태가 확산되고 고용 불안이 심화되면서 투잡족이 늘어나고 있다. 'N잡러'란 2개 이상 복수를 뜻하는 'N'과 직업을 뜻하는 'Job', 사람을 뜻하는 접미사 '-er'을 합쳐 만든 신조어로, 직장 월급만으로는 부족함을 느낀 사람이 여러 직업을 병행함으로써 대책 마련에 나선 경우를 말한다. 본래 투잡이나 N잡은 임시직이나 비정규직에 종사하는 사람들이 본업만으로는 생계가 어려워서 추가 수익을 얻기 위한 방편으로 선택되었다. 그래서 이른바 '생계형 투잡족'이 대부분이었다. 실제로 통계청 고용 동향 마이크로데이터

그림 6 부업자 수 추이

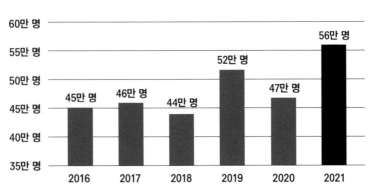

주: 2021년 7월 기준
자료: 통계청, 추경호 의원

를 분석한 결과, 2016~2018년에는 40만 명대 중반에 머물던 부업자 수가 2019년 52만 명, 2020년 47만 명에 이어 2021년 7월 기준 약 56만 명으로 크게 증가하였다.[29]

하지만 최근 들어서는 새로운 유형의 투잡족, N잡러도 생겨나기 시작했다. 유튜브나 블로그 등 온라인 콘텐츠 시장이 확대되면서 인플루언서나 파워 블로거에 도전하는 MZ세대가 늘어나고 있다. 또한 인터넷이나 소셜네트워크서비스를 통한 쇼핑몰 등 다양한 형태의 소호 창업 기회가 늘어나면서 20~30대 투잡족들이 대거 등장하였다. 이들은 낮에는 직장에서 일하고 퇴근 후에는 개인 사업을 병행하는 이른바 '주경야사晝耕夜事'를 통해 부가수익을 올리거나 향후 전업을 준비하고 있다.

이처럼 투잡족이나 N잡러가 늘어나는 현상은 기업 입장에서는 결코 달갑지 않다. 여러 개의 직업을 동시에 수행하느라 본업에 충실하기도 힘들 뿐만 아니라 배보다 배꼽이 더 큰 경우도 생겨나기 때문이다. 실제 투잡족이나 N잡러 중에는 부업이 크게 성공하여 본업의 수입을 뛰어넘는 경우도 생긴다. 그렇게 되면 그들은 미련 없이 본업을 내팽개치고 부업 전선으로 뛰어든다. 이러한 성공담이 많아질수록 본업에만 열심이던 사람도 흔들리기 쉽다. 자신도 부업을 시작해서 큰돈을 벌 수 있지 않을까 하는 생각 때문에 본업에 충실하기가 어려워진다.

월급만으로 부족하다고 생각하는 MZ세대는 투자에도 적극적이다. 주식 투자, 부동산 투자, 가상화폐 투자를 주도하는 계층도 바로 MZ세대다. 국내 가상 자산을 취급하는 한 거래소에 따르면, 2021년 1분기 해당 거래소를 이용한 MZ세대 투자자의 투자 규모가 전체의 62.4%에 달한다고 한다.[30] 이는 전년 대비 무려 13.4%나 높아진 결과다. '영끌'조차 마다하지 않는 MZ세대의 투자 대상은 범위도 넓고 경계도 없다. 부동산, 주식, 가상화폐는 물론이고 선물이나 옵션 등 소위 '위험한' 투자도 마다하지 않는다. 심지어 음악 저작권, 미술, 명품, 와인 등 투자 상품이나 대상도 점점 늘어나고 있다. 이제 MZ세대에게 있어 투자는 도박이 아니라 '삶의 필수 영역'이 되었다.

티끌 같은 월급으로는 해답이 없다고 생각한 MZ세대는 직장생활에 대한 기대치를 낮추었다. 그러고는 대안을 찾기 위해 직장 밖으로 눈을 돌리기 시작했다. 본업 외에 투잡족·N잡러가 되고 투자자로서의 활동도 마다하지 않는 등 몸이 열 개라도 모자랄 지경이다. 이러한 활동으로 인해 본업에 투입하는 시간이 줄어들고 업무에 대한 집중도나 몰입도 저하가 나타나기 일쑤다. 기업 전체의 생산성에 부정적인 결과를 가져올 것은 불을 보듯 뻔한 일이다. 따라서 조직은 어떻게 하면 낮아진 직장에 대한 기대치를 올려서 직원들이 본업에 충실히 몰입하게 할 수 있을지를 고민하고 해법을 찾아야 한다. 투잡족이나 N잡러 대열에 동참하는 직원이 많을수록 조직의 미래는 어두울 수밖에 없다.

08 절이 싫으니 중이 떠나겠습니다

특이한 소재로 인기를 끈 영화나 드라마가 종종 있다. 〈부부클리닉, 사랑과 전쟁〉이라는 KBS 드라마도 그중 하나다. 이혼 위기에 처한 부부 이야기를 소재로 리얼리티를 살려 재구성한 이 드라마는 무려 15년간 603부작으로 방영될 정도로 장수 프로그램이었다. 사랑과 가족애를 그린 영화나 드라마가 인기를 얻고 롱런하는 것은 이해가 되지만, 외도와 불륜을 소재로 한 이혼 드라마가 장수한 것은 쉽사리 이해하기 어렵다. 왜 〈부부클리닉, 사랑과 전쟁〉은 사람들이 비난하는 불륜과 이혼이라는 소재에도 불구하고 시청자들의 지속적인 관심을 끈 것일까?

모든 문화와 예술은 시대정신의 구현이자 알레고리allegoria의 결정체다. 문화와 예술은 각 시대가 품고 있는 문제와 고민을 작가적 관점에서 재현한 것이다. 영화나 드라마 또한 그 시대의 사회 현상을 반영한 결과일 수밖에 없다. 〈부부클리닉, 사랑과 전쟁〉의 장수는 불륜과 이혼이 감출 수 없는 사회의 일면임을 보여준다. 아닌 게 아니라 오늘날 부부 관계는 위기의 연속이다. 수많은 하객 앞에서 "검은 머리 파 뿌리가 될 때까지 변치 않는 사랑을 하겠다"는 언약을 하고 축복 속에 결혼을 해도 언제 그랬냐는 듯이 손바닥을 뒤집는 경우가 왕왕 발생한다. 이제 이혼은 서구 사회에서나 관찰 가능한 특이한 이벤트가 아니다. 대한민국에서도 하루에 대략 300쌍의 부부가 남남으로 갈라선다.

대한민국의 이혼율은 전 세계적으로도 이미 최상위에 속한다. OECD가 발표한 〈한눈에 보는 사회 2019〉에 따르면, 대한민국의 조이혼율(인구 1,000명당 이혼건수)은 2016년 기준 2.1명으로 1991년 1.1명보다 2배 치솟았으며 OECD 평균인 1.9명을 넘어선 수준이다. 이는 OECD 회원국 중에서는 9위이며, 아시아에서는 1위에 해당한다.[31] 이러한 결과는 전통적인 유교 문화의 관념으로는 쉽사리 이해하기 힘든 풍경이다. 유교 문화적 뿌리를 가진 기성세대의 관점으로 보면, 부부의 연을 맺은 사람은 어떤 일이 있어도 갈라서는 법이 없어야 한다. 남편이 첩을 두거나 간통을 하더라도 아내는 질투를 해서도 안 된다(칠거지악七去之惡). 심지어 남편과 사별하더라도 재혼을 할 수가 없다(삼종지도三從之道). 오늘날의 관점에서는 말도 안 되는 것이겠지만, 기성세대는 결혼을 하면 어떤 일이 있더라도 이혼 서류에 도장 찍는 일만큼은 피해야 한다고 생각했다. 한마디로 결혼만큼은 '일수불퇴一手不退'이자 '낙장불입落張不入'이다.

하지만 통계에서도 알 수 있듯이, 현대인들은 이혼을 절대 피해야 할 금기라고 생각하지 않는다. 경우에 따라서는 결혼생활도 언제든 뒤집을 수 있다고 생각한다. 결혼과 이혼에 대한 생각이 바뀐 것은 당연히 가치관 변화가 주된 요인이다. 과거 기성세대는 배우자에게 불만이 있어도 자녀를 위해서, 또는 가정을 지켜야 한다는 일념으로 참고 사는 경우가 많았다. 하지만 오늘날 MZ세대는 사회적 시선보다는 개인의 행복을 중시한다. 배우자의 외도나 폭행과 같은 중대한 사건뿐만 아니라 성격 차이나 소통 부재 등의 사소한 원인으로도 이혼 법정까지 가는 경우가 적지 않다. 실제로 이혼 관련 법조계 관계자에 따르면, "현대에는 과거와 다르게 외도나 가정폭력으로 인한 이혼보다는 성격 차이나 소통 부재 등을 이유로 이혼하는 경우가 많다"고 한다.[32] 이처럼 요즘은 사소한 불만이 부부 관계를 갈라놓는 경우가 많다. 한마디로 쉽게 만나고 쉽게 헤어지는 것이 오늘날의 결혼 풍속도다.

결혼과 이혼에 대한 가치관의 변화는 연인이나 부부 관계에만 국한되는 것은 아니다. 모든 인간관계에 동일하게 적용된다. 오늘날 MZ세대는 혈연이나 지연, 학연에 대한 결속이 예전만 못하다.

대학에서 고교 동창 모임도 예전처럼 활성화되지 않고 동아리 모임도 많이 사라졌다. 같은 학교나 동향 출신이라는 이유만으로 함께 뭉치고 특별한 인연으로 생각하는 경우도 드물다. 필요한 경우에는 만나지만 상대가 마음에 들지 않으면 그냥 남남인 관계로 돌아간다. 인연을 좇지도 않고 인연에 매달리지도 않는다.

이러한 패턴은 직장과 개인의 만남에도 그대로 이어진다. 흔히 개인과 조직의 만남과 헤어짐을 결혼과 이혼에 비유하기도 한다. 입사가 결혼이라면 퇴사는 이혼이다. 평생직장이라는 개념이 머릿속에 박힌 기성세대는 직장을 선택하는 일을 마치 배우자와 결혼하는 것처럼 생각하는 경우도 많았다. 그래서 처음 들어간 직장에서 평생 근무하다가 정년퇴직이 되어서야 헤어졌다. 헤어진 후에도 과거 배우자였던 조직에 대한 향수와 그리움을 간직한 채 남은 생을 보냈다. 가끔씩 OB 모임에 나가서 과거 직장 동료를 만나고 현역 직장 후배들과 술자리 모임을 갖기도 하였다. 기성세대에게 직장이란 평생을 함께한 반려자이자 인생의 동반자였다.

오늘날 MZ세대는 직장을 결혼생활에 비유하는 것 자체를 거부한다. 입사할 때부터 평생을 함께하겠다는 각오도 하지 않을 뿐더러 현실적으로 정년퇴직 때까지 머물 수도 없다. 인연이 있어 함께하게 되었지만 인연이 다하면 언제든 갈라설 수 있다고 생각한다. 물론 MZ세대에게도 입사와 퇴사라는 이벤트가 쉬운 결정은 아니다. 변경 비용 switching costs이 적지 않게 들기 때문이다. 그래서 MZ세대에게도 퇴직 결정은 최후의 보루다. 대신 그들은 조직생활을 하면서 적극적으로 자신들의 목소리를 내기 시작했다. 나이나 계급, '짬밥'에 밀려서 쥐 죽은 듯이 지내지 않는다. 어떤 측면에서는 기성세대보다 더 과감하게 목소리를 내기도 한다. 왜냐? 자신들의 목소리가 반영되지 않으면 언제든 떠날 각오가 되어 있기 때문이다.

2021년 초 반도체 회사인 SK하이닉스에서는 성과급 지급을 두고 한바탕 홍역을 치렀다. 문제의 발단은 전년도 초과 이익 분배금PS 지급 규모를 기본급의 400%로 한다는 회사의 결정이었다. PS는 전년 실적이 목표 이익을 초과 달성했을 때 지급하는 인센티브인데, 기본급의 400%는 연봉의 20% 수준에 달하는 규모다. 회사의 발표가 있자 직원들이 집단으로 반발하였고, 급기야 MZ세대인 4년차 직원 한 명이 전 임직원에게 이메일을 보내 지급 규모에 대한 불만을 공개적으로 토로하면서 이 문제는 공식적으로 이슈화되었다. 이에 그룹 오너인 회장의 연봉 반납 선언과 대표이사 사장의 해명 발표가 이어졌고, 노조와 성과급 산정 방식 변경을 합의하는 것으로 논란이 일단락되었다.[33] 만약 이 사태에 대한 회사 측의 적절한 대응이 없었다면 핵심 인재 유출로 이어졌을 수 있다. 실제로도 해당 사태가 진행되는 동안에 사내 게시판이나 블라인드(익명 커뮤니티 사이트)에는 "경쟁사로 이직하겠다"는 글이 계속 올라오고 있었다.

이렇듯 MZ세대는 현재 직장에서 언제든 떠날 수 있다고 생각하지만, 한편으로는 조직 문화를 바꾸려는 노력도 게을리하지 않는다. 이들은 조직의 현안에 자기들의 목소리가 반영되기를 바라고 적극적인 의견 개진과 행동에 나선다. 이러한 행동은 선배인 기성세대에게서는 쉽사리 찾아보기 힘든 모습이다. 기성세대는 기본적으로 개인이 조직의 문화나 시스템에 맞추어야 한다고 생각했다. 반면 MZ세대는 기존의 조직 문화나 시스템에 자신을 맞추기를 거부한다. 그럴 필요성조차 느끼지 못한다. 오히려 반대로 조직 시스템이 새로운 구성원들에게 맞추어 바뀌어야 한다며 목소리를 높인다. 그래도 안 되면 내가 조직을 떠나겠다는 식이다. '절'이 싫으니 '중'이 떠나겠다는 소리다.

MZ세대가 바꾸고 싶은 조직 문화는 무엇일까? 〈이코노미조선〉이 진행한 'MZ세대가 만드는 세상은 무엇이고, 우리는 어떻게 대비해야 할까?'라는 기획 조사에 따르면, MZ세대가 바라는 조직 문화는 대략 다음의 7가지인 것으로 나타났다.[34]

① 수평적 조직에서 능력을 발휘하고 싶다
② 자신과 회사가 함께 성장해야 한다
③ 일을 통해 사회에 기여할 수 있어야 한다
④ 기대하는 직업의 가치를 발견해야 한다
⑤ 자신의 스케줄에 맞춰 일할 수 있어야 한다
⑥ 일도 놀이처럼 재미있어야 한다
⑦ 성과에 대한 공정한 보상이 따라야 한다

MZ세대는 기본적으로 조직에 바라는 것이 많다. 단순히 '월급을 받았으니 시키는 대로 일하라'는 논리는 절대 받아들이지 않는다. 그들은 업무에서도 자기 몫을 하고 싶어 한다. 수평적 관계에서 선배·동료들과 동등하게 능력을 발휘하고 싶어 하며, 일을 통해 사회에 기여하고 싶어 한다. 그들은 조직생활을 통해 성장과 의미를 추구한다. 자신과 회사가 함께 성장해야 하고 일을 통해 직업적 가치를 발견할 수 있어야 한다.

일을 하는 과정도 중요하다. 업무가 단순한 노동에 그치는 것이 아니라 자율성이 보장되면서도 재미도 충족되어야 한다. 근무 시간을 자신의 스케줄에 맞추어 유연하게 조절할 수 있어야 하며 일도 놀이처럼 즐거워야 한다. 재미가 없는 타율적 업무는 노역勞役에 불과하다. 성과도 중요하다. 정해진 월급만으로는 부족하며, 자신의 기여로 인해 조직 성과가 나타났다면 그것에 대한 투명하고 공정한 보상이 뒤따라야 한다.

경영자나 기성세대 입장에서는 MZ세대의 이러한 요구가 지나치거나 터무니없다고 생각할 수도 있다. 사실 기성세대에 비해 요구 조건이 많고 까다로운 것도 사실이다. 하지만 그들이 조직 문화에 대한 자신들의 불만이나 요구 사항을 명시적으로 드러내는 이유는 그들이 조직원으로 남고자 하기 때문이다. 현 조직이 싫다면 조용히 떠나면 그만이다. 불만족스러운 조직 문화에 아무런 군소리 없이 지내는 MZ세대가 있다면 이는 오히려 위험 신호일 수 있다. 그들이 조용한 이유는 성격이 유순하고 착해서가 아니다. 달리 갈 곳이 없기 때문에 머물고 있을 확률이 높다. "예쁘면 얼굴값 한다"는 말이 있듯이, 조직에서도 실력이 뛰어난 자는 '능력값'을 하는 게 당연하다. 대체로 조직에서 군소리가 많은 사람일수록 능력자일 가능성이 크다. 그들의 목소리에 귀를 기울여야 하는 이유다.

까다로운 요구를 하는 MZ세대의 목소리를 경청해야 하는 또 다른 이유도 있다. 능력자인 그들은 노동시장에서 '빅 마우스'인 경우가 많다. 능력자가 떠나는 회사를 노동시장이나 투자 세계에서 좋게 볼 리 만무하다. 블라인드와 같은 직장인 익명 커뮤니티에서는 능력자의 퇴사 사유가 매우 중요한 정보로 다루어진다. 어느 회사든 받아만 주면 좋겠다고 생각하는 구직자에게는 타인의 퇴직 사유는 별로 눈에 들어오지 않는다. 하지만 갈 곳이 넘쳐나는 능력자에게는 어떤 회사가 더 많은 연봉을 주는지보다는 앞선 취업자가 왜 회사를 그만두는지가 중요하다. 따라서 능력자의 퇴사가 잦은 회사는 좋은 인재를 뽑는 데도 한계가 있다.

투자 시장에서도 인력 변동은 기업의 미래 가치를 판단하는 데 중요한 요소가 된다. 흔히 증권가에서는 기성세대에 대한 인력 구조조정은 긍정적인 신호로 해석하는 경우가 많다. 높은 연봉에 비해 기여도가 낮은 인력을 퇴출시키는 것은 비용 절감 및 전반적인 인적 경쟁력을 높이는 과정이라고 생각하기 때문이다.

하지만 젊은 MZ세대가 조직을 떠나는 것은 부정적으로 평가한다. 이는 '인재 유출'이며 '인재 전쟁'에서 실패한 결과이기 때문에 기업의 미래 전망에 나쁜 영향을 준다고 생각한다. 따라서 MZ세대가 근무하기 좋은 조직 문화를 만드는 것은 인재 확보를 위해서도, 기업의 평판을 위해서도 모두 중요한 일이다. 절이 싫어서 중이 떠나는 것이야 개인의 자유이지만, 중이 떠나는 절이 되도록 방치하지 않는 것은 모든 조직에게 남겨진 숙제다.

09 세상은 넓고 돈 벌 곳은 많다

"세상은 넓고 할 일은 많다." 대우그룹 고 김우중 회장이 1989년 발간한 책 제목에서 시작되어 유명해진 문구다. 선진국에 비해 아직 산업화와 경제 개발이 뒤처진 개발도상국의 경영자로서 세계를 무대로 활동하며 굴지의 기업을 일으켜 세운 그가 자신의 인생철학을 한마디로 요약한 말이다. 세계는 넓고 가보지 않은 길이 많으니 새로운 길을 향해 용기 있게 나아가라는 교훈을 담고 있다. 대한민국이라는 좁은 울타리 안에서만 놀지 말고, 시선을 세계로 돌려 큰물에서 놀라는 뜻이다. 대한민국의 세계화나 글로벌화의 효시라 불릴 만한 표현이다.

'세상은 넓고 할 일은 많다'는 가르침을 적극 수용하여 기꺼이 기존 울타리를 넘어서서 활동 반경을 넓히려는 사람을 요즘에는 '노마드Nomad'라 일컫는다. 노마드란 '유목민'을 뜻하는 라틴어에서 유래한 용어인데, 한곳에 정착하지 않고 끊임없이 이동하며 살아가는 사람을 가리킨다. 프랑스 철학자 질 들뢰즈Gilles Deleuze가 《차이와 반복》에서 노마드의 세계를 "시각이 돌아다니는 세계"로 묘사하면서 철학적 개념으로도 사용되었다. 노마드적 삶의 방식을 추구하는 태도를 '노마디즘Nomadism'이라고 부르는데, 특정한 방식이나 가치관에 얽매이지 않고 끊임없이 새로운 자아를 찾아가는 것을 말한다.

노마드와 대비되는 개념은 '정착민'이다. 정착민은 돌아다니지 않고 한곳에 터를 잡고 고정된 직업으로 살아가는 사람이다. 정착민과 유목민의 삶의 방식은 어떻게 다를까? 질 들뢰즈는 그의 또 다른 책 《천 개의 고원》에서 정착민과 유목민의 주거와 동선을 각각 '홈 파인 공간'과 '매끈한 공간'이라는 개념으로 대비하여 설명한다. '홈 파인 공간'이란 정착민이 살아가는 곳으로 일정한 규칙과 질서가 존재하는 규정된 공간이다. 이곳은 동일성과 복제·재생산이 이루어지는 닫힌 공간으로, 사람들은 이곳에서 이미 만들어진 홈을 따라 정해진 방식으로만 움직인다. '매끈한 공간'은 유목민이 살아가는 장소인데, 어떠한 규칙이나 질서도 없이 사방으로 열린 무규정의 공간이다. 이곳 사람들은 틀에 얽매이지 않고 각자 자유롭게 제멋대로 움직인다.

역사적으로 살펴보면, 노마드와 정착민은 서로 어울리지 못했다. 대체로 노마드는 정착민에게는 혐오 내지는 공포의 대상이었다. 예컨대 칭기즈칸을 필두로 하여 12~13세기에 걸쳐 중앙아시아에 대제국을 건설했던 몽골족이나, 민족의 대이동으로 로마 제국을 사라지게 만든 게르만족, 8~11세기경 서유럽의 바다를 지배했던 바이킹족은 모두 노마드였다. 역사에서는 노마드를 정착민의 삶을 위협하는 야만인으로 묘사하는 경우가 많았다. 우리도 북방의 이민족인 여진족을 '오랑캐'라 부르며 낮잡아 보기도 했다. 노마드는 기본적인 삶의 방식이 정착민과는 다르고 정착민의 질서나 규범을 따르지 않기 때문에 매우 이질적이면서도 불편한 존재였다.

들뢰즈는 노마드적 삶의 방식을 긍정적인 것으로 규정했다. 그는 노마드가 공간적인 이동만이 아니라 특정한 가치와 삶의 방식에 매이지 않고 끊임없이 자신을 바꾸어나가는 창조적 행위를 한다고 보았다. 노마드즘이 유동적이고 자유로운 이동과 연결을 통해 새로운 생성을 지속적으로 만들어내는 창조적인 삶의 태도라고 본 것이다. 최근 과학과 기술이 혁명적으로 발전하고 전 세계가 하나의 네트워크로 구축되고 국가 또는 문화 간에 물리적 거리가 사라지면서 노마디즘이 새롭게 부각하고 있다. 실제로 사람들은 21세기를 '신新유목민 시대' 또는 '디지털 노마드 시대'라고 부르기도 한다. 디지털 노마드란 첨단 디지털 장비를 갖추고 전 세계를 떠돌며 일하는 사람을 상징하는데, 이들의 모습이 과거 초원을 떠돌던 유목민의 생활을 닮았다고 해서 붙여진 이름이다. 인터넷과 정보통신 기술이 발달한 오늘날에는 노트북과 스마트폰이 있으면 세계 어디에서도 일을 볼 수 있다. 한마디로 지금은 신유목민인 '디지털 노마드'가 활동하기에 최적인 세상이 된 것이다.

세상이 이렇게 변하다 보니 최근에는 조직에서도 정착민과 유목민의 대립이 표면화되기 시작했다. 조직생활을 오래 한 기성세대는 정착민적 삶의 방식에 익숙해져서 '홈 파인 공간'에서 일정한 규칙과 질서를 따르며 산다. 또한 그들은 새로 들어오는 조직 구성원에게도 기존의 규칙과 질서를 따르도록 종용하는 경우가 많다. 하지만 MZ세대에게는 노마드의 피가 깊숙이 흐르고 있다. 그들은 기존 가치와 삶의 방식을 따르기보다는 끊임없는 이동과 연결을 통해 새로운 창조의 기회를 모색하기를 원한다. 기성세대가 이미 포진하고 있는 공간을 비집고 들어가 자신들의 터전을 마련하기보다는 기존에 아무도 가지 않았던 길이나 불모지를 택하여 그곳을 새로운 생성의 공간으로 변모시키고자 노력한다. 하지만 정착민인 기성세대는 노마드적 삶의 방식을 선택한 MZ세대를 이해하지 못한다. 심지어 자신들의 삶을 위협하는 야만적 태도로 규정짓기도 한다.

하지만 MZ세대는 기성세대가 자신들을 어떻게 바라보든, 무엇으로 규정하든 별로 개의치 않는다. 노마드의 본성을 지닌 MZ

세대는 정착민이 되어버린 기성세대와는 전혀 다른 방식의 삶을 살기 시작했다. 그들은 기존에 어느 누구도 가지 않은 길을 개척하고 그 길을 가는 것을 마다하지 않는다. 그 결과 오늘날에는 역사에서 한 번도 존재하지 않았던 신인류가 생겨나기 시작했다. 요즘 MZ세대 사이에서 자주 회자되는 '파이어Fire족'이 대표적이다. 파이어족이란 경제적 자립Financial Independence의 'Fi'와 조기 은퇴Retire Early의 're'를 합친 것으로, 경제적 자립을 이루어 조기 은퇴를 꿈꾸는 사람들을 일컫는다. 이들은 기성세대처럼 직장에서 정년까지 근무하는 것을 기대하지 않는다. 대부분 30대 말이나 늦어도 40대 초반에는 은퇴하기를 원한다. 물론 그렇게 하기 위해서는 경제적 자유가 전제 조건이다.

본래 파이어족은 1990년대 미국에서 시작되었는데, 2008년 글로벌 금융위기 이후 미국의 젊은 고학력·고소득 계층을 중심으로 확산되었다. 대한민국에서도 MZ세대를 중심으로 파이어족 출현이 뚜렷하게 감지되고 있다. 2022년 신한은행이 발간한 보고서 〈보통 사람 금융생활 보고서 2022〉에 따르면, 20~30대에서 30~40대에 은퇴하겠다는 응답이 6.4%로 40대 응답률 1.4%보다 6배 높게 나타났다. 또한 그들이 예상하는 은퇴 시기도 상당히 빨랐다. 20~30대 파이어족이 생각하는 은퇴 예상 평균 연령은 41세인 반면, 정년 후 은퇴를 계획하는 기성세대의 은퇴 예상 시기는 68세였다. 기성세대보다 무려 27년이나 일찍 조직생활을 그만두고 싶어 한다.

파이어족이 경제적 자유를 이루기 위한 방법으로 선택한 것은 무엇일까? 20~30대 파이어족들은 정년 후 은퇴 계획자보다 위험 자산에 대한 투자 비중이 높았다. 예·적금이나 저축성 보험 등 안전 자산에 대한 투자보다는 손실 위험성이 높지만 기대 수익률이 큰 주식, 펀드 등 금융 투자와 함께 암호화폐 등 가상 자산에 대한 투자 비중도 높은 것으로 나타났다.[35] 이러한 파이어족의 출현은 불확실한 경제 상황과도 관련이 깊다. 월급만으로는 내 집 마련조차 어려운 현실에서 직장에서마저 극심한 경쟁과 상시적인 구조조정에 내몰리자 그에 대한 반대급부로 파이어족을 꿈꾸기 시작했다. '이제 더 이상 평생직장은 없다'는 인식 또한 MZ세대가 속속 파이어족 대열에 동참하는 계기로 작용했다.

MZ세대 파이어족들은 돈을 벌기 위해 직장에서 굳이 하기 싫은 일을 하며 시간을 낭비하기보다는 빠른 기간 내에 경제적 자유를 이루길 원한다. 그래야만 진짜 하고 싶은 일을 하며 행복한 삶을 살 수 있다고 생각하기 때문이다. 파이어족은 경제적 구속 상태에서 벗어나기 위해 소비 지출을 최소한으로 줄이고, 수입을 극대화할 수 있는 다양한 방법을 모색한다. 이러한 삶의 방식은 '인생은 오직 한 번뿐'이라는 모토로 살아가는 욜로족과는 180도 다른 것처럼 보인다. 욜로족이 내일의 행복을 위해 오늘의 행복을 포기하지 않는 반면, 파이어족은 내일의 행복을 위해 오늘의 즐거움을 잠시 유보하고 경제적 자유를 얻기 위해 갖은 노력을 다한다. 하지만 궁극적으로 지향하는 삶의 목표는 크게 다르지 않다. 둘 다 자신이 진정으로 원하는 삶, 행복한 삶을 추구한다. 경로와 방법만 다를 뿐 최종 목적지는 동일하다.

최대한 빠른 시간 안에 경제적 자유를 얻고자 하는 파이어족은 목적 달성을 위해서라면 얼마간의 위험도 감수해야 한다고 생각한다. 기꺼이 '하이 리스크 하이 리턴high risk, high return'이라는 투자 원칙을 받아들인다. 그래서 손실 가능성이 있는 주식이나 암호화폐 등 위험성이 높은 투자에도 과감하게 배팅을 한다. 그들은 왜 위험을 마다하지 않는 것일까? 달리 대안이 없기 때문이다. 어차피 성실하게 직장생활을 해도 월급만으로는 답이 없는 건 매한가지다. 따라서 하루라도 젊을 때 빠른 승부를 보고 싶어 한다.

또 다른 이유도 있다. MZ세대가 파이어족을 꿈꾸는 것은 '세상은 넓고 할 일은 많기' 때문이다. 좀 더 구체적으로 말하면, 세상은 넓고 돈 벌 곳은 많기 때문이다. 과거에는 무산자無産者 계급이 돈을 벌 방법이란 피고용인으로 고용되어 급여를 받거나 개인 사업을 하는 자영업자가 되는 것이 전부였다. 하지만 온라인과 소셜네트워크가 발달하면서 새로운 돈벌이 기회가 생겨나고 있다. 대표적인 것이 대중에게 영향력이 있는 인플루언서가 되는 길이다. 인플루언서는 특정 분야나 주제에 대한 지식과 전문성을 바탕으로 기업의 브랜드와 대중의 구매 결정에 막강한 영향력을 행사한다. 가령 수십만의 구독자를 보유한 유튜버나 파워 블로거, 다수의 팔로워를 보유한 인스타그래머는 자신이 행사할 수 있는 영향력을 바탕으로 큰돈을 벌 수 있다. 잘나가는 인플루언서가 되면 샐러리맨은 평생을 일해도 모으기 힘든 큰돈을 단번에 벌기도 한다.

직장에 소속된 MZ세대가 파이어족이 되고 인플루언서가 되는 것이 바람직한 현상인가에 대해서는 다양한 관점이 있을 수 있다. 하지만 분명한 점은 MZ세대는 기성세대와 달리 직장이나 월급에만 목을 매지 않는다는 사실이다. 디지털 시대의 새로운 노마드가 된 MZ세대는 과거 '세상은 넓고 할 일은 많다'고 목소리를 높였던 모 그룹 회장의 말을 실천에 옮기고 있다. 그들은 월급 외에도 돈 벌 곳이 많은 시대를 살아가고 있으며, 실제로 돈 벌 궁리를 하고 있다. 물론 이러한 현실은 기업 입장에서는 위협 요소다. 딴살림(?) 차릴 여지가 많다는 것은 그만큼 한곳에 몰입하기 어렵다는 뜻이기 때문이다. 따라서 오늘날 기업은 돈 벌 곳이 많은 와중에도 어떻게 하면 회사에 몰입하게 할 것인지를 고민해야 한다. 이래저래 신경 쓸 일이 많은 상황이 되었다.

10 '배고픔'은 참아도 '배 아픔'은 못 참는다

옛 속담에 "사촌이 땅을 사면 배가 아프다"라는 말이 있다. 남이 잘되는 것을 기뻐해주기는커녕 질투와 시기를 일삼는 인간의 본성을 꼬집는 표현이다. 사람이란 본래 타인의 성공이나 성취에 대해 축하를 해주기보다는 시기와 질투를 느끼는 존재일까? 다음의 경우를 생각해보자. 다음 중 사람들이 질투를 더 많이 느끼는 상황은 언제일까?

① 축구 국가 대표 손흥민이 영국 프리미어 구단으로 이적하면서 수백억 원의 연봉을 받기로 계약했다.
② 친한 대학 동창이 동기 중 처음으로 임원으로 승진했다.

금전적으로만 비교하면, ①이 ②보다 훨씬 큰 성공에 해당한다. 하지만 ②의 경우에 시기와 질투를 느끼는 사람이 많을 것이다. 축구 선수 손흥민의 거액 연봉 계약 뉴스에는 시기나 질투보다는 축하와 응원을 보내는 사람이 훨씬 많다. 왜 그럴까? 소설가 알랭 드 보통은 자신의 저서 《불안》에서 다음과 같이 적었다. "가장 견디기 힘든 성공은 가까운 친구들의 성공이다." 사람들은 누군가의 성공에 대해 항상 축복해주지는 않는다. 오히려 배 아파하는 경우도 적지 않다.

　축하해주는 경우와 질투하는 경우는 어떻게 다른가? 사람들은 언제 배 아파하는가? 그것은 바로 모르는 사람이 아닌 '사촌'이 땅을 샀을 때다. 생면부지의 사람이 땅을 샀다면 굳이 배 아파할 필요도 없다. 손흥민 선수의 큰 성공에 순수한 마음으로 축하를 건네는 이유는 그가 나와 가까운 사람이 아니기 때문이다. 같은 국가 대표 축구 선수 중에는 손흥민의 성공에 배 아파하는 사람이 있을 수 있다. 물론 굳이 겉으로 티를 내지는 않겠지만 말이다. 하지만 가까운 사람이거나 자신과 견줄 만한 수준의 사람이 성공하면 쿨한 반응을 보이기 어렵다. 알랭 드 보통의 표현을 빌리면, "우리는 우리 자신과 같다고 느끼는 사람들만 질투"하기 때문이다. 이것이 사촌이 땅을 사면 배가 아파오는 이유다.

　타인의 성공을 보고 담담하게 축하해주는 일은 말처럼 쉽지 않다. 특히 상대가 자신과 비슷하다고 생각한 사람일수록 더 그렇다. 대체로 사람들은 '배고픔'에 대해서는 잘 참고 견디는 편이다. 하지만 '배 아픔'에 대해서는 인내심이 적다. 이런 현상은 곳곳에서 자주 목격된다. 기존 샐러리맨이나 취업준비생에게 로망인 직장이 있다. 높은 연봉과 안정성까지 갖추고 있으면서 복지나 근무 여건이 최상인 직장을 말하는데, 사람들은 그곳을 '신의 직장'이라 부른다. 신의 직장이란 말 그대로, 인간이 아닌 신이 다닐 정도로 천상계에 위치한 직장을 뜻한다. 당연히 그곳은 다른 사람들의 부러움을 한 몸에 받는 끝내주는 직장이다. 혹자는 삼대三代가 덕을 쌓아야만 입사가 가능하다고 말하기도 한다. 당연한 말이지만, 신의 직장은 입사만 있고 퇴사는 없다. 누구나 입사를 원하지만 한 번 들어가면 굳이 퇴사할 이유가 없기 때문이다.

최근 들어서는 양상이 조금씩 달라지고 있다. 신의 직장마저 그만두는 이상한 녀석들이 생겨나기 시작한 것이다. 한 뉴스에 따르면 KDB산업은행, 한국은행, 금융감독원 등 내로라하는 국책 금융기관에서 젊은 직원들의 퇴사가 급증하고 있다고 한다. '신의 직장'의 대장격인 산업은행의 경우도 2021년 연말부터 2022년 2월까지 10여 명의 직원이 퇴사했는데, 이들 중 대부분은 5급 이하의 젊은 직원인 것으로 나타났다.[36] 금융 당국인 금융위원회와 금융감독원에서는 2021년 93명이 퇴직했는데, 이는 3년 새 20%가량 늘어난 수치다. 여기서도 5급 이하의 젊은 직원들의 이탈 비중이 높은 것으로 나타났다. 이들 금융 공기업과 금융정

책을 담당하는 정부 기관은 보수가 후하고 복지 여건이 좋기로 정평이 나 있다. 또한 직업 안정성도 높고 금융 전문성을 쌓을 수 있어 취업준비생들에게는 최고로 인기 있는 직장으로 여겨졌다. 그야말로 '신의 직장'이라 불러도 손색이 없는 좋은 일자리였다.

하지만 이들 직장도 과거의 명성이 퇴색하고 있다. 신의 직장마저 버린 이들은 어디로 갔을까? 산업은행 등 국책 금융기관을 퇴직한 사람들은 대부분 시중 은행, 핀테크 기업, IT 기업 등으로 이직한 것으로 나타났다. 금융 당국을 나온 사람들이 이직한 곳도 자산운용사와 벤처캐피털사, IT 기업, 핀테크 기업, 가상 자산 거래소와 같은 신생 금융권이 많았다. 금융 대기업, 로펌, 스타트업 등으로 옮기는 사례도 있었다. 말하자면, 신의 직장을 떠나 민간 기업으로 자리를 옮긴 것이다. 신들이 다니던 직장을 버리고 인간들이 다니는 직장을 선택하다니, 기성세대의 관념으로는 좀처럼 이해하기 힘든 행동이다.

MZ세대는 왜 신의 직장을 버리고 민간 기업을 선택한 것일까? 언론 기사는 최근 들어 젊은 직원들의 퇴사와 이직이 늘어난 이유로 동종 업계 대비 낮은 임금과 복지 수준, 그리고 수직적이고 폐쇄적인 조직 문화를 원인으로 꼽았다. 한 금융권 관계자의 전언에 의하면, "처음 취직했을 때는 공기업에 대한 자부심도 크고 기대도 있었지만, 같은 대학을 나와 사기업 금융권으로 취직한 친구와 비교하면 연봉 차이가 점점 더 벌어지는 걸 체감하게 된다"고 한다. 또한 "젊은 직원들은 조직이 정체돼 있다는 느낌을 많이 받아 자유로운 복장, 소통이 가능한 핀테크 기업 등으로 이직하려는 것 같다"고 말하기도 했다. 과거 '신의 직장'이라고 불리던 곳의 보상이나 복지 수준, 조직 문화가 MZ세대의 마음을 사로잡을 정도는 아니라는 소리다.

민간 기업 중에서도 '신의 직장'이라 불릴 만큼 연봉이나 복지 수준이 좋은 기업에서 MZ세대의 퇴사 때문에 문제가 되는 경우가 많아지고 있다. 특히 세계적으로 잘나가는 반도체 기업인 삼성전자와 SK하이닉스도 인재 유출 때문에 골머리를 앓고 있다. 최근 들어 반도체 업계에 인재난이 심화되면서 1위 기업인 삼성전자 반도체DS 부문의 직원들이 2위 기업인 SK하이닉스에 대거 지원했다는 소문이 나돌아서 경영진을 긴장시켰다.[37] 2021년에 SK하이닉스가 삼성전자를 넘어서는 연봉과 성과급을 지급한 데 이어 각종 복지 혜택으로 처우를 개선한 사실이 알려지면서부터다. 그러자 이듬해 삼성전자가 최근 10년 내 최고 수준으로 임금 인상을 결정하여 대졸 신입 사원 초임을 역전시켰다.[38] 하지만 얼마 지나지 않아 SK하이닉스가 또다시 삼성전자를 넘어서는 임금 인상을 결정하여 재역전시켰다.[39] 대한민국을 대표하는 1, 2위 회사가 반도체 인력 부족 상황이 장기화되자 우수 인력 유치와 이탈 방지를 위해 대졸 신입 사원 초임을 경쟁적으로 인상한 것이다.

사실 국내 굴지의 기업인 양사의 연봉은 절대적인 금액만 보더라도 결코 적은 수준이 아니다. 양사의 대졸 신입 사원 초임만 해도 5,000만 원을 넘고, 초호황을 기록한 2021년에는 연봉과 각종 성과급 등을 합치면 9,000만 원대 중후반의 보수를 챙겼다. 이처럼 초임이 빠른 속도로 늘면서 이제 '신입 사원 연봉 1억 원 시대'도 가능해졌다. 가히 신의 직장이라 부를 만하다. 일각에서는 인재 확보를 명분으로 소위 '잘나가는' 대기업이 과도한 임금 인상 경쟁을 벌이고 있다면서 우려를 표하기도 했다.[40] 재계에서도 "시가총액 최상위 기업인 삼성전자와 SK하이닉스의 경쟁적 임금 인상으로 다른 기업들도 최근 임직원 임금 수준을 대폭 올리는 등 따라가는 분위기"라면서 눈치를 보는 실정이다.[41]

이들 기업들은 왜 과도한 인금 인상 경쟁에 동참하게 되었을까? 회사가 돈을 잘 버니까 직원들에게도 후하게 보상해주는 것이 당연하다고 생각해서일까? 절대 아니다. 아무리 잘나가는 기업이라 하더라도 신입 사원 연봉 1억 원은 부담이 될 만한 금액이다. SK그룹 최태원 회장도 2022년 7월 한 포럼에서 "물가가 올라가니까 임금 상승 압력도 같이 받는 게 장기적으로 (기업을 하는 데) 제일 어려운 과제인 것 같다. (…) 특히 사람을 많이 쓰는 중소기업 쪽에서 훨씬 더 어려움이 배가되지 않을까 생각한다"면서 지금의 인금 인상이 부담이 되고 있음을 고백한 바 있다.[42] 실제로 호황인 시기에는 임금 인상이 별문제가 없겠지만 업황이 부진한 시기에는 늘어난 인건비가 부메랑이 되어 되돌아올 수도 있다.

그럼에도 잘나가는 기업일수록 인금 인상을 늦출 수가 없다. 왜 그런가? 흔히 사람들은 임금 수준은 기업의 실적과 지급 여력에 따라 결정된다고 생각한다. 딱히 틀린 말은 아니다. 회사에 돈이 없으면 높은 연봉을 주고 싶어도 줄 수가 없다. 하지만 상대 비교도 무시하지 못한다. 입·퇴사가 자유로운 MZ세대에게는 특히 그렇다. 게다가 요즘은 모든 정보가 공개되는 이른바 '열린 사회'다. 인터넷과 정보통신 기술의 발달로 인해 모든 정보가 만천하에 낱낱이 드러나는 시대다. 특히 MZ세대에게 연봉이나 복리후생과 같은 항목들은 관여도가 높은 정보에 속한다. 평소 관심을 많이 가지는 중요도가 높은 민감한 사안이다.

익명 커뮤니티 블라인드에는 해당 기업의 기본급, 성과급, 수당, 복리후생 내역이 상세히 공개되고 공유된다. 직원들 사이에서 오고 가는 처우에 대한 불만, 성과급이나 보상에 대한 뒷이야기들, 은밀한 사내 정책들, 이직 관련 개인사 등이 실시간으로 오르내린다. 상황이 이러하다 보니 보상 시스템을 마련하는 쪽에서도 고민이 깊어질 수밖에 없다. 실제로 판교에 위치한 한 기업의 인사팀 보상 담당자는 "보상 시스템 마련 업무가 매해 갈수록 어려워지고 있다. 노사 누구도 만족하지 못하는 상황에서 인사팀만 죽어나는 상황"이라고 하소연하기도 했다.[43]

거기에 심리적 요인도 크게 작용했다. 사촌이 땅을 사면 배가 아픈 것처럼, 오늘날 MZ세대는 질투심이 매우 강하다. 그들은 '배고픔'은 참아도 '배 아픔'은 참지 못한다. 특히 비슷한 처지에 있는 사람이 자신보다 더 높은 연봉이나 더 나은 처우를 받는 것은 그냥 넘어갈 수 없는 심각한 문제다. 앞서 알랭 드 보통이 "사람들은 자신과 같다고 느끼는 사람들만 질투한다"고 했는데, 자신과 같다고 느끼는 정도에는 차이가 있다. '같음'에 대한 기업과 개인의 생각이 다르다는 뜻이다. 말하자면, 비교 집단에 대한 인식에서 기업과 개인 간 차이가 크다.

대체로 기업들은 직원들의 연봉이나 보상 수준을 결정할 때 비교 집단을 보수적으로 설정하는 경우가 많다. 조직의 규모나 실적이 자신과 비슷하거나 조금 낮은 곳과 비교하기를 좋아한다 (반면 경영 목표를 잡을 때는 매우 진취적이다. 항상 업계 최고 수준과 비교한다). 이와 달리 직원들의 눈높이는 언제나 높다. 업계 최고 수준의 기업들과 매번 비교한다. 이런 차이는 현재 보상 수준에 대한 인식 차이로 이어진다. 회사는 현재 수준이면 조직의 규모나 실적에 비해 적지 않은 수준으로 인건비를 책정했다고 생각한다. 하지만 직원들 생각은 다르다. 업계 최고 수준의 회사에 비해 지나치게 낮다고 생각하기 일쑤다. 이처럼 보상에 대한 기업과 직원들의 비교 대상이 다르기 때문에 인식의 차이가 생기고, 이는 퇴사의 핵심 원인으로 작용한다.

보상 수준에 대한 기업과 개인의 인식 차이가 생기는 데는 누구의 잘못이 더 클까? 어느 누구의 잘못도 없다. 기업은 기업대로, 개인은 개인대로 나름 타당한 근거가 있다. 기업은 회사의 실적과 지급 여력에 따라 보상 수준을 결정하는 것이 최선이다. 반대로 개인이 자신의 기대 수준과 능력에 걸맞은 보상을 바라는 것도 당연하다. 현실의 지급 여력과 개인의 기대 수준에 차이가 나는 것은 어찌 보면 자연스러운 일이다.

이 지점에서 냉정하게 따져보자. 이러한 인식 차이가 실제 현실에서 문제가 되는 경우는 언제일까? 딱 한 가지 경우밖에 없다. 개인의 능력은 탁월한데 거기에 못 미치는 보상을 받고 있는 직원만이 문제다. 말하자면, 능력이 출중하여 더 높은 연봉을 주는 회사로 옮길 수 있는 사람만이 실제 문제로 대두된다. 회사의 보상 수준이 낮다고 생각하지만 실제 자신의 능력이 그다지 높지 않은 사람은—그래서 더 나은 곳으로 이직하기가 어려운 사람은—불만은 있을지언정 달리 선택지가 없다. 결국 보상에 대한 인식 차이가 문제가 되는 경우는 보상과 능력 간에 차이가 있는 직원, 다시 말해 능력자에게만 한정된다.

그렇기 때문에 보상에 대한 인식 차이를 마냥 방치할 수가 없다. 기업 나름의 이유가 있다고 해서 그것이 능력자의 이탈을 막을 수 있는 근거는 되지 못한다. 따라서 기업은 보상 수준을 결정할 때 '배고픔'의 관점만이 아니라 '배 아픔'의 관점까지 고려해서

설계해야 한다. 나아가 타사로의 이직이 가능한 능력자를 붙잡아둘 장치를 마련해야 한다. 물론 말처럼 쉬운 일은 아니다. 단지 금전적 보상책만이 유일한 해결 방안이 되어서는 곤란하다. 비금전적 요소까지 포함하여 다양한 관점에서의 유인책을 마련해야 한다. 배고픔 때문이건 배 아픔 때문이건 간에 능력자가 떠나가는 조직의 미래는 어두울 수밖에 없으니까.

11 실력만 길러두면 갈 곳은 넘쳐 난다

　과거에는 특정 기업에 다니는 회사원을 '○○맨'이라고 부르곤 했다. 예컨대 삼성그룹에 다니는 사람은 '삼성맨', 현대그룹에 다니는 사람은 '현대맨'이라 불렸다. 그 시절에 직장에 들어가는 것은 그 조직의 일원이 됨은 물론이고 아예 식구가 되는 셈이었다. 마치 해병대에 입대하거나 조직폭력배 집단의 일원으로 가입하는 것과 비슷했다. '한 번 해병은 영원한 해병'이며, 조직에 '가입하는 것은 자유지만 탈퇴하는 것은 불가'하다는 식이다. 당시에는 삼성맨이 회사를 관두고 현대맨이 되는 것은 절대 해서는 안 될 '짓'이었다. 더구나 경쟁사로 이직하는 행위는 조직에 대한 배신이며, 이는 끝까지 추적하여 보복해야 할 엄중한 사안이었다.

'○○맨'이라는 타이틀을 달고 조직의 일원이 되는 것은 나쁜 면만 있지는 않다. 일단 조직에 들어가면 여러 가지 혜택이 따라온다. 매월 조직 구성원으로서의 수당(월급이라고 부르는)이 지급되고, 조직이라는 울타리 안에서 소속감을 느끼며 안전을 보장받을 수 있다. 특별히 사고를 치거나 조직을 배신하지 않는다면 조직은 구성원을 끝까지 지켜준다. 게다가 밖에서 누군가와 싸우기라도 하는 날에는 이유 불문하고 내 편이 되어 함께 싸워주기도 한다. 어려움이 있을 때 보살펴주고 아프면 치료까지 해준다. 곽경택 감독의 영화 〈친구〉(2001)에도 이런 대사가 나오지 않던가! "함께 있을 때 우린 아무것도 두려울 게 없었다." 조직의 일원이 되는 것도 이와 유사하다. 특정 조직에 소속되어 다른 구성원과 함께하면 든든하고 두려울 게 없어진다. 한 번 가족은 영원한 가족이기 때문이다. 가족을 보살피고 먹여 살리는 것에는 특별한 이유가 있을 수 없다.

사람들은 '○○맨'이 되는 것, 다시 말해 조직의 일원이 되는 것을 '철밥통'에 비유하기도 한다. 철밥통이란 '철로 만든 밥통'이란 뜻으로, '깨질 염려가 없는 밥통'을 의미한다. 한마디로 안정적이면서도 해고의 염려가 없는 직장을 비유적으로 이르는 말이다. 요즘에는 걸핏하면 구조조정을 하는 민간 기업과 달리 정리해고나 파산 걱정이 없고 정년퇴직까지 보장된 공무원이나 공기업 종사자를 지칭하여 '철밥통'이라 부른다. 하지만 고도 성장기에는 민간 기업도 대부분 파산을 걱정할 일이 없었고 성과에 대한 압력도 적었기 때문에 직원들을 정년까지 유지하는 경우가 많았다. 대부분의 직장이 철밥통처럼 안전하고 견고했다.

하지만 오늘날에는 철밥통 일자리가 점점 사라지고 있다. 한 금융 회사에서 '최근 10년간 대한민국 근로자의 퇴직·은퇴 동향'을 분석한 결과를 보면, 2021년 기준 55~64세 연령층의 주된 일자리 퇴직 연령은 평균 49.3세인 것으로 조사되었다. 이들의 퇴직 시 평균 근속 기간은 12.8년으로 나타났다. 이는 법정 정년인 60세에 크게 미치지 못하는 수치다. 근로자의 퇴직 사유를 분석한 결과도 놀라운데, 정년이 되어 퇴직하는 비율은 전체 중에서 9.6%에 불과했다. 반면 권고사직·명예퇴직·정리해고(15.6%), 사업 부진·조업 중단(16.0%), 직장 휴·폐업(9.7%) 등 비자발적 조기 퇴직 비중이 무려 41.3%에 달했다.[44] 말하자면, 대한민국 근로자 10명 중 9명은 정년퇴직까지 근무하지 못하는 것으로 나타났으며, 10명 중 4명 이상이 자기 의사에 반해 조직을 떠나고 있다. 직장 생활이 철밥통이라는 인식은 호랑이 담배 피던 시절의 생각이 되어버렸다.

평균 49.3세에 기존 직장에서 퇴직하게 된 사람의 다음 행보는 어떻게 될까? 이제 은퇴 이후의 노후 생활을 즐기게 되었을까? 천만의 말씀이다. 기존 조직에서 퇴직했다고 해서 인생에서 마저 은퇴할 수는 없는 노릇이다. 직장에서의 실질 정년이 줄어들었다고 해서 수명마저 짧아지는 것은 아니기 때문이다. 과학과 의료 기술의 발달로 인해 평균수명은 점점 늘어나고 있다. 그래서 40대 후반이나 50대 초반은 생애 주기상 아직 편안하게 노후나 즐길 입장이 아니다. 여전히 한창 밥벌이를 해야 할 시기다. 실제로 대한민국 중장년이 노동시장에서 완전히 물러나는 실질 은퇴 연령은 2018년 기준 평균 72.3세다. 주된 직장에서 은퇴하는 시기와 실질 은퇴 연령 사이에는 무려 23년이라는 엄청난 시간차가 존재하는 것이 현실이다.

자의건 타의건 조직을 떠난 중장년은 실질 은퇴 시기까지의 간극을 어떻게 메우고 있을까? 기존 직장에서 은퇴한 중장년이 새로운 직장에서 기존의 경력을 이어가는 경우는 극히 드물다. 2020년 한 조사에 따르면, 중장년 구직자 10명 중 6명은 6개월 이상의 '장기 백수' 상태를 경험한 것으로 나타났다. 전경련 중장년 일자리희망센터가 40세 이상 중장년 구직자 268명을 대상으로 구직 활동 실태를 조사한 결과, 중장년 구직자의 57.8%는 6개월 이상 실업 상태를 경험했고, 이 중 26.5%는 6개월~1년 이상 직장이 없었으며, 1~2년간 실업 상태인 구직자는 25.7%, 2년 이상은 5.6%인 것으로 나타났다. 실업 기간이 6개월 미만인 중장년 구직자 비율은 42.2%에 불과했다. 중장년층이 재취업 시 희망하는 임금은 월 244만 원으로 조사되었으며, 구직자의 10명 중 4명은 직종 변경을 해서라도 재취업을 원한다고 응답하였다.[45] 재취업만 가능하다면 임금을 낮추고 직종을 바꾸는 것도 감수하겠다는 구직자가 많았다. 그만큼 은퇴 이후 중장년의 노동 상황이 호락호락하지 않다는 뜻이다.

물론 이러한 상황은 기성세대에게 닥친 문제다. MZ세대에게는 아직 도래하지 않은 먼 훗날의 이야기일 뿐이다. 실감이 나지 않을 수도 있다. 하지만 MZ세대는 바보가 아니다. 지금 당장 자신들에게 닥친 문제는 아니지만 언젠가는 현실화될 문제로, 미리미리 대비책을 마련해야 한다는 점을 잘 알고 있다. 현재의 기업 환경을 감안하면 조직에 머물 수 있는 기간은 점점 짧아지고 수명은 점점 늘어나고 있다는 사실 또한 자명하다. 따라서 MZ세대는 조직에서 쫓겨날 때까지 기다리지 않는다. 오히려 적극적으로 이직을 선택하고 경험하려는 족속들이 생겨나고 있다. 바로 '잡호핑족'의 출현이다.

잡호핑Job-Hopping이란 직업을 뜻하는 'job'과 뛰어다니는 동작을 나타내는 'hopping'이 합쳐진 단어로 경력과 전문성을 쌓거나 연봉을 올리기 위한 목적으로 단기간에 직장을 옮기는 사람을 일컫는 말이다. 잡호핑족은 안정적인 '철밥통'과는 전혀 다른 직장관을 가진 사람으로, 이들은 '한 직장에서 뼈를 묻겠다'는 생각만큼 어리석은 것은 없다고 믿는다. 그래서 이들은 한 직장에서 오래 근무하면서 전문성을 쌓기보다는 여러 직장을 옮겨 다니면서 커리어를 개발하고 몸값을 올리려고 노력한다. 당연한 말이지만, 잡호핑을 통해 커리어와 연봉을 높이는 것은 아무나 할 수 없다. 능력과 전문성을 인정받은 사람이어야 가능하다. 대부분의 기성세대는 하고 싶어도 할 수가 없다. 가고 싶은 곳은 많을지 모르겠지만 실제로 오라는 곳은 없기 때문이다. 그래서 잡호핑족의 대다수는 능력이 검증된 MZ세대다. 실제로 정보화 시대의 주역으로 등장하고 있는 디지털 노마드 중에는 잡호핑족이 많다.

구인구직 플랫폼 사람인이 20~30대 성인 남녀 2,816명을 대상으로 '잡호핑족과 철밥통 중에서 어느 쪽을 선호하는지'를 조사한 결과, 응답자의 절반에 해당하는 49.4%가 잡호핑족을 선호한다고 응답했다.[46] 이는 안정적인 직장을 선호하는 기성세대와는 전혀 다른 인식이다. 평생직장에 연연하지 않고 현재 직장이나 직업을 인생 목표가 아닌 수단으로 생각하는 경향이 강한 MZ세대는 안정적인 철밥통보다는 2~3년에 한 번씩 직장을 옮기기를 원한다. 이처럼 MZ세대는 조직과 영원히 함께하기를 아예 기대조차 하지 않는다. 오히려 현재 조직을 발판 삼아 더 나은 목표 지점으로 이동하기를 원한다. 조직에서 뼈를 묻고 헌신하겠다는 생각은 아예 없는 셈이다.

MZ세대가 잡호핑족이 되려는 이유는 무엇일까? 앞의 조사에 의하면, '경쟁력 있는 커리어를 만들고 싶어서'라는 응답이 49.7%(복수 응답)로 가장 많았다. 다음으로는 '성과에 따른 보상을 받고 싶어서'(46%), '다양한 경험을 해보고 싶어서'(40.8%), '연봉 인상에 효과적이어서'(40%), '좋은 조건의 회사로 옮기고 싶어서' (34.4%), '계속 자기계발을 하게 될 것 같아서'(29.65) 순으로 나타났다. 결국 MZ세대가 자주 조직을 옮기는 주된 이유는 커리어 개발과 몸값 상승에 도움이 되기 때문이다. 오늘날 MZ세대는 한 직장에서 오래 근무하면서 능력 개발과 연봉 인상을 기대하기보다는 자신의 능력과 커리어를 인정하고 보상해주는 직장으로의 이직을 통해 그 목적을 달성하려 한다.

철밥통보다는 잡호핑족이 되고자 하는 MZ세대는 아무런 노력 없이 원하는 결과를 얻으려고 하지는 않는다. 2~3년에 한 번씩 직장을 옮기려면 기존 직장에 사직서를 내는 것만으로는 불가능하기 때문이다. 잡호핑족이 되기 위한 전제 조건은 어디라도 갈 수 있는 실력과 전문성이다. 당연히 잡호핑족을 원하는 MZ세대는 자기계발 노력을 게을리하지 않는다. 앞선 조사에서는 20~30대가 잡호핑족이 되기 위해 기울이는 노력을 조사했는데, '직무 관련 공부'가 58.5%(복수 응답)로 가장 높게 나타났다. 다음으로는 '외국어 공부'(44.5%), '업무 관련 자격증 취득'(38.7%), '업무 성과 만들기'(34.1%), '다양한 인맥 형성'(24.7%), '취업 컨설팅 받기' (16.5%) 등의 순이었다. 요컨대 MZ세대는 이직을 위해 직무 전문성을 기르기 위한 공부나 경쟁력 향상을 위한 다양한 노력을 병행하고 있다.

잡호핑족이 되려는 MZ세대가 많아지면서 새롭게 등장한 신조어가 있는데, 바로 '샐러던트'다.

샐러던트Saladent는 직장인을 의미하는 샐러리맨salaryman과 학생을 의미하는 스튜던트student의 합성어로 공부하는 직장인을 뜻하는 말이다. 샐러던트는 직장을 다니면서도 자신의 능력과 가치를 높이기 위해 학생 때와 마찬가지로 공부를 열심히 한다. 이들은 하루 24시간을 잘 구획하여 자기계발, 자격증 취득, 외국어 공부를 하며, 심지어 새로운 학위 취득을 위한 학교 공부를 병행하기도 한다. 한마디로 주경야독하는 신세대 직장인이다.

기성세대 중에서는 학교를 졸업하고 취업에 성공하면 "공부 끝~~"을 외치는 경우도 많았지만 MZ세대는 이른바 '평생교육'을 실천하고 있다. 이들은 왜 직장에 들어가서도 손에서 공부를 놓지 못하는 것일까? 공부가 좋아서일까? 대부분은 아니다. MZ세대라고 공부가 좋을 리 없다. 직장생활을 보아하니 공부를 중단해서는 큰일 날 것 같기 때문이다. 평생직장은 사라지고 자칫 언제 잘릴지도 모를 판이다. 따라서 대비가 필요하다. 현재 직장이 아니더라도 갈 곳을 마련해두어야 한다. 유비무환이란 말은 전쟁 상황에서만 필요한 교훈이 아니다. 오늘날 직장인도 반드시 새겨야 할 금언이다. 현재 조직에서 언제 떠나야 할지 모르는 상황에서는 미리미리 대비책을 세우는 것은 선택이 아닌 필수다.

한 조직에 충성하기보다는 여러 곳을 옮겨 다니는 잡호핑족을 두고 "조직에 대한 충성심이 없다. 끈기가 부족하다. 돈독이 올랐다"라며 부정적으로 바라보는 기성세대도 적지 않다. 하지만 그러한 해석은 매우 편협한 시각이다. 평생직장이 보장된다면 굳이 잡호핑족이 될 이유가 없다. 하지만 이미 평생직장이 사라진 마당에 한 직장에만 목을 매는 것이 현명한 태도인지는 생각해볼 문제다. 어쩌면 잡호핑족이 되려는 MZ세대는 매우 영민한지도 모른다. 이들은 기성세대가 40대 후반이나 50대 초반이 되어 본인의 뜻과 무관하게 조직을 떠나는 것을 실제로 목격한 세대다. MZ세대는 자신들에도 닥칠 위험에 대비하여 스스로 먼저 '조직 이후의 삶'을 준비하고 있는 것인지도 모른다.

MZ세대에게는 조직보다는 실력이 우선이다. 실력만 길러두면 갈 곳은 널렸기 때문이다. 실력을 기르기 위한 목적이라면 굳이 현재 직장을 고집할 이유는 없다. 철밥통보다는 잡호핑족이 되고자 하는 MZ세대가 조직의 입장에서는 달가울 리가 없다. 언제든 새로운 곳으로 떠날 준비를 하기 때문이다. 하지만 달리 생각하면 능력 있는 MZ세대를 유인할 수 있는 기회가 될 수도 있다. 잡호핑족은 기본적으로 자신의 능력 향상이나 커리어 개발에 도움이 되는 직장이나 직무로 이동하려 한다. 따라서 우리 조직이 능력 개발이나 커리어 함양에 도움이 된다면 떠나는 사람보다 찾아오는 사람이 많아질 수 있다. 결국 위기와 기회는 동전의 양면이다. 잡호핑족인 MZ세대를 어떻게 하면 우리 조직으로 유인할 수 있는지를 고민해야 할 시기다.

12 일에서 재미와 성장을 동시에 찾다

"인간은 왜 사는 것일까?" 그리스 철학자 아리스토텔레스는 《니코마코스 윤리학》에서 이렇게 답했다. "인간이 추구하는 모든 활동은 궁극적으로 행복을 얻기 위함이다." 아리스토텔레스에 의하면 인간이 세상을 살아가는 이유는 단 하나다. 바로 '행복해지기 위해서'다. 우리가 일을 하는 것도, 결혼을 하는 것도, 취미 활동을 하는 이유도 모두 그것을 통해 행복에 이르기 위함이다. 행복이란 궁극적인 삶의 목표이자 지향점이기 때문이다.

행복이 궁극적인 삶의 목표인지에 대해서는 사람마다 생각이 다를 수 있지만, 행복을 추구한다는 일반론에 동의하지 않는 사람은 없을 것이다. 사실 우리가 매일 아침 졸린 눈을 비비고 일어나 만원 버스나 지하철에 몸을 싣고 직장에 나가는 이유도 따지고 보면 그걸 해야만 행복에 이를 수 있다는 믿음 때문이다. 직장에 나가야 돈을 벌 수 있고 그래야 그 돈으로 삶에 필요한 것들을 살 수 있고 그 결과 그나마 조그마한 행복이라도 얻을 수 있다. 물론 운 좋게 금수저를 물고 태어난 사람이라면 굳이 몇 푼 벌겠다고 일터를 기웃거리지 않아도 될 터이다. 하지만 대부분의 사람은 그렇지 못한 입장이라 싫어도 어쩔 수 없다. 행복을 위해서라면 밥벌이의 지겨움 정도는 감수해야 한다. 요컨대 우리가 직장에 나가는 궁극적인 목적도 따지고 보면 행복을 얻기 위함이다.

인간이라면 누구나 행복을 추구한다는 점에서는 나이나 세대의 구분이 없을 것이다. 하지만 무엇을 해야 행복한지 또는 어떤 상태가 행복인지에 대해서는 사람마다 관점과 생각에 차이가 있다. 기성세대는 경제력이 있어야 행복하다고 생각하는 경우가 많다. 경제 개발과 빈곤 탈출이 지상 과제였던 1960~1970년대에 어린 시절을 보낸 기성세대에게는 무엇보다도 먹고사는 문제가 가장 시급하면서도 절실했다. 배불리 먹을 수 있고 잠잘 곳만 있다면 악마에게 영혼이라도 팔 수 있다고 생각했다. 한마디로 기성세대에게는 '등 따습고 배부른' 상태가 최고의 행복이다. 따라서 기성세대는 재벌 2세가 아닌 다음에야 학교를 졸업하면 한곳을 정해 조직 구성원으로 들어가야만 했다. 그러고는 소속된 조직에 충성과 복종을 다했다. 조직생활만 열심히 해도 최소한의 행복을 누릴 수 있는 경제력이 보장되었기 때문이다. 말하자면, 기성세대는 조직 안에서 행복을 찾았다.

오늘날 MZ세대는 행복의 관점에서도 기성세대와 큰 차이를 보인다. 그들에게는 배고픔의 기억이 없다. 의식주 문제로 심각하게 고민해본 이도 많지 않다. 물론 MZ세대도 상대적 빈곤감을 경험하긴 했다. 하지만 기성세대의 가난과는 애당초 견줄 정도가 아니다. 1980~1990년대 고도 성장기를 거치면서 대한민국은 절대적인 빈곤에서 벗어났고, 기아와 가난이라는 사회적 문제는 호랑이 담배 피울 적 이야기나 지구 반대편에 있는 제3세계의 문제 정도로만 생각하게 되었다. 한마디로 자기들과는 전혀 무관한 딴 나라 이야기에 불과했다. 그래서 오늘날 MZ세대에게는 먹고사는 문제가 시급하지도 중요하지도 않은 그 무엇이 되고 말았다. 행복의 관점이 완전히 바뀐 것이다. 웬만큼 먹고살 만해진 MZ세대는 이제 새로운 쪽으로 시선을 돌렸다. 무엇을 해야 재미와 즐거움을 얻을 수 있을지에 관심을 갖기 시작한 것이다. 경제적 문제 해결을 최우선으로 생각했던 기성세대와 달리 MZ세대는 재미와 즐거움을 찾는 쪽으로 행복에 대한 관심이 바뀌었다.

이러한 경향은 그들의 소비 패턴에서 쉽게 관찰된다. MZ세대가 소비에서도 재미와 즐거움을 추구한다는 사실을 간파한 기업들은 이들을 잡기 위해 새로운 관점의 마케팅을 펼치기 시작했다. 재미에 푹 빠진 MZ세대를 잡기 위한 '펀슈머 마케팅'이 대표적이다.[47] 펀슈머Funsumer란 재미Fun와 소비자Consumer의 합성어로 소비를 통해 즐거움과 재미를 찾는 소비자를 뜻한다. 펀슈머는 재화를 구매할 때 성능이나 가격 등 전통적인 가치 척도만으로 평가하지 않는다. 오히려 그것을 통해 얼마나 재미와 즐거움을 얻을 수 있는지를 더 중요하게 생각한다. 이들은 제품이나 콘텐츠가 재미와 즐거움을 준다면 기꺼이 지갑을 연다. 또 제품 구매나 소비 과정에서 재미를 찾으면 혼자서만 즐기는 것이 아니라 소셜 네트워크를 통해 다른 사람과 공유하고 소통한다. 펀슈머들의 이러한 행동은 자연스럽게 입소문 마케팅으로 이어져 확산된다.

재미와 즐거움을 추구하는 경향은 단순히 소비 과정에서만 발견되는 것은 아니다. 최근 들어 나이를 불문하고 건강과 다이어트에 대한 관심이 증가하면서 이른바 '헬시 플레저healthy pleasure'라는 신조어가 생겨났다. 헬시 플레저란 '즐겁게 건강을 관리한다'는 뜻으로, 2019년 말 전 세계를 강타한 코로나 팬데믹 이후 건강관리가 중요한 화두로 부상하면서 더욱 주목을 받았다. 코로나 바이러스 때문에 외부 활동이 줄어든 현대인들은 건강관리를 위해 집에서 하는 트레이닝, 일명 '홈트home training' 열풍에 동참했는데, 이때 신체 단련의 효과성만이 아니라 그 과정에서의 즐거움 추구가 핵심 요소로 등장하게 되었다. 어차피 해야 할 헬스 트레이닝을 더 즐겁게 할 방법을 찾은 것이다. 이러한 재미 추구 경향을 간파한 업계에서는 기존 헬스 관리 시스템에 재미 요소를 가미한 게이미피케이션gamification 개념의 새로운 애플리케이션으로 MZ세대 소비자를 적극적으로 공략하고 나섰다.[48]

MZ세대가 관심을 많이 갖는 다이어트 분야에서도 재미 추구 경향은 두드러진다. 요즘 다이어트를 실천하는 MZ세대 사이에 자주 회자되는 말 중에 '어다행다'라는 신조어가 있다. '어차피 다이어트를 할 거라면 행복하게 한다'는 말을 줄인 것인데, 최근의 헬시 플레저 경향을 잘 보여주는 표현이다. 이들은 식단을 엄격히 제한함으로써 엄청난 인내를 요구하는 다이어트보다는 스트레스를 덜 받고 중도에 포기하지 않는 '행다(행복한 다이어트)'를 목표로 한다. 이들에게 절제와 고통을 수반하는 다이어트는 아무리 탁월한 결과가 보장된다 하더라도 결코 좋은 방법이 아니다. 다이어트를 하더라도 즐겁게 할 수 없다면 MZ세대의 지지를 받지 못하는 시대가 된 것이다.

눈여겨볼 대목은 이제 건강관리 방식에도 패러다임이 바뀌었다는 사실이다. 과거의 건강관리란 튼튼한 신체를 위해 현재의 쾌락이나 익숙함을 절제하는 행위였다. 건강관리를 하는 과정에서 인내와 고통이 수반되는 것은 원리상 지극히 당연한 것이었고, 그것이 클수록 나중에 주어지는 열매는 달콤했다. 하지만 오늘날 건강관리는 우선순위가 달라졌다. 지금은 절제가 아닌 재미를 추구하고, 고통을 겪기보다는 즐겁게 동참할 수 있는 방법이어야 한다. 재미와 즐거움을 추구하는 MZ세대에게는 뼈를 깎는 고통이 수반되는 운동이나 엄청난 인내를 요구하는 다이어트는 결코 환영받지 못한다. 오늘날 MZ세대는 어떤 일을 하든지 재미와 즐거움을 가장 중요하게 생각하기 때문이다.

재미와 즐거움을 추구하는 경향은 조직생활에도 이어진다. 오늘날 MZ세대는 업무에서도 재미와 즐거움을 얻고자 한다. 최근 재미없는 노동에 내몰린 직장인들이 겪는 증상 중에는 '보어아웃 Bore-out 증후군'이 있다. '보어아웃'이란 직장인들이 지루하고 단조로운 업무로 인해 의욕 상실에 빠지는 상태를 말하는데, 이는 일에 지나치게 몰두하다가 피로와 슬럼프에 빠지는 '번아웃Burn-out'과 반대되는 개념이다. 보어아웃은 2007년 스위스 비즈니스 컨설턴트 필리페 로틀린과 페터 R. 베르더가 저술한 《보어아웃》에서 새로운 사무실 증후군으로 소개된 개념이다. 오늘날 직장인 중에는 노동으로 인한 스트레스나 과로가 아니라 재미없고 단순 반복되는 업무만 하는 데서 오는 지루함 때문에 스트레스와 회의감을 느끼는 사람이 많고, 이는 의욕 상실과 퇴직률 상승으로 이어진다는 것이다.

실제로 대한민국에서도 보어아웃을 경험하는 직장인이 의외로 많다. 2020년 한 취업 포털에서 직장인 782명을 대상으로 '보어아웃' 경험 여부를 조사한 결과, 응답자의 41%(321명)가 보어아웃을 경험했다고 응답했다. 직급으로는 대리 직급이 45.1%로 과장(42.6%)이나 사원(39.5%)보다 높은 것으로 나타났다.[49] 직장에 들어가 수년간 업무 경험을 익혀 본격적으로 실무를 담당할 즈음에 보어아웃이 찾아오는 경우가 많다는 뜻이다. MZ세대가 조직생활을 시작하고 적응할 즈음이면 보어아웃 문제가 생길 확률이 높다는 의미로 해석할 수 있다.

사람들은 왜 보어아웃에 빠지는 것일까? 본래 업무의 특성이 지루하고 단조롭기 때문일까? 그렇지 않다. 앞의 조사에 따르면, 직장인들이 보어아웃에 빠지는 상위 5가지 이유는 첫째, '체계적인 관리 시스템·동기부여가 없어서'(35.2%), 둘째, '능력에 비해 쉽고 단조로운 업무만 해서'(34.9%), 셋째, '적성에 맞지 않는 일을 해서'(34.9%), 넷째, '앞으로 상황이 나아질 것 같지 않아서'(32.7%), 다섯째, '일이 너무 없어서'(16.2%) 순으로 나타났다. 업무 자체의 특성보다는 업무 수행상의 관리나 동기부여 부재, 개인의 능력이나 적성과의 미스 매칭, 향후 개선 가능성 부재 등의 요인이 더 크게 영향을 미치는 것으로 나타났다. 업무의 하드웨어적 측면보다는 업무를 배정하고 수행하고 관리하는 단계에서의 소프트웨어적 특성이 더 큰 영향을 미치는 것으로 보인다.

번아웃과 마찬가지로 보어아웃 증후군도 심각한 질병이다. 보어아웃에 시달리는 사람은 업무에 대한 의욕 상실은 물론이고 스트레스나 우울증, 심한 경우 만성적인 무력감에 빠지기 쉽다.[50] MZ세대에게 업무 스트레스를 최소화하고 워라밸을 보장한다는 취지에서 난이도가 낮거나 쉬운 업무만을 제공하는 경우 자칫 보어아웃을 유발하는 부작용이 생길 수 있다. 결국 노동 강도는 지나쳐서도 곤란하겠지만 너무 약해서도 안 된다. 지나치게 쉬워서 일의 의미나 보람을 느끼지 못한다면 이는 의욕 상실과 함께 성장에 대한 불안감을 불러오기 쉽다. 핵심은 일을 할 때 재미를 느끼는가, 업무를 통해 성장을 하는가의 여부다.

미국 라이트주립대학교 교육·조직 리더십 연구 부교수이자 《Z세대: 새로운 100년Generation Z: A Century in the Making》의 저자인 코리 시밀러Corey Seemiller 교수는 한 인터뷰에서 MZ세대의 특징을 "워라밸(일과 삶의 균형), 사회적 임팩트, 재미"로 정의하면서, 이들은 "일을 놀이처럼 즐겁게 하고자 하며, 만약 재미가 없다면 주저 없이 일터를 떠날 것"이라고 경고했다.[51] 이처럼 일에서도 재미를 추구하는 MZ세대가 직장에서 가치 없고 무의미한 노동을 지속하기를 바라는 것은 아무래도 무리다. 자기주장과 개성을 마음껏 발산하는 이들은 번아웃뿐만 아니라 보어아웃에도 취약하다. 보어아웃은 업무에 대한 재미도 느끼지 못하고, 업무를 통해 성장한다는 느낌도 갖지 못할 때 발생한다. 이는 업무 수행 과정이 성장이 아닌 무의미한 노역이라고 느낄 때 주로 발생한다. 말하자면, 보어아웃은 하는 일이 즐거운 '놀이'가 아니라 재미없고 무의미한 '노동'이라고 느껴질 때 뒤따르는 감정이다.

업무가 노동이 아니라 놀이가 되기 위해서는 어떤 조건이 필요할까? 요한 하위징아는 《호모 루덴스》에서 놀이의 특징을 다음과 같이 소개한 바 있다. 첫째, 자유로운 행위이며, 자유 그 자체다. 둘째, 일상적인 혹은 실제 생활에서 벗어난 행위다. 셋째, 무사무욕, 즉 필요와 욕구 충족이라는 명제 바깥에 있는 행위다. 넷째, 그 자체로 만족감을 얻는 일시적 행위다. 이러한 논리를 대입하면, 직장에서 하는 일이 무의미한 노동이 아니라 즐거운 놀이가 되기 위해서는 업무의 자율성과 행위의 비반복성, 그리고 경제적 필요가 아닌 행위 그 자체에서 얻을 수 있는 만족감이 전제되어야 한다. 특정 필요나 욕구 때문에 하는 업무가 아니라 스스로 선택한 일을 하면서 그 자체로 보람과 만족감을 느낄 때 재미와 즐거움은 자연스럽게 뒤따르게 된다.

물론 업무를 노동이 아닌 놀이처럼 만드는 일은 결코 쉬운 과제가 아니다. 모든 구성원에게 자율성을 제공하고, 업무를 반복적이지 않고, 수행 과정에서 만족감이 생기도록 구성하는 일은 어쩌면 불가능한 미션처럼 보이기도 한다. 하지만 조직 관리나 구성원 동기부여 방법론을 설계할 때 반드시 고려해야 할 요소임은 분명하다. 능력은 갖추었지만 까탈스러운 MZ세대는 오늘날 조직의 경영자와 인사 담당자에게 새로운 숙제를 던져주고 있다. MZ세대를 통해 경쟁력을 높이고자 하는 기업에게는 일에서 재미와 성장을 찾는 이들의 까다로운 입맛에 맞는 새로운 레시피 개발이 시급한 상황이다.

13 불의, 불공정, 불이익은 절대 참을 수 없다

"1인분 하고 있습니까?" 이 표현은 주로 어디에서 등장할까? 요즘 MZ세대들이 직장 상사를 향해 자주 내뱉는 말이다. '1인분'이란 표현은 게임할 때 자주 사용하는 말인데, 예컨대 "1인분은 한다"라는 말은 나쁘지 않은 승률을 가져서 적어도 남에게 피해는 안 준다는 뜻이다. 이 말이 조직에서는 월급 받은 만큼 일을 하거나 자기가 맡은 일은 혼자서 해낼 정도는 된다는 의미로 사용된다. 한마디로 자기 몫은 하라는 의미다. 그래서 직장에서는 주로 상사가 부하 직원에게 "1인분 이상을 하라"고 요구하는 경우가 많았다.

그런데 요즘에는 재기 발랄한(?) MZ세대가 기성세대를 향해

'1인분' 여부를 묻는 경우가 심심치 않게 발생한다. 본디 조직이란 누구나 월급 받은 만큼 노동을 해야 하는 곳이다. 공짜 식사란 어디에도 없다. 근로계약이란 노동자가 노동을 제공하는 대가로 보수를 받기로 약정을 맺는 것이다. 따라서 월급을 많이 받을수록 더 많은 노동을 해야 한다. 대체로 직급이 높을수록 해야 할 노동의 양도 증가하기 마련이다. 동일한 1인분이라 하더라도 상사가 해야 할 노동의 양이 부하 직원보다 많을 수밖에 없다. 이러한 사실을 잘 알고 있는 MZ세대는 월급을 많이 받는 기성세대를 향해 감시의 눈초리를 거두지 않는다. 상사가 자기 몫을 하고 있는지를 평가하고 그렇지 않다고 판단될 때는 직설적으로 묻는다. "당신은 1인분을 하고 있습니까?"

MZ세대의 이런 모습을 보면 어떤 생각이 드는가? 기성세대가 보기에는 인간미가 없다거나 버릇이 없다고 느껴질 수도 있다. 하지만 그것은 MZ세대의 특성을 잘 모르고 하는 소리다. 그들은 태생적으로 불공정을 참지 못한다. 그래서 그들을 '공정 세대'라고 부르기도 한다. 물론 과거 기성세대도 불의나 불공정에 나름의 목소리를 낸 적이 있다. 차이가 있다면 기성세대는 주로 '결과에 대한 평등'을 중요하게 생각했다면 MZ세대는 '과정에서의 공정'을 주요 가치로 내세운다. 목소리를 내는 방법에도 차이가 있다. 과거엔 주로 집회나 시위를 통해 반대 목소리를 냈다면, MZ세대는 인터넷과 소셜네트워크서비스라는 강력한 수단을 통해 자기 생각을 수많은 사람에게 전파한다. 불공정에 반대하고 분노하는 태도는 대상을 가리지도 않는다. 상대가 대통령이나 CEO여도 상관하지 않는다. 누구라도 정의롭지 못하거나 공정하지 않다고 느끼면 그 즉시 따져 묻는다. 기성세대는 감히 상상조차 하기 힘든 일이겠지만 MZ세대는 태연하게 그 일을 실행에 옮긴다. 예를 들어보자.

2021년 2월 25일 국내 대표 IT 기업인 네이버와 카카오의 최고경영진이 직원들의 질문에 직접 답변하는 시간을 가졌다. 네이버의 창업자인 이해진 글로벌투자책임자GIO는 '컴패니언데이'를 맞아 인트라넷으로 직원들이 던진 보상·급여·복지 등의 이슈에 대해 하나하나 설명했고, 카카오 창업자인 김범수 의장도 같은 날 직원들의 처우를 포함한 100여 개의 질문에 직접 답했다. 이 두 회사는 IT 종사자에겐 꿈의 직장이라 불릴 정도로 보상이나 복지가 좋기로 정평이 나 있다. 그럼에도 직원들은 임원과 직원 간의 급여 차이, 직원에 대한 적절한 보상 여부, 타사와의 급여 차이, 보상 평가 시스템의 투명성 등에 대해 합리적인 답을 달라고 요구했다. 이에 최고경영진은 직원들의 날카로운 질문에 답변하느라 혼쭐이 났다.[52]

IT 기업만 그런 것이 아니다. 제조 기업 중 보상 수준이 톱티어top-tier에 속하는 SK하이닉스에서도 2021년도 성과급 규모가 발표되자, 입사 4년차 직원이 사내 게시판과 2만 8,000명 전체 임직원에게 보낸 이메일을 통해 "성과급 산정 기준을 투명하게 공개해 달라"고 요청했다. 또 다른 직원은 "대학 시절 캠퍼스 리크루팅 때 '삼성전자와 비슷한 규모의 성과급을 보장하겠다'고 공언했지만 지켜지지 않았다"고 말했다. 이로 인해 그룹 회장의 연봉 전액 반납과 대표이사의 사과와 제도 개선 약속이 뒤따랐다.[53] 이러한 성과급 논쟁은 다른 기업으로 번져 삼성전자, LG전자, 현대자동차 등 주요 대기업도 한바탕 홍역을 앓았다.

앞의 사례에 소개된 기업들은 산업 내에서 보상 수준이 낮은 회사가 결코 아니다. 오히려 각 산업 분야에서 최고 수준의 연봉과 복지를 제공하는 좋은 기업들이다. 그럼에도 직원들은 만족하지 못했다. 기성세대는 흔히 보상이나 처우가 좋은 기업에 근무하는 직원들은 모두 만족스럽게 직장을 다닌다고 믿는 경향이 있다. 하지만 현실은 그렇지 않다. 보상 수준이 좋은 기업일수록 우수 인재들이 몰리는 것은 사실이다. 하지만 이들은 한편으로는 기대 수준도 높다. 특히 자신들이 생각하기에 합리적이지 않거나 불공정하다고 생각되는 부분에 대해서는 가차 없이 문제를 제기한다.

기성세대에게 연봉이나 성과급은 '회사가 주는 대로 받는 것'이라는 인식이 강했다. 그래서 다소 불만이 있어도 참고 넘어가는 경우가 많았고, 공식적인 발언은 자제하는 분위기가 지배적이었다. 하지만 MZ세대는 생각과 행동이 다르다. 이들은 합리적이지 못한 제도나 잘잘못에 대해서는 참거나 그냥 지켜보지 않고 적극적으로 의사를 개진하고 나아가 개선을 요구한다. 대상이 오너나 최고경영자여도 개의치 않는다. SK하이닉스에서 촉발된 성과급 논쟁도 투명성과 공정성을 중요하게 여기는 그들의 특성이 현실로 표출된 하나의 사례에 불과하다.

MZ세대는 왜 보상이나 처우, 시스템의 문제점을 발견하면 참지 않고 지적하고 개선을 요구하는 것일까? 그들의 행동을 회사에 대한 불평불만이나 돈 욕심으로 해석해서는 곤란하다. 이러한 논쟁은 MZ세대가 가진 이른바 '3불의식' 때문이다. 3불의식이란 불의·불공정·불이익은 결코 용납하지 못하는 가치관을 말한다. 불의·불공정·불이익이라는 '3불不'은 의미가 각기 다른 듯 보이지만 서로 연결되어 있다. 공정하지 못한 것은 옳지 못한 것이고, 이것은 결국 자신에게 불이익으로 돌아온다고 믿는다. 따라서 MZ세대는 옳지 않거나 공정하지 못하거나 자신에게 불이익이 되는 일은 참지 않는다.

3불의식은 단지 회사생활에만 국한되는 것이 아니다. 이들은 회사의 처우나 복지 문제뿐만 아니라 교육, 취업, 병역, 정치 등 모든 영역에서의 사회적 차별에 대해서도 분노한다. 2017년 박근혜 대통령의 탄핵을 불러온 '최순실 게이트'도 딸의 입학 비리가 시발점이었다. 문재인 정부를 위기로 몰아넣었던 이른바 '조국 사태' 또한 딸의 특혜 문제가 빌미가 되었다. 이들 자녀에 대한 특혜와 비리는 공정함을 생명처럼 여기는 MZ세대의 공분을 사기에 충분했다. MZ세대에게 입시와 취업은 가장 현실적이면서도 민감한 문제로, 이 과정에서의 비리와 특혜는 자신들에게 직접적인 피해로 이어진다는 인식이 강했다. 그래서 참지 못하고 분노한 것이다.

불의·불공정·불이익에 분노하는 MZ세대는 착한 일이나 선한 영향력에 대해서는 직접 나서서 보상해주는 일에도 주저하지 않는다. '돈쭐내기'나 '미닝아웃meaning-out' 현상이 대표적인 예다. '돈으로 혼쭐을 낸다'는 의미의 '돈쭐내기'는 선한 영향력을 행사한 기업이나 개인에게 이른바 '착한 소비'로 보상을 해주는 것을 말한다. 예컨대 가정 형편이 어려워 가게 밖을 서성이던 형제에게 공짜 치킨을 대접한 치킨집 사장의 선행이 인터넷과 소셜네트워크를 통해 알려지자 온라인에서 감동의 댓글 릴레이가 이어졌고, 급기야 누리꾼들이 해당 치킨집을 찾아 '돈쭐내기'에 나섰다. 가게 사장은 폭주하는 주문에 영업 중지를 선언해야 할 정도였다. '미닝아웃'은 개인의 취향이나 정치·사회적 신념에 대해 솔직하고 거침없이 선언하는 행위를 말하는데, 생활 속 쓰레기 배출을 최소화하려는 '제로 웨이스트Zero Waste' 운동이 대표적인 유형이다. 이러한 돈쭐내기나 미닝아웃은 불의·불공정·불이익에 대해서 분노하고 행동하는 MZ세대의 특성을 잘 보여주는 사례다.

3불의식으로 무장한 MZ세대가 조직생활에서도 불공정이나 불이익을 참지 못하는 것은 너무도 당연한 일이다. 이들은 일을 잘하지 못하는 직장 상사가 연차가 높다는 이유만으로 자기보다 더 많은 월급을 받는 것을 이해하지 못한다. 근대화 이후 수십 년간 이어진 연공서열의 원칙도 수긍하지 않는다. 그렇기 때문에 직장 상사를 향해 "당신은 1인분을 하고 있습니까?"라는 질문을 서슴지 않는다. MZ세대는 자기보다 많은 월급을 받으면서도 '1인분'을 하지 못하는 상사를 보면 불공정하다고 느끼고, 그런 사람으로 인해 자신이 불이익을 받는다고 생각한다. 또한 그러한 사람에게는 '월급 루팡(맡은 역할은 제대로 하지 않으면서 월급만 축내는 직원을 도둑인 루팡에 비유한 말)'이라 부르며, 그러한 도둑을 잡지 않고 방치하는 회사에 불만을 표출한다.

MZ세대는 기성세대가 전혀 의문을 품지 않았던 일에 대해서도 서슴없이 질문을 던진다. 가령 퇴근 후에 회식은 왜 하는지, 자기 휴가를 쓰는 일을 왜 상사와 먼저 협의해야 하는지, 왜 정해진 시간보다 일찍 출근해서 늦게 퇴근해야 하는지, 왜 허드렛일은 부하 직원들이 도맡아서 해야 하는지, 직장 상사라는 이유만으로 연애나 육아 등 사적인 영역까지 간섭해도 되는지, 왜 나이가 많다는 이유만으로 더 많은 월급을 받는지, 왜 상사의 책상이 부하 직원보다 넓은지 등등 그들 눈에는 불공정한 일이 비일비재하다. 게다가 조직에 산재한 불공정이 결국에는 자신들에게 불이익으로 돌아온다고 생각한다.

이들은 왜 유독 불공정에 민감한 것일까? 니체는 1878년 출판한 《인간적인 너무나 인간적인》이라는 책에 다음과 같이 적었다. "불공정은 불가피하다." 자기가 파악한 세상은 공평하지도 공정하지도 않았다는 것이다. 따라서 살면서 불공정을 경험하는 일은 이상한 일도 아니고 마냥 억울해할 일도 아니다. 그냥 피할 수 없는 삶의 전제 조건쯤으로 생각하라는 뜻이다. 대체로 기성세대는 세상이 불공정하다는 니체의 말에 공감하는 경우가 많았다. 독재 정권을 경험한 그들에게 세상은 정의롭지도, 공평하지도, 공정하지도 않았기 때문이다. 하지만 오늘날 MZ세대는 대철학자인 니체의 말조차 동의하지 않는다. 그들은 자라면서 가정에서부터 불공평이나 불공정을 거의 경험하지 못했다. MZ세대는 그들의 부모 세대와 달리 남존여비나 남아선호, 가부장제라는 말 자체를 들어보지 못한 채 자랐다. 양성평등과 가정 내 민주화를 충분히 경험한 세대다. 아마도 그들이 "불공정은 불가피하다"는 철학자의 주장을 들으면 "세상 물정 모르는 노인네"라며 콧방귀를 뀔지도 모른다. 그들은 불공정에 대해서만은 민감한 센서를 가지고 있다. 특히 자신에게 불이익이 될 만한 불공정에 대해서는 요란한 경고음이 울린다. 요컨대 MZ세대는 자라면서 불공정을 경험하지 못한 탓에 더욱 민감하게 반응한다.

'정보 민주화'도 MZ세대의 3불의식을 강화한 측면이 있다. MZ세대는 태어나면서부터 스마트폰을 입에 물고 태어난 세대다. 그들에게 인터넷과 소셜미디어는 놀이터이자 세상을 바라보는 창이다. MZ세대는 온라인 세상에서 친구들과 만나고 모든 정보를 탐색한다. 민감한 이슈에 대해서도 서로의 의견을 공유하면서 나름의 정답을 찾아간다. 따라서 MZ세대는 정보력에서 기성세대에게 전혀 밀리지 않는다. 오히려 집단지성의 힘을 통해 정보를 빠르게 탐색하고 비교하고 검증한다. 이들은 소셜미디어를 통해 무엇이 불의이고 불공정이며 그것이 가져올 불이익이 무엇인지를 빠르고 정확하게 판단한다. 계산이 빠르기 때문에 불공정에 민감할 수밖에 없다.

자신의 이익은 자신이 지켜야 한다는 위기감도 불공정에 분노하게 만드는 요인이다. MZ세대는 부모 세대에 비해서 전반적인 풍요로움 속에 자랐지만, 그렇다고 위기감이나 미래에 대한 불안감이 없는 것은 아니다. 많은 MZ세대는 자라면서 1998년 IMF 사태와 2008년 글로벌 금융위기를 겪었다. 그 과정에서 부모 세대의 무기력함과 사회 안전망의 허술함을 직접 목도했다. 치열한 입시 경쟁과 취업 전쟁을 거친 후에 어렵게 직장생활을 시작했어도 기회의 사다리가 점점 멀어지고 빈부 격차와 소득 양극화가 심화되는 현실을 몸소 체험하면서 사회에 만연한 반칙과 불공정에 대해 극도의 저항감을 갖게 되었다. 그 과정에서 자신의 이익은 결국 자기가 보호할 수밖에 없다는 이른바 '각자도생'의 마인드를 내면화하게 되었다.

결국 MZ세대가 불의나 불공정에 강하게 분노하고 불이익에 민감하게 반응하는 것은 그들이 자라온 성장 배경과 그들이 살아가는 환경이 그렇게 만든 결과일 뿐이다. 욕심이 많거나 버릇이 없어서가 아니다. 따라서 MZ세대와 원만한 소통을 하려면 그들이 가진 3불의식에 대한 이해에서 출발해야 한다. 나아가 단지 이해하는 데 그치지 않고 기성세대도 그것을 내면화해야 한다. 정치나 조직 등 사회 전반에서 민주화가 진행되면서 불의나 불공정, 불평등이 점점 설 자리를 잃어가고 있기 때문이다. 이른바 '3불'이 없는 조직 문화를 만드는 것은 MZ세대만을 위한 일은 아니다. 그런 세상은 기성세대를 위해서, 그리고 미래 세대를 위해서 반드시 가꾸어나가야 할 미래의 모습이다.

14 퇴사, 별로 어렵지 않아요!

결혼과 이혼에 대한 우스갯소리 중에 이런 말이 있다. "판단력이 부족해서 결혼하고, 인내력이 부족해서 이혼하고, 기억력이 부족해서 다시 결혼한다." 인생의 중대한 이벤트인 결혼과 이혼을 너무 쉽게 결정하는 사람들의 변덕을 비꼬는 말이다. 하지만 현실에서는 판단력·인내력·기억력 부족 등 짧은 생각이나 무지 때문에 결혼과 이혼을 선택하는 사람은 거의 없다. 실제 결혼과 이혼은 당사자에게는 숙고에 숙고를 거듭한 끝에 어렵게 내린 결론인 경우가 훨씬 많을 것이다.

이런 이유 때문에 결혼과 이혼을 앞둔 사람은 모두가 셰익스피어의 비극에 나오는 주인공 '햄릿'이 된다. 햄릿이 '사느냐 죽느냐 그것이 문제로다'를 두고 고뇌했던 것처럼, '결혼이냐 이혼이냐 그것이 문제로다'를 두고 심각한 고민에 빠진다. 그런데 우리를 햄릿으로 만드는 상황은 결혼과 이혼만이 아니다. 직장에서 사표를 쓸지 말지를 두고 하는 고민도 결코 만만치 않다. 그 결정으로 이어질 여파가 예사롭지 않기 때문이다. 그래서인지 기성세대는 햄릿의 고민에 들 때면 결정을 유보하는 경우가 많다. 결혼생활이 불행해도 그냥 참고 지낸다. "이혼을 해버리면 자식들은 누가 돌보는가?" 하면서. 직장생활도 마찬가지다. 아무리 힘들고 지겨워도 엔간하면 참고 버틴다. "이 또한 지나가리라!" 하면서.

MZ세대는 햄릿이 되어서도 쿨하다. 쉽게 선택하고 빠르게 결정을 내린다. 연애나 결혼에서도 아니다 싶으면 언제라도 갈라선다. 직장도 마찬가지다. 어렵게 들어간 직장에서도 '이게 아닌데' 싶으면 언제든 사표를 내던진다. 주변에서 말려도 소용없다. '내 인생은 나의 것'이고 '내 삶은 내가 선택한다'는 식이다. 결혼도 직장도 쉽게 선택하고 쉽게 헤어진다. 어찌 보면 매우 단순해 보이기도 하고 때로는 무모해 보이기까지 한다. 기성세대는 쉽게 만나고 헤어지는 젊은 세대의 의사결정 방식에 우려를 표하는 경우가 많다. 세상 물정을 잘 모르는 상태에서 내린 즉흥적이고 어리석은 결정이라고 생각한다.

MZ세대는 왜 어렵게 구한 직장에서 손쉽게 사표를 쓰는 것일까? 그들의 생각이 짧고 어리석기 때문일까? 전혀 아니다. 기성세대의 눈에는 그들이 쉬운 결정을 내린 것처럼 보일지 모르지만, 실상은 절대 그렇지 않다. 그들도 나름 깊은 고민과 숙고 끝에 결정을 내린다. 다만 기성세대와 다른 점이 있다. 기성세대는 퇴사를 고민할 때 주로 부모나 가까운 지인들에게 도움을 요청했다. 이러저러한 어려움이 있는데 어찌하면 좋을지를 묻는다. 그러면 돌아오는 대답은 대개 엇비슷했다. "그냥 참고 견뎌라"는 답변이 대부분이었다. 다들 그렇게 살아왔기 때문이다. 기성세대의 관점에서는 결혼도 직장생활도 다 거기서 거기다. 지지고 볶으며 사는 게 결혼생활이고, 더럽고 치사하고 고통스러워도 참고 견디며 다니는 것이 직장생활이다. 마음에 들지 않는다고 다른 선택을 해봐야 별반 달라지는 것도 없다. 모두가 매한가지이기 때문이다.

오늘날 MZ세대는 퇴사를 고민할 때 물어보는 대상이 다르다. 이들은 퇴사 여부를 판단할 때 기성세대의 경험을 신뢰하지 않는다. 기성세대는 자신과 인생관이나 직장관이 다르다고 생각하기 때문이다. 대신 그들은 더 신뢰할 만한 곳을 찾는다. 책이나 인터넷 등에서 필요한 정보를 수집한다. 서점에 가보면 취업뿐만 아니라 퇴사를 부추기는 도서들이 넘쳐 난다. 한 인터넷 서점에서 '취업, 이직, 퇴사' 키워드를 포함한 직장생활 관련 도서를 구매한 연령대 비율을 분석한 결과, 26~35세의 구매 비율이 2018년 16.4%에서 2020년 23.9%로 7.5% 상승한 것으로 나타났다.[54] MZ세대 직장인들은 책을 통해 업무나 회사생활에 대한 정보를 찾고, 이직이나 퇴사를 고민하는 경우에도 다른 사람의 경험에서 답을 구하고자 책을 펼치고 있다.

MZ세대의 도서 구매 경향을 분석하면 이들의 높은 퇴사율의 배경을 이해하는 데 도움이 된다. 실제로 인터넷 서점 '예스24'의 도서 판매 분석 결과, MZ세대가 '퇴사'나 '이직'이라는 키워드가 포함된 에세이나 자기계발서를 많이 구입하는 것으로 나타났다. 구체적으로는 26~35세 연령대에서 관련 도서의 전년 대비 구매 성장률이 2019년 77.6%, 2020년 5.2%로 꾸준한 성장세를 보이고 있다.[55] 치열한 취업 경쟁의 관문을 뚫고 어렵게 취업한 MZ세대는 직무나 조직 문화에 불만족을 느끼면 기성세대보다는 발빠르게 퇴사나 이직을 결정한다. 이들은 시중에 널리 소개되고 있는 도서 속 각양각색의 퇴사 이야기를 읽으면서 자신의 고민에 대입해보고 선택에 참고한다.

MZ세대는 특히 퇴사를 긍정적으로 생각하고, 퇴사 이후의 삶과 고민들을 진솔하게 풀어낸 책들을 주목했다. 예컨대 대기업 퇴사 후 암호 자산 시장에 뛰어든 1992년생 유튜버의 투자 비법을 소개한 《서른 살, 비트코인으로 퇴사합니다》(강기태 저, 국일증권연구소, 2021)나 평범한 직장인 부부가 퇴사 이후 세계 여행을 다닌 이야기를 다룬 《퇴사 전보다 불안하지 않습니다》(곽새미 저, 푸른향기, 2021), '평생직장이 사라진 밀레니얼 세대, 나다운 일과 삶을 찾아가는 이야기'라는 부제를 달고 있는 《퇴사는 여행》(정혜

윤 저, 북노마드, 2019) 등이 MZ세대의 눈길을 사로잡았다. 이들 책에는 젊은 세대가 직장생활과 퇴사 사이에서 고민하는 현실적인 이야기가 담겨 있는데, 직장생활만이 정답이 아니라 다양한 삶의 방식이 있음을 알려주어 직장생활과 일에 대한 새로운 관점과 시각을 제공한다. 책을 읽는 독자는 직장생활만이 전부가 아니며 자신이 원하는 삶과 행복을 위해서는 다양한 길이 있음을 깨닫게 된다. 이처럼 이직과 퇴사 관련 도서가 잘 팔리는 현상은 오늘날 MZ세대의 높은 퇴사율을 이해하는 근거가 된다.

MZ세대의 퇴사를 돕는(?) 온라인 코치들도 많다. 퇴사에 관련된 고민을 해결해주고 이직을 위한 구체적인 방법을 알려주는 유튜브 크리에이터들이 넘쳐 난다. 대표적인 방송 몇 가지를 소개하면 다음과 같다. 먼저 퇴사를 위한 노하우를 알려주는 〈퇴사한 이형〉은 (2022년 11월 현재) 15만 명이 넘는 구독자를 가진 채널이다. 이 채널에서는 퇴사를 제대로 하기 위한 방법과 지금 당장 퇴사하고 더 좋은 회사로 이직하고 싶을 때 무엇을 해야 할지를 구체적으로 알려준다. 퇴사 이후 새로운 직장으로 이직할 때 도움을 주는 채널도 있다. 〈면접왕 이형〉이라는 이름의 채널인데, 구독자가 무려 50만 명에 육박한다. 이 채널은 대한민국 청년들의 취업과 창업 문제를 함께 고민하면서 실질적인 도움이 될 수 있도록 다양한 취업 및 면접 노하우나 창업을 준비할 때 필요한 사항까지 세세하게 알려준다.

이들 채널은 퇴사를 고민하거나 이직을 준비하는 사람들에게 다양한 노하우를 알려줌으로써 시행착오를 줄여주고 더 빨리갈 수 있는 지름길을 알려준다. 여기서 접하는 정보는 함께 일하는 직장 선배나 동료에게서는 미처 들을 수 없는 실전 노하우다. 이 외에도 온라인에는 취미생활을 통해 돈을 버는 방법, 전업 유튜브 크리에이터가 되는 방법, 전업 투자자가 되어 경제적 자유를 얻는 방법 등 직장에 얽매이지 않고도 살아갈 수 있는 방법을 소개한다. 또한 여행, 귀농, 여가, 운동 등 자신이 평소 좋아하는 취미 활동을 직업으로 연결하는 법을 알려줌으로써 직장생활 외에도 다양한 삶의 방식이 있음을 알려주는 채널도 넘쳐 난다.

퇴사나 이직 관련 정보를 알려주는 도서나 다양한 방송 채널은 가뜩이나 퇴직을 쉽게 선택하는 MZ세대에게 자신감을 심어준다. 이들은 결코 판단력이나 인내력이 부족해서 퇴직을 결정한게 아니다. 수많은 정보와 경험자들의 노하우를 충분히 탐색하고 숙고한 끝에 최종 결정을 내린다. 다만 관련 정보나 노하우가 넘쳐 나기에 최종 의사결정을 내리기까지 그리 오랜 시간이 걸리지 않을 뿐이다. 오늘날 MZ세대는 조직에 얽매이기보다는 개인의 행복을 적극적으로 추구하는 성향을 가진 데다, 주변에 퇴사와 이직을 돕는 조언자들이 넘쳐 나는 환경이다 보니 사표를 쓰는 것에 크게 개의치 않는다. 또 주변에서도 심심찮게 친구나 동료들이 이직하는 모습을 목격할 수 있어서 퇴직이 새삼스러운 일도 아니게 되었다.

문제는 이러한 변화를 인식하지 못한 기성세대에게 있다. 기성세대에게 이직이란 여전히 어려운 선택이며 섣불리 시도할 수 없는 '무모한 도전'이다. 물론 기성세대 입장에서는 실제로 그렇기도 하다. 그들에게는 현재 조직 외에 새로운 직장에서 오라고 손짓하는 곳이 거의 없다. 현재 직장에서 받는 보수보다 더 나은 조건을 제시하는 곳도 없다. 그렇기에 기성세대에게 퇴직이나 이직은 미지의 나라이자 불가능의 세계다. 일부 탁월한 능력자만 시도할 수 있는 신의 영역이다. 대부분의 기성세대에게는 이직이나 퇴사를 위한 능력도, 정보도, 용기도 없다. 그래서 조직이 쫓아내기 전까지는 버티는 것이 상책이라고 생각한다.

이런 연유로 인해 기성세대는 MZ세대가 너무도 쉽게 퇴직 결정을 내리는 것을 이해하지 못한다. 나아가 못마땅하게 생각한다. 하지만 기성세대와 MZ세대는 노동시장에서의 처지가 완전히 딴판이다. 선택지가 현재 직장에 한정된 기성세대와 오라는 곳과 갈 수 있는 곳이 넘쳐 나는 MZ세대는 퇴직을 바라보는 관점이 다를 수밖에 없다. 흔히 계약 관계에서는 유·불리를 따져서 갑을甲乙로 위치를 구분하기도 하는데, 기성세대는 조직과의 관계에서 대체로 을乙의 입장이다. 조직은 개인을 선택할 수 있지만, 개인은 조직을 선택할 수 없기 때문이다. 하지만 오늘날 MZ세대는 조직과의 관계에서도 갑甲의 위치에 서는 경우가 많다. 그가 능력자일수록 더 그렇다. 주위에 청혼자가 넘쳐 날수록 콧대가 높아지는 것은 당연한 결과다. 오늘날 MZ세대의 입장이 딱 그렇다. 능력 있는 MZ세대의 이직을 도와주고 수수료를 챙기는 헤드헌팅 업체도 넘쳐 난다. 게다가 주변에 이직을 도와주는 멘토도 널렸다. 이래저래 이직하기 좋은 조건이다.

기업은 항상 능력 있는 인재를 원한다. 당연한 일이다. 개인의 경쟁력이 곧 조직의 경쟁력으로 이어지기 때문이다. 하지만 능력을 갖춘 인재일수록 핸디캡이 있다. 주변에 집적거리는 사람이 많다는 점이다. "예쁘면 얼굴값 한다"는 말처럼 오늘날 능력을 갖춘 MZ세대는 제대로 얼굴값을 한다. 좋은 조건을 제시하면서 오라고 유혹하는 곳이 많기 때문이다. 노동시장이 유연해진 오늘날에는 우수 인재를 뽑는 것만이 능사가 아니다. 능력자는 언제라도 떠날 자유가 있다. 따라서 능력 있는 MZ세대를 조직에 오래 머물게 하려면 별도의 장치가 필요하다. 이는 단지 금전적인 보상만으로는 불가능하다. 능력자를 빼내가려는 회사는 더 많은 연봉으로 유혹할 수밖에 없다. 따라서 금전적 보상 이외의 유인책이나 동기부여 방안이 추가로 필요하다. 외부의 유혹에도 흔들리지 않을 조직 문화를 갖추는 일도 병행되어야 한다. 능력 있는 MZ세대 구성원과 오랫동안 함께하길 원한다면 '얼굴값'에 걸맞은 조건을 갖추어야 한다.

15 회사 때문에 입사했다가 사람 때문에 퇴사한다

간혹 경영자가 자신의 회사를 자랑할 때 자주 드는 예가 있다. "우리 회사는 가족 같은 회사야!" 참 멋진 말 아닌가? 가족 같은 회사라니. 경영진은 부모처럼 구성원들을 물심양면으로 보살피고 직장 상사는 형이나 누나처럼 부하를 돌보는 모습이 그려진다. 사랑과 정이 넘쳐 나고 웃음이 끊이지 않을 것 같은 그런 회사다. 현실에서는 가족 같은 회사가 실제로 존재할까? 솔직히 여기에 대해서는 긍정적인 답을 하기가 쉽지 않다. 가내수공업이 아니고서야 가족만으로 기업을 구성하는 일은 없고, 기업은 가족과 애초에 그 존재 목적이 다르기 때문이다. 기본적으로 회사는 혈연공동체가 아니다. 단지 각자의 이해관계로 모인 집단에 불과하다.

따라서 '가족 같은 회사'는 레토릭이거나 유토피아에 가깝다. 인간이 생각하는 최선의 상태이지만 현실 어디에도 실제로는 존재하지 않기 때문이다.

솔직히 말하면, 가족도 마냥 사랑과 정이 넘치는 관계만은 아니다. 카프카의 소설 《변신》은 우리로 하여금 가족의 본질이 무엇인지를 다시 한번 생각하게 한다. 워낙 유명한 작품이라 대부분 줄거리는 익히 알겠지만, 대략 다음과 같다. 직물 회사 외판원인 주인공 그레고르 잠자Gregor Samsa는 평소 가족의 생계를 책임지고 있었다. 그런데 어느 날 갑자기 바퀴벌레처럼 생긴 흉측한 곤충으로 변하고 만다. 그를 발견한 가족들은 놀라고 슬퍼하며 처음에는 감동적인 가족애를 발휘한다. 그레고르의 흉측한 모습을 참아내고 돌봐주기도 한다. 하지만 시간이 지날수록 차츰 슬픔과 사랑의 감정이 사라지면서 그레고르를 귀찮은 존재로 생각하기 시작한다. 급기야 나중에는 그를 없앨 계획까지 세운다. 가족들은 왜 그레고르를 계속해서 사랑하지 않고 없애버리려 하는 것일까? 그가 돈을 벌어와 가족의 생계를 책임지던 예전의 역할을 더 이상 수행하지 못하기 때문이다. 아들, 오빠로서의 역할과 책임을 다하지 못하기 때문이다.

이처럼 가족 관계도 영원한 것이 아니다. 무조건적인 사랑과 헌신이 오고 가는 사이가 아니라 서로의 이해관계에 따라 수시로 변하는 경우도 많다. 하물며 출발이 이해관계로 시작하여 맺어진 직장생활은 오죽하겠는가?

가족과 회사는 그 집단이 만들어진 목적과 운영 원리가 기본적으로 다르다. 가족과 회사는 독일의 사회학자 페르디난트 퇴니에스Ferdinand Tönnies가 주창한 사회 범주에 대한 두 개념, 즉 게마인샤프트Gemeinschaft와 게젤샤프트Gesellschaft에 비유할 수 있다. 게마인샤프트는 우리말로 '공동사회共同社會'라고 번역하는데, 본질 의지를 따라 형성된 사람들의 결합체다. 혈연이나 지연 등 인연으로 맺어진 공동체로 대표적인 게마인샤프트가 '가족'이다. 반면 회사는 우리말로 '이익사회利益社會'라고 번역하는 게젤샤프트다. 게젤샤프트는 선택의지에 따라 형성된 사람들의 결합체로, 구성원의 이익을 목적으로 한 이익 공동체다. 회사가 대표적인 게젤샤프트에 해당한다. 이처럼 가족과 회사는 본질이 서로 다른 집단이다. 따라서 회사의 구성원이 가족이기를 바라거나 '회사가 또 하나의 가족'이라고 주장하는 것은 어리석거나 순진한 생각의 발로다.

설령 어딘가에 '가족 같은 회사'가 있다 하더라도 마냥 부러워할 일은 아니다. 한번 생각해보자. 가족 같은 회사에 다니는 직원들은 모든 것이 행복하고 만족스러울까? 사람들이 가족을 떠올리는 상황이 언제일지를 생각해보면 쉽게 확인할 수 있다. 사람들이 가족을 떠올리고 그리워할 때는 언제일까? 사마천《사기》〈위세가魏世家〉편에 이런 말이 나온다. "가빈사양처家貧思良妻", 즉

'집안이 어려울 때라야 어진 아내가 생각난다'는 뜻이다. 우리가 가족을 떠올리고 그리워하는 순간은 주로 상황이나 여건이 어려울 때다. 객지에 나가서 몸이 아프면 고향에 계신 부모님이 생각나는 식이다. 즐겁고 행복할 때는 가족의 필요를 절실하게 느끼지 못한다.

조직에서도 마찬가지다. 대체로 조직의 상황이 나쁠 때일수록 가족 같은 정을 강조한다. 특히 회사 경영이 어려워지면 구성원들에게 희생과 양보를 기대한다. 경영 상황이 나아질 때까지 고통을 분담하고 헌신해주길 바란다. 가족이니까 그 정도의 희생과 헌신을 요구하는 것은 무리가 아니라고 생각한다. 반대로 회사가 잘나갈 때는 굳이 '가족'이라느니 '우리는 하나'라는 표현을 강조할 필요가 없다. 경영 성과에 걸맞은 보상을 해주면 그만이다. 요컨대 '가족 같은 회사'는 상황이 어려울 때 군말 없이 헌신하라는 요구와 기대의 또 다른 표현일 수도 있다.

오늘날 MZ세대는 '가족 같은 회사'를 기대하지도 않고 원하지도 않는다. 아니, 그들은 가족 같은 회사라면 치를 떤다. 특히 꼰대 같은 상사와 한 가족이 된다는 것은 상상만으로도 싫은 일이다. 그들은 현재의 직장은 개인적 행복을 향해 가는 데 필요한 수단이자 잠시 머무는 중간 정류장일 뿐이라고 생각한다. 직장 상사나 동료 또한 잠시 같은 버스에 올라탄 옆자리 승객일 뿐이다. 각자 내릴 곳에 도착하면 '굿바이' 인사 정도만 하고 헤어질 사이라고 생각한다. 굳이 가족의 연을 맺어가면서 영원히 함께할 생각이 없다. 그렇기 때문에 같은 버스에 탄 승객들이 마음에 들지 않으면 자신이 당초에 계획한 목적지 이전이라도 내려버린다. 버스 요금을 한 번 더 지불하는 한이 있더라도 다른 버스로 갈아탄다. 이렇듯 MZ세대는 가족 같은 회사를 싫어한다. 꼰대 상사와 함께 일하느니 차라리 조금 적게 벌더라도 마음에 드는 사람과 근무하길 바란다.

MZ세대에게는 '동료애'를 강조하는 것도 '가족 같은 회사'만큼이나 생뚱맞다. 간혹 동료애를 '전우애'로 착각하여 생사고락을 같이하는 사이가 되어야 한다고 주장하는 경우도 있는데, 이는 지나친 비약이다. 동료는 이해관계로 만난 사이지 생사를 걸고 함께 싸우는 전우가 아니다. 게다가 같은 직장에서 함께 일하게 된 동료 사이에 애정의 감정까지 가져야 하는지도 의문이다. MZ세대는 각자에게 주어진 역할에 따라 서로 협력하는 정도면 최상의 동료 관계라고 생각한다. 굳이 사랑을 나눌 정도로 가까워질 필요성을 느끼지 못한다. 각자 '1인분'씩 해내면 그만이다. 간혹 직장 동료를 '깐부'라고 부르는 경우도 있는데, 이 또한 지나친 설정이다. 간혹 동료 중에서 마음에 맞는 사람을 만나 평생의 동반자나 깐부로 발전하는 경우가 없지는 않다. 하지만 이는 매우 드문 케이스로, 대체로 동료는 동료일 뿐이다.

MZ세대가 직장 안에서 '깐부'를 맺는 경우는 극히 드물다. 진정한 동료나 친구는 주로 회사 밖에 있다. 회사 동료는 가족도 아니고 친구도 아니다. 서로의 이해관계 때문에 잠시 만난 사이일 뿐이다. 따라서 가족 같은 조직 문화나 동료애를 강조하면 이들은 부담스러워한다. 기성세대는 이해관계로만 결합된 사이를 부정적으로 바라보지만, MZ세대에게는 전혀 이상할 게 없다. 오히려 부담이 없어서 쿨한 관계로 남을 수 있다. 따라서 이들에게 동일한 조직에 속했다는 이유만으로 가족 같은 끈끈함이나 동료애를 강요하면 이는 마치 '스토킹'을 하는 것과 같다. 자신의 뜻에 반해서 스토킹을 해대는 사람과 좋은 관계를 맺기를 기대하는 것은 우물에서 숭늉을 찾는 것만큼이나 어리석은 짓이다.

요즘 MZ세대 사이에서 자주 회자되는 말이 있다. "회사 때문에 입사했다가 사람 때문에 퇴사한다"이다. 회사의 좋은 브랜드를 보고 입사를 결정했지만 막상 함께 일하는 사람이 마음에 들지 않아서 사표를 쓰는 경우가 많기 때문이다. 아무리 똑똑한 MZ세대라 할지라도 입사 전에 회사에서 함께 일하게 될 사람을 판단할 수는 없다. 회사를 고르는 일은 선택의 영역이지만 함께 일하는 사람은 복불복의 영역이다. 운에 맡길 수밖에 없다. 그렇기 때문에 남들이 부러워하는 회사에 입사했음에도 금방 퇴사하는 경우가 적지 않다. 실제 한 구인구직 플랫폼의 설문조사에 따르면, 직장인의 81%가 일보다는 직장 내 인간관계가 퇴사에 더 큰 영향을 미친다고 응답했으며, 업무 관련 스트레스(28.2%)보다는 인간관계로 인한 스트레스(71.8%)가 훨씬 심하다고 호소했다.[56] 일보다는 사람 때문에 퇴사를 결정하는 경우가 훨씬 많다는 뜻이다.

오늘날에는 많은 기업이 구성원, 특히 MZ세대 직원들의 사기 증진과 이탈 방지를 위해 직원 복지에 투자를 아끼지 않는다. 잘 나가는 대기업일수록 더 그렇다. 여기서 질문 하나. 회사가 MZ세대에게 제공할 수 있는 최고의 복지 혜택은 무엇일까? 정답은 '좋은 직장 상사'다.[57] 종일 얼굴 맞대고 일하는 직장 상사가 괴로움과 스트레스의 근원이 된다면 아무리 좋은 복리후생 제도가 있어도 무용지물이 되고 만다. 특히 꼰대 상사라면 하루도 더 근무하기 싫다고 느끼게 된다.

우리가 흔히 '꼰대'라고 하면 나이가 많고 직급이 높은 직장 상사를 떠올리기 쉬운데, MZ세대에게는 꼰대의 범위가 상당히 넓다. 나이나 직급에서 큰 차이가 없는 선배나 동료 중에도 꼰대가 많다. 예컨대 '젊꼰, 꼰망주, 꼰나무'와 같이 꼰대와 유사한 신조어들이 대거 등장하는 것도 이런 이유 때문이다. '젊꼰'은 '젊은 꼰대'의 줄임말이며, '꼰망주'란 꼰대와 유망주의 합성어로 꼰대로 발전될 가능성이 큰 젊은 사람을 지칭하는 말이다. 꼰대와 꿈나무의 합성어인 '꼰나무'도 꼰대로 발전할 가능성이 무궁무진한 사람을 뜻한다. 꼰망주와 꼰나무 둘 다 꼰대로 발전하기 직전의 젊은 사람을 뜻하는 말로, 젊꼰과 유사어다.

꼰대란 권위적인 사고를 가진 기성세대를 지칭하는 말이다. 꼰대의 가장 큰 특징은 자기는 옳고 상대는 틀렸다고 생각하여 다른 사람에게 자신의 생각을 계도·훈계·강요하기를 즐긴다는 점이다. 주로 나이 많은 50~60대 기성세대가 이러한 꼰대에 속했다. 하지만 세상이 빠르게 변하면서 꼰대 진입 시기도 점점 빨라지고 있다. 지금은 30~40대 꼰대도 점점 많아지고 있다. 젊꼰, 꼰망주, 꼰나무라는 표현은 젊은 사람이지만 사고가 경직된 사람에게 붙여지는 별칭이다. 꼰대 또는 꼰대와 비슷한 유사품(?)이 많다는 것은 조직 문화가 그만큼 경직되었다는 뜻인데, 이는 곧 MZ세대의 퇴사를 유발하는 환경이라는 소리다. 꼰대들이 많이 서식하는 공간에서는 MZ세대라는 새싹들이 생존하기 어렵다. "회사 때문에 입사했다가 사람 때문에 퇴사한다"는 표현은 이러한 꼰대들 때문에 생겨났다.

결국 MZ세대가 원하는 회사를 만들기 위해서는 조직 문화를 잘 가꾸어야 한다. 다시 한번 강조하지만, 가족 같은 회사란 존재하지 않는다. 가족과 회사는 목적도, 지향점도, 운영 원리도 엄연히 다르다. 가족 같은 분위기에서는 기업이 바라는 성과를 달성하기 어렵다. 기업은 기업답게, 가족은 가족의 방식에 따라 운영해야 한다. 좋은 성과를 바란다면 가족처럼 지낼 사람이 아니라 능력 있는 인재를 영입해야 한다. 그와 더불어 개개인의 능력을 최대한 발휘할 수 있는 조직 문화를 만들어야 한다. 그러기 위해서는 '가족 같은 회사'나 동료애를 지나치게 강조해서는 곤란하다. 꼰대의 출현도 억제해야 한다. 그러지 않으면 회사 보고 입사했다가 사람 때문에 퇴사하는 일은 언제라도 발생할 수 있다.

2장 요약 MZ세대가 조직을 떠나는 이유

2장에서는 MZ세대가 조직을 떠나는 이유에 대해 논하였다. 대퇴사 시대를 맞아 MZ세대가 조직을 떠나는 이유는 단 하나로 설명할 수 없다. 개인화와 다양성을 특징으로 하는 MZ세대답게 그들은 여러 이유로 인해 조직을 떠난다. MZ세대가 조직을 떠나는 이유를 간략하게 소개하면 다음과 같다.

1. 급여가 적어서: MZ세대는 기성세대처럼 돈을 최고 우선순위로 두지는 않는다. 하지만 그렇다고 돈을 중요하게 생각하지 않는다는 뜻은 아니다. 조사에 따르면, MZ세대가 직장을 떠나겠다고 결정하는 이유로 '급여가 충분치 않아서'라는 답변이 가장 높게 나타났다. 그들에게도 급여의 많고 적음은 매우 중요한 기준이다. 그렇다고 돈만 많이 주면 MZ세대의 마음을 잡을 수 있다고 생각한다면 이 또한 착각이다. 낮은 연봉은 조직을 떠나게 만드는 기제로 작용하지만, 돈을 많이 준다고 해서 사람을 붙잡아두지는 못한다. 오늘날 MZ세대에게 돈은 위생 요인이면서 동시에 동기 요인이다. 연봉이 너무 적으면 불만족이 발생하여 퇴사로 이어지지만, 돈을 많이 준다고 해서 끝없이 동기부여가 되는 것은 아니다.

2. 현재 회사는 종착역이 아니라 정거장이라는 생각 때문에: MZ세대에게는 '평생직장'이라는 개념이 존재하지 않는다. 평생직장에 대한 기대를 애초부터 갖지 않는 MZ세대는 직장 안에서보다는 바깥에서 자기 꿈을 실현하고자 한다. 그 결과 현재 직장이나 직업은 인생의 최종 목적이 아니라 수단이 되었다. 직장은 최종 목적지가 아니라 잠시 거쳐 가는 정거장이 되고 말았다. 다음 목적지로 가는 버스가 오면 언제든 갈아탈 준비가 되어 있다.

3. 허드렛일이나 하려고 입사한 것은 아니다: MZ세대는 나이나 연차와 무관하게 조직에서 의미 있는 일을 하면서 성장하길 바라고, 그에 걸맞은 보상을 원한다. 따라서 이들에게 나이나 경험 부족 등을 이유로 허드렛일을 주거나 중요한 일에서 배제하면 불

합리하다고 느끼며 반발심을 갖는다. 그들은 허드렛일이나 하려고 입사한 것이 아니라고 생각하기 때문이다. MZ세대는 조직생활에서 불합리한 조직 문화를 경험하면 회사를 그만두는 경우도 많다.

4. 돈이나 승진보다는 워라밸이 중요하기 때문에: MZ세대 직장인은 돈만 많이 준다고 해서 조직에 충성하고 직장생활에 만족하지 않는다. MZ세대가 직장생활에서 우선적으로 고려하는 사항은 '워라밸'이다. 작지만 확실한 행복인 '소확행'을 꿈꾸고, 한 번뿐인 인생을 멋지게 살고자 하는 '욜로'를 추구하는 그들에게는 일과 삶의 균형을 찾는 일이 무엇보다 중요하다.

5. 나는 나로 살고자 해서: MZ세대는 상사의 지시를 무조건 따르는 법이 없다. 과거부터 이어져 내려오는 조직 관행이라고 해서 무비판적으로 받아들이지 않는다. MZ세대는 타인의 욕망보다는 자기 자신의 욕망에 충실하고, 무엇보다 '나'로 살고자 하는 욕망이 크기 때문이다. '나는 나로 살기로 했다'는 태도를 기성세대는 불편하게 생각하고 '자신만을 생각하는 이기주의'라고 폄하하기도 한다. 하지만 그들의 태도는 자기 주도적 인생을 살겠다는 의지이며 매우 실존적인 삶의 자세에 해당한다. 비판하기보다는 칭찬하고 장려해야 할 태도다.

6. 이름값보다는 성장 가능성이 중요하기 때문에: MZ세대는 이름값이나 타이틀에 연연하지 않는 경우가 많다. 그들은 사회적 정체성보다는 개인 정체성을 우선시한다. 그들은 남들이 부러워하는 직장이라도 더 이상 배울 점이 없거나 성장 가능성에 한계를 느끼면 미련 없이 새로운 길을 선택한다. 그들에게 현재 직장은 궁극적인 인생 목표를 향한 과정이자 수단에 불과하기 때문이다.

7. 애초부터 직장생활에 대한 기대치가 낮아서: 오늘날은 월급만으로는 '인생 역전'은 커녕 내 집 마련조차 할 수 없는 현실이다. '티끌' 같은 월급만으로는 '태산'을 쌓을 수 없다고 생각한 MZ세대는 애초부터 직장생활에 대한 기대치를 낮추어 잡았다. 그러고는 대안을 찾기 위해 직장 밖으로 눈을 돌리기 시작했다. 본업 외에 투잡족·N잡러가 되고, 투자 활동에도 열심이다. 이렇듯 오늘날 MZ세대는 회사에 오래 근무하면서 쌓은

커리어로는 월급 노예를 벗어날 수 없다는 인식으로 인해 직장생활에 대한 기대를 낮추게 되었고, 이는 잦은 퇴직으로 이어진다.

8. 절(조직)이 싫으니 중(직원)이 떠날 수밖에: 기성세대는 개인과 조직의 만남을 결혼에 비유하기도 하지만 오늘날 MZ세대는 이러한 비유에 동의하지 않는다. 그들은 입사할 때부터 현재 조직에서 평생을 함께하겠다는 각오도 하지 않을뿐더러 현실적으로 정년 퇴직 때까지 머물 수도 없다고 여긴다. 인연이 있어 함께하게 되었지만 인연이 다하면 언제든 갈라설 수 있다고 생각한다. MZ세대는 현재 직장에서 언제든 떠날 수 있다고 생각하지만, 한편으로는 조직 문화를 바꾸려는 노력도 게을리하지 않는다. 이들은 조직의 현안에 자기들의 목소리가 반영되기를 바라고 적극적인 의견 개진과 행동에 나선다. 이들은 자신의 불만이나 요구 사항이 반영되지 않으면 미련 없이 조직을 떠난다. 절이 싫으면 중이 떠나는 것처럼.

9. 세상은 넓고 돈 벌 곳이 많아서: MZ세대가 쉽게 조직을 떠나는 이유 중에는 외부의 요인도 무시할 수 없다. 파이어족을 꿈꾸는 MZ세대는 돈을 벌기 위해 직장에서 굳이 하기 싫은 일을 하며 시간을 낭비하기보다는 빠른 기간 내에 경제적 자유를 이루길 원한다. 그래야만 진짜 하고 싶은 일을 하며 행복한 삶을 살 수 있다고 생각하기 때문이다. 또한 소셜네트워크가 발달하면서 인플루언서 같은 새로운 돈벌이 기회도 생겨나고 있다. 이처럼 조직 외부에서 돈을 벌 기회가 많아진 것도 퇴직을 부추기는 새로운 요인으로 작용했다.

10. '배고픔'은 참아도 '배 아픔'은 못 참는다: 오늘날은 인터넷과 정보통신 기술의 발달로 인해 모든 정보가 만천하에 낱낱이 드러나는 상황이다. 직장인들이 자주 애용하는 익명 커뮤니티 게시판에는 각 기업의 기본급, 성과급, 수당, 복리후생 내역이 상세히 공개되어 공유되고 있다. 이로 인해 다른 사람과의 비교가 가능해졌고, 이는 상대적 박탈감이라는 심리적 요인을 자극하게 되었다. 이러한 환경은 '배고픔'은 참아도 '배 아픔'은 참지 못하는 특징을 지닌 MZ세대가 퇴사를 결심하게 만드는 요인으로 작용하기도 한다.

11. 실력만 길러두면 갈 곳은 넘쳐 난다: MZ세대 중에는 경력과 전문성을 올리기 위한 목적으로 단기간에 직장을 옮기는 이른바 '잡호핑족'이 많다. 이들은 한 직장에 오래 근무하면서 전문성을 쌓기보다는 여러 직장을 옮겨 다니면서 커리어를 개발하고 몸값을 올리려고 노력한다. 잡호핑족이 되려는 MZ세대가 많아지면서 공부하는 직장인을 뜻하는 '샐러던트'도 생겨났다. 이들은 조직보다는 실력이 우선이라고 생각한다. 실력만 길러두면 갈 곳은 넘쳐 나기 때문이다.

12. 일에서 재미와 성장을 찾기 때문에: 경제적 문제 해결을 최우선으로 생각했던 기성세대와 달리 MZ세대는 재미와 즐거움을 찾는 쪽으로 행복에 대한 관심이 바뀌었다. 이들은 소비 과정뿐만 아니라 다이어트, 건강관리 등 모든 분야에서 재미와 즐거움을 추구한다. 이러한 경향은 조직생활에서도 이어지는데, 오늘날 MZ세대는 업무에서도 재미와 즐거움을 얻고자 한다. 일을 노동이 아닌 놀이처럼 즐겁게 하고자 하는 MZ세대는 업무에서 재미를 느끼지 못하면 주저 없이 일터를 떠나기도 한다.

13. 불의·불공정·불이익을 참을 수 없어서: MZ세대는 직장 상사를 향해 "1인분 하고 있습니까?" 하고 따져 묻기를 주저하지 않는다. '공정 세대'라 불리는 그들은 태생적으로 불공정을 참지 못한다. 그들은 누군가가 정의롭지 못하거나 공정하지 않다고 느끼면 그 즉시 따져 묻고, 특히 자신에게 불이익이 되거나 향후 불이익이 될 것으로 예상되는 상황에 처하면 과감하게 목소리를 높인다. 불의·불공정·불이익을 결코 용납하지 못하는 '3불의식'으로 인해 MZ세대는 회사에서도 처우나 복지 문제 등에 불공정을 느끼면 민감하게 반응한다.

14. 퇴사가 별로 어렵지 않아서: 오늘날 MZ세대에게 퇴직 결정이란 그다지 어려운 선택이 아니다. 과거보다 주변에서 퇴사를 돕는 조력자가 많아졌기 때문이다. MZ세대는 퇴직을 고민할 때 기성세대에게 조언을 구하지 않는다. 기성세대보다 신뢰할 만한 곳이 있기 때문이다. 책이나 인터넷에는 취업 정보만이 아니라 퇴사를 긍정하는 정보들도 넘쳐난다. 유튜브 등 미디어에서는 MZ세대의 퇴사를 돕는 온라인 코치도 많다. 이들은 퇴사에 관련된 고민을 해결해주고 이직을 위한 구체적인 방법도 알려준다. 퇴사나 이직 관련 정보를 알려주는 도서나 방송 채널은 가뜩이나 퇴직을 쉽게 선택하는 MZ세

대에게 자신감을 심어준다. 이제 퇴사가 별로 어렵지 않은 시대가 되었다.

15. 회사 때문에 입사했다가 사람 때문에 퇴사한다: 오늘날 MZ세대는 '가족 같은 회사'를 기대하지도, 원하지도 않는다. 아니, 그들은 가족 같은 회사라면 치를 떤다. 특히 꼰대 같은 상사와 한 가족이 된다는 것은 상상만으로도 싫은 일이다. 요즘 MZ세대 사이에서 "회사 때문에 입사했다가 사람 때문에 퇴사한다"는 말이 자주 회자된다. 회사의 좋은 브랜드를 보고 입사를 결정했지만 막상 함께 일하는 사람이 마음에 들지 않아서 사표를 쓰는 경우가 적지 않기 때문이다. 실제로 남들이 부러워하는 회사에 입사했음에도 금방 퇴사하는 사례는 심심찮게 목격할 수 있다. 한 설문조사에 따르면, 직장인의 81%가 일보다는 직장 내 인간관계가 퇴사에 더 큰 영향을 미친다고 응답했다. 일보다는 사람 때문에 퇴사를 결정하는 경우가 훨씬 많다는 뜻이다.

3. 대책

MZ세대와
더불어 걸어가는 법

01 말 많은 MZ세대, 왜 회사는 그들을 붙잡아야 하는가

지금까지 대퇴사 시대에, 나아가 조용한 퇴사 흐름 가운데 MZ 세대가 조직을 버리고 떠나는 현상과 그 이유에 대해 살펴보았다. 개성을 중시하고 개인화를 특징으로 하는 MZ세대답게 그들이 퇴사를 결정하는 이유는 다양하다. 연봉이 보장되지 않아서, 직무가 적성에 맞지 않아서, 일이 재미가 없어서, 워라밸이 나빠서, 성장 가능성을 찾아서, 꼰대 상사가 마음에 들지 않아서, 불의를 참지 못해서 등등 사직서를 쓰는 이유나 목적도 가지각색이다. 이러한 현실은 기업에게는 꽤 난감한 문제다. 무엇 때문에 퇴사를 결정하는지를 알아야 대책이라도 세울 텐데, 이유가 너무 다양하니 뾰족한 해결 방안을 마련하기도 쉽지 않다.

한편 굳이 떠나겠다는 사람을 붙잡아야 할지도 의문이다. "평양 감사도 제 싫으면 그만"이라는데 회사가 싫어서 나가겠다는 사람을 애써 붙들어놓는 것이 옳은지에 대해서도 의구심이 든다. 하지만 그렇다고 두 손 놓고 있을 수도 없다. MZ세대가 떠나가는 조직의 미래는 불을 보듯 빤하기 때문이다. 그래서 구체적인 대책은 뒤에서 논하기로 하고, 여기서는 조직이나 상사가 왜 MZ세대를 붙잡아야 하는지, MZ세대가 가진 힘은 무엇인지에 대해서 생각해보기로 하자.

"당신은 인플루언서블합니까?" 20대를 타깃으로 한 전문 연구기관인 대학내일20대연구소가 2020년 말 소셜미디어 칼럼에서 사람들에게 던진 질문이다. 맥락으로만 보자면, 평소 누군가에게 꽤 영향력을 행사하는 사람을 대상으로 한 질문처럼 보인다. 유명한 유튜버나 틱톡커, 트위터리안이라면 자신의 영향력이 대중에게 얼마나 미치고 있는지를 대략은 추정할 수 있을 것이다. 그게 아니라면 번지수가 틀린 질문일 수도 있다. 하지만 대중에 미치는 영향력이 아니라 자신의 주변에 미치는 소소한 영향력까지 범위를 넓힌다면 우리는 누구나 '인플루언서블'한 사람일 수 있다. 예컨대 내가 산 물건을 보고 주변 친구들이 멋지다며 덩달아 구매에 나선다면 나는 분명 인플루언서다.

실제로 대학내일20대연구소가 질문한 대상도 일반인이었다. 평범한 20대를 대상으로 "당신은 인플루언서블한가"라고 물었

다. 해당 칼럼에서는 10가지 질문에 대해 각자 체크하도록 만들었는데, 항목은 다음과 같다.[58]

□ 코로나19, 강원도 산불 등 국난 극복을 위해 기부한 적이 있다.

□ 내 SNS 계정에 '무물(무엇이든 물어보세요)'을 열어본 적이 있다.

□ 요리, 운동 등 집콕을 견뎌낼 나만의 방법을 SNS에 올린 적이 있다.

□ '덕분에 챌린지', '용기 내 챌린지' 등 SNS 챌린지에 참여한 적이 있다.

□ 프리사이클의 의미를 알고, 프리사이클 소비를 실천하려고 한다.

□ 랜선 모임을 하거나, 랜선 공연·전시를 본 적 있다.

□ 강원도 포켓팅, 지역 농산물 소비 등 착한 소비에 참여한 적 있다.

□ MBTI 테스트 결과를 SNS로 공유해본 적 있다.

□ 스스로 밈을 만들어 공유해본 적 있다.

□ 온라인상에서 특정 세계관에 맞는 부캐로 활동해본 적 있다.

타인에게 영향력을 행사하고 있는지를 묻는 질문치고는 항목들이 평범하고 사소해 보인다. 몇 개나 체크해야 인플루언서블한 사람일까? 절반 이상 해당된다면 매우 인플루언서블한 사람일 것이다. 해당 질문을 던진 연구소에서는 단 하나만 체크했더라도 충분히 인플루언서블하다고 말한다. 소셜미디어의 발달로 인해 오늘날에는 누구나 인플루언서가 될 수 있는, 아니 되어버린 세상이다. 내가 사용한 물건에 대한 경험담을 소셜미디어나 블로그에 올리면 그 아래에 누군가는 댓글을 달고 '좋아요'를 누른다. 일상에서 벌어지는 평범한 행동 하나하나가 알게 모르게 영향력을 주고받는 활동인 셈이다. 본인이 의도했든 아니든 관계없이 말이다.

누구나 인플루언서인 세상, 이러한 변화는 기성세대의 관점에서는 상당히 낯설다. 오늘날 '인플루언서'에 해당하는 용어로 기성세대에게 익숙한 말은 '오피니언 리더'다. 오피니언 리더는 집단 내에서 타인의 사고방식이나 행동에 강한 영향을 주는 사람으로, 여론을 주도하는 계층이다. 인터넷과 소셜미디어가 활성화되기 전까지 대중의 인식과 여론에 강한 영향력을 행사하던 오피니언 리더는 대학교수나 관련 분야의 전문가 등 주로 식자층이었다. 이들이 영향력 있는 매스컴을 통해 어떤 의견을 표출하면 이를 지켜본 대중들이 그들의 의견을 따르게 되고, 이는 일반 대중의 공통된 의견인 여론으로 발전한다. 즉 소수의 오피니언 리더가 의견을 주도하고 일반 대중이 그들의 의견을 수용하는 식이었다. 그 결과, 일반 대중이 많이 보는 매스컴에는 오피니언 리더가 자주 등장했다.

한편 대중에게 영향력을 행사하고자 하는 기업이나 정당에서는 오피니언 리더를 어떻게 잘 활용할지가 중요한 관심사였다. 그들에게 오피니언 리더는 중요한 홍보 수단이자 대중에게 긍정적인 인식을 전파할 수 있는 선전 도구이기 때문이다. 전 국민을 상대로 비즈니스나 정치를 하는 기업과 정당은 일반 대중으로부터 긍정적인 인식을 얻는 것이 궁극적인 목표이지만, 그것을 얻기 위한 수단은 소수의 오피니언 리더를 활용하는 쪽에 집중되었다. 오피니언 리더의 입을 빌려 대중의 여론을 자신들에게 유리한 방향으로 이끌고, 어떨 때는 조작하는 경우도 있었다. 이렇듯 오피니언 리더가 여론 시장의 중심이던 시절에는 기업, 정당, 오피니언 리더 등 여론을 주도하는 집단이 여론의 유통 경로인 매스컴을 독점하면서 자신들에게 유리한 방향으로 대중의 인식을 만드는 것이 가능했다.

하지만 인터넷과 소셜네트워크서비스가 등장하면서 인플루언서블한 일반인이 출현하자 양상이 달라지기 시작했다. 여론 시장에서 오피니언 리더의 독점적 지위에 균열이 생기기 시작했다. 오늘날에는 개인 누구나 자신의 의견을 온라인 공간에서 마음껏 표출할 수 있게 되었다. 소수의 오피니언 리더가 독점하던 여론 시장에 민주화의 바람이 불어닥친 것이다. 이제 오피니언 리더의 시대는 가고 인플루언서 시대가 도래했다. 레거시 미디어의 도움을 받지 않고도 수많은 사람에게 영향력을 행사하는 이가 등장하면서 중앙집권형 통제 시스템이 지방분권형 자율 경쟁 시스템으로 빠르게 개편되기 시작했다. 이러한 변화의 중심에는 MZ세대가 있다. 이들은 온라인상에서 자신의 생각을 서슴없이 표출하고 타인들과 의견을 주고받는다. 그러는 과정에서 자연스럽게 여론이 형성된다. 이제 MZ세대는 자신들도 모르는 사이에 여론의 주도층이 된 것이다.

이런 배경 때문에 MZ세대를 부르는 명칭이 생겨났다. 바로 '인플루언서블 세대'라는 용어다. 인플루언서블 세대란 '인플루언서블Influenceable(영향력 있는)'과 '세대世代'의 합성어로 자신의 영향력을 알고 행동하며 변화를 만드는 세대라는 뜻이다. 이들은 오피니언 리더의 의견을 무비판적으로 수용하지 않고, 스스로 정보를 검색하고 비교하고 판단한다. 누구의 의견을 참고하고 따를지도 지극히 주관적이다. 또한 이들은 타인의 의견을 일방적으로 수용하는 소비자가 아니라 자신의 경험을 통해 체득한 것을 타인에게 알리는 정보의 생산자가 되는 것을 주저하지 않는다. 모두가 공급자이면서 수요자가 되어 영향력을 주고받는 단계로 시대가 변모한 것이다. 이로 인해 여론 형성 시장의 권력 구도가 급격히 재편되기 시작했다. 소수의 오피니언 리더가 독점하던 시대는 종말을 고하고, 다양한 인플루언서가 각지에서 활동하는 춘추전국시대가 되었다.

여론 형성 시장에서의 이러한 변화는 기업의 마케팅 방법에도 영향을 미쳤다. 과거 매스미디어를 중심으로 제품 홍보나 광고에 힘쓰던 방식과 달리 온라인 매체를 통한 접근이 두드러진 수단이 되었다. 바이럴 마케팅viral marketing이라는 콘셉트가 생겨난 것도 이러한 변화와 무관하지 않다. 바이럴 마케팅이란 어떤 기업의 제품을 소비자의 힘을 빌려 알리려는 마케팅 방법론으로, 마치 바이러스가 퍼지는 것처럼 입소문을 통해 소구하는 방식이다. 페이스북, 인스타그램, 블로그, 네이버밴드, 카카오스토리 등 다양한 미디어를 통해 상품 광고나 홍보성 기사를 노출하고, 사용자 리뷰 등을 통해 긍정적인 이미지를 만들기 위해 노력한다. 과거 레거시 미디어를 통해 광고와 홍보를 하던 때와 달리 여러 채널을 활용하여 영향력을 행사한다.

인플루언서블한 MZ세대의 등장으로 인해 기성세대가 난감해하는 경우도 많다. "요즘 애들은 트렌드가 너무 빨리 바뀌어서 따라갈 수가 없다"고 하소연하거나 "MZ세대의 트렌드는 알겠는데, 도대체 왜 그걸 좋아하는지 모르겠다"며 푸념을 늘어놓기도 한다. 사실 MZ세대의 변화무쌍한 트렌드를 따라가지 못하는 것은 기성세대로서는 어찌할 수 없는 부분이기도 하다. 여론 시장에서 중앙집권제가 무너지고 지방 분권화가 시작되었다는 사실은 이에 대응하는 기업의 마케팅 조직도 달라져야 함을 암시한다. 과거 오피니언 리더에 홍보와 마케팅을 집중하던 시절에는 본사의 마케팅 조직에서 총괄하여 관리하는 것이 효율적이었다. 하지만

여론 형성에서 분권화가 이루어진 지금은 마케팅 조직도 분산시
켜야 한다. 마케팅 조직만이 아니라 생산, 연구개발, 영업, 고객 서
비스 등 각각의 밸류 체인에 속한 조직 구성원이 모두 마케터가
되어야 한다. 자신의 직무 전문성을 바탕으로 각자 일터에서 수
집한 생생한 현장의 목소리를 활용하여 온라인과 소셜네트워크
서비스 공간을 통해 타인과 소통하고 홍보해야 한다. 누구나 인
플루언서인 시대이기 때문이다. 이러한 활동으로의 전환을 위해
서는 온라인과 소셜네트워크서비스에 친숙한 MZ세대의 능동적
참여가 필수적이다.

대개 조직의 경쟁력은 구성원이 가진 경쟁력의 합이다. 물론
MZ세대 구성원의 역량이 조직 전체의 경쟁력을 대표하는 것은
아니다. 당연히 기성세대의 역량 또한 조직 경쟁력의 중요한 배경
이다. 하지만 MZ세대 구성원의 능력을 조직 역량으로 승화시키
지 못하는 기업이 치열하게 싸우는 경쟁 상황에서 우위를 확보
하기란 불가능에 가깝다. 특히 MZ세대가 떠나버린 조직이 MZ세
대 소비자의 마음을 읽고 효과적으로 대응하기를 기대한다는 것
은 우물에서 숭늉을 찾는 것만큼이나 어리석은 짓이다. MZ세대
가 기성세대와 왜 다른 트렌드를 보이는지를 이해하지 못하거나
그들의 트렌드를 따라가지 못한다는 것은 조직 역량이 과거에 머
물러 있거나 노쇠하고 있다는 신호다. 이는 조직의 신진대사가 원
활하지 못하다는 증거인데, MZ세대가 빈번히 떠나는 조직이라

면 쉽게 발견되는 세기말 현상이다.

기업이 MZ세대의 트렌드를 중요하게 생각하는 이유는, 그들이 예뻐서가 결코 아니다. 미국의 세대 연구 기관인 CGKCenter for Generational Kinetics의 공동 설립자인 제이슨 도시와 더니스 빌라는《제트코노미Z-Conomy》에서 MZ세대를 새로운 트렌트를 만드는 주체라는 의미에서 '트렌드 세터trend setter'라고 규정하고 "비즈니스 미래에 막대한 영향을 미치고 궁극적으로 비즈니스 형태를 완전히 바꿀 세대"라고 단언한 바 있다.[59] MZ세대가 미래의 비즈니스 판을 바꾸는 신인류로 부상하고 있다는 의미다. 따라서 MZ세대를 놓치는 기업이 치열하게 경쟁하는 상황에서 살아남기는 매우 어렵다. 이는 소비자건 직원이건 모두 해당되는 말이다. MZ세대 직원이 떠나가는 조직의 상품을 MZ세대 소비자가 좋아하기를 기대하는 것은 무리다. MZ세대 소비자의 마음을 사로잡으려면 MZ세대 직원부터 붙잡아야 한다.

결국 기업이 MZ세대의 퇴사를 방치해서는 안 되는 이유는 명확하다. 오늘날 많은 기업이 앞다투어 MZ세대의 욕구를 읽고, 그들의 눈치를 살피는 까닭은 그들이 가진 구매력 때문만은 아니다. 온라인과 소셜네트워크서비스에 능통한 그들이 세상의 트렌드를 주도하고, 다른 사람에게 막강한 영향력을 행사하기 때문이다. 각자의 영역에서 인플루언서블한 역량을 갖춘 MZ세대는 비즈니스의 형태를 바꾸고 미래를 개척하는 주체다. 따라서 조직과 상사는 MZ세대의 욕구를 이해하고 그들의 마음을 잡는 노력을 게을리해서는 안 된다. 그들이 곧 기업의 미래이기 때문이다. 다시 한번 강조하지만, MZ세대를 놓친 기업에게는 미래가 없다.

02 MZ세대의 꿈과 목표를 돕는 조력자가 되어야 한다

1963년 마틴 루터 킹 목사는 '나에게는 꿈이 있습니다I have a dream'라는 명연설을 통해 흑인 인권과 자유를 부르짖었고, 이를 통해 결국에는 노벨 평화상까지 수상했다. 가수 인순이는 "난 꿈이 있어요"라는 가사로 시작되는 노래 〈거위의 꿈〉을 불러 수많은 청춘의 심금을 울렸다. 이렇듯 '꿈'이란 말속에는 묘한 마력이 숨어 있다. 꿈은 사람을 열광하게 만들고 초라한 현실을 견딜 수 있는 힘을 주기도 한다. "삶이 그대를 속일지라도" 꿈만 꿀 수 있다면 힘겨운 현실은 그런 대로 감내할 만한 것이 된다. 꿈이 없거나 꿈조차 꿀 수 없다면 이 팍팍한 현실은 곧 지옥으로 변하고 말 것이다.

그래서 "꿈꾸는 자는 행복하다"라는 말도 생겨났다. 이렇듯 꿈은 소중하다. 특히 현재의 삶이 힘들고 고통스러울수록 더 그렇다. 꿈이 있기에 우리는 남루한 현실과 차가운 운명 앞에 당당하게 마주 설 수 있다. 이런 이유로 사람들은 "꿈을 가지라"고 조언하기도 한다. 실제로도 꿈을 가진 사람은 그렇지 못한 사람보다 삶을 긍정적으로 생각하고 미래를 낙관하는 경향이 많다. 이처럼 꿈은 미래에 대한 희망이면서 동시에 현재를 견디는 진통제다. 따라서 모든 사람에게 꿈이 필요하겠지만, 특히 현실이 힘들고 지친 사람일수록 반드시 꿈을 가져야 한다. 현실의 압력에 눌려 꿈마저 포기해버린다면 이는 삶을 포기하는 것과 별반 다르지 않다.

한번 생각해보자. 직장인의 꿈은 주로 어디에 있을까? 조직 안에 있을까, 바깥에 있을까? 사람마다 다를 것이다. 인순이의 〈거위의 꿈〉에 나오는 주인공에게도 꿈은 현실 바깥에 있다. 그래서 "언젠가 난 그 벽을 넘고서 저 하늘을 높이 날 수 있어요"라고 노래했다. 현실이라는 벽 너머에 자신의 꿈이 있는 셈이다. 마찬가지로 오늘날 대다수 샐러리맨에게 꿈은 직장 밖에 있다. MZ세대는 그런 경향이 더 강하다. 직장생활을 인생의 목표를 찾는 과정이자 수단에 불과하다고 생각하는 MZ세대가 조직 안에서 꿈을 꾸는 경우는 극히 드물다. 그런 의미로 보자면, MZ세대에게 있어 꿈은 '직장을 퇴사하는 것'인지도 모른다. 취업하기 전에는 '입사'가 꿈이었다면, 취업에 성공한 뒤로는 '퇴사'가 꿈이 된다. 아이러니하게 들릴지 모르겠지만 부정할 수 없는 현실이다.

꿈이 현실 바깥에 있다는 사실은 영국 소설가 서머싯 몸의 《달과 6펜스》에도 분명하게 드러난다. 소설 《달과 6펜스》는 프랑스의 후기 인상파 화가인 폴 고갱의 삶이 모티브라고 알려져 있는데, 소설 속 주인공 '스트릭랜드'는 증권거래소 중개인으로 아름다운 부인과 1남 1녀를 둔, 행복한 가정의 가장이었다. 겉으로 보기에는 남부러울 것 없이 잘나가는 직장인이었다. 하지만 증권중개인이라는 직업은 그의 진정한 꿈이 아니었다. 그는 마음 속 깊은 곳에 화가가 되고 싶다는 꿈을 간직하고 있었다. 결국 그는 자신의 꿈을 이루기 위해 번듯한 직장과 가족을 버리고 남태평양의 타이티 섬에 들어가 나머지 인생을 화가로서 살았다. 프랑스판 〈나는 자연인이다〉를 찍은 셈이다.

〈꿈〉(1910)이라는 작품을 그린 프랑스 화가 앙리 루소도 늦은 나이에 자신의 꿈을 찾아 나선 것으로 유명하다. 그는 파리에서 세관원으로 근무하다가 40세가 되어서야 본격적으로 화가의 길을 걷기 시작했다. 상당히 늦은 나이에 화가라는 꿈을 찾아 나선 것이다. 제대로 된 미술 교육을 받은 적도 없고 미술계에 인맥도 없었던 그는 화가로 전향한 뒤에도 제대로 인정받지 못했다. 처음에는 '아마추어 화가'라느니, '일요 화가'라느니 무시당하기 일쑤였다. 하지만 그는 자신의 선택을 후회하지 않았다. 화가가 되는 것이 필생의 꿈이었기 때문이다. 안정적인 직장인으로 근무했던 고갱이나 루소에게도 진정한 꿈은 직장 밖에 있었던 셈이다.

꿈에 관한 한 오늘날 MZ세대는 폴 고갱이나 앙리 루소와 닮았다. 비록 직장에 적籍을 두고 있지만 진정 이루고 싶은 꿈은 직장 밖에 있기 때문이다. 한마디로 '몸 따로 마음 따로'인 셈이다. 이들은 언제든 선택의 순간이 도래하면 진정한 꿈을 찾아 떠나리라는 마음을 품고 오늘도 일터를 향한다. 몸 따로 마음 따로인 채 현재의 직장에 다니고 있는 MZ세대를 기성세대는 어떻게 생각할까? 아마도 곱지 않은 시선으로 바라보는 경우가 많을 것이다. 몸은 본처本妻와 함께하지만 마음은 정부情婦에게 두고 있는 바람둥이처럼 생각하지는 않을까?

직장 바깥에 꿈을 두고 살아가는 MZ세대와 현재 직장에만 전념하는 기성세대 중에서 누구의 태도가 옳을까? 누가 더 냉철하게 사태를 조망하고 있을까? 회사의 오너라면 몸 따로 마음 따로인 직원을 못마땅하게 생각하는 것은 충분히 이해할 만하다. 그는 고용주라서 피고용인인 노동자와는 입장이 다르다. 게다가 대다수 노동자가 갖고 있는 미래에 대한 불안감도 적다. 그렇다면 직장에서 관리자 역할을 맡은 기성세대는 어떤가? 그도 오너와 비슷한 입장인가? 천만의 말씀이다. 기성세대 관리자는 현재 오너를 대리하여 직원들을 관리하는 지위에 있는 건 사실이지만, 그렇다고 오너와 동등한 입장은 아니다. 그는 여전히 피고용인 신분이며 언제 조직을 떠나야 할지 알 수 없다. 현재가 안정적이지 않고 미래가 불안한 것은 관리직에 앉은 기성세대도 마찬가지다. 그런 상황에서 현재 직장만 바라보고 눈앞의 일에만 전념하는 것이 현명한 태도일까? 절대 그렇지 않다.

일본 도쿄대학교 명예교수인 강상중 교수는 《나를 지키며 일하는 법》에서 이렇게 조언한다. "하나의 일에 모든 것을 걸지 않는 태도는 불성실하다고 여겨질지도 모르겠습니다. 하지만 앞으로 어떤 일이 일어날지 전혀 알 수 없는 불확실한 시대를 사는 우리에겐 역시 어느 정도는 자기 방어책이 있어야 한다고 봅니다. 하나의 영역에 나를 100퍼센트 맡기지 않는 것이 자신을 망가지지 않게 하는 보험, 이른바 리스크 헤지인 것이지요." 강상중 교수에 따르면, 미래가 불확실한 상황에서는 하나의 영역에 자신을 '몰빵'해서는 곤란하다. 그런 이유에서 하나의 일에 모든 것을 걸지 않는 태도를 불성실하게 생각해서는 안 된다.

이 대목에서 한번 생각해보자. 오늘날 우리가 살아가는 시대는 안정적이면서도 미래가 확실한 상황인가, 아니면 앞으로 어떤 일이 일어날지 알 수 없는 불확실한 상황인가? 당연히 후자다. 냉정하게 말해 오늘날 노동시장은 야박하다 못해 야비하기까지 한 곳이다. 아무리 능력자라도 정년까지 다닌다는 보장이 없고, 버티고 버텨도 50대 초중반이면 조직을 떠나야 한다. 조직을 위해 청춘을 불살랐건, 밤낮없이 회사에 헌신했건 간에 조직에서의 쓸모가 없어지는 순간부터 퇴출이나 용도 폐기 수순을 밟게 된다. 직장인에게 퇴사란 선택이 아니라 필수다. 게다가 그동안의 기여와 헌신, 노고와 공로에 대한 값을 제대로 쳐주지도 않는다. 회사를 떠나면서 받는 퇴직금이나 연금이 노후를 편하게 살 정도로 보장하는 것도 아니다.

한편 평균수명은 늘어나서 '100세 시대'라는 말이 실제 현실이 되었다. 조직을 떠났어도 '살아온 날'보다 '살아갈 날'이 더 많을 수도 있다. 경제 여건도 만만치 않다. 모아둔 돈도 별로 없는데 자녀 교육과 가족 생계를 위한 수입은 여전히 필요한 상황이다. 현실이 이렇다 보니 '100세 인생'이란 말이 축복은커녕 공포스럽게 느껴진다. 이제는 너무 오랫동안 살아야 하는 시대가 되었다. 하지만 중요한 돈줄이 되어주던 직장마저 떠난 상황이라 수급에 불균형이 생겼다. 이렇듯 돈 쓸 곳은 많은데 수입은 끊긴 채 '제2의 인생'이 느닷없이 찾아온다. 한마디로 오늘날 샐러리맨에게 미래란 결코 유토피아가 아니다. 어둡고 침침한 디스토피아에 가깝다. 인정하고 싶지 않지만 분명한 현실이다.

"새 술은 새 부대에 담아야 한다"는 말이 있듯이, 시대가 변하면 생각도 바뀌어야 한다. 조직만을 바라보고 조직에만 헌신하는 태도는 평생직장이 존재하던 시절에나 통용되던 직업 윤리일 뿐이다. 조직과 개인이 '검은 머리 파 뿌리가 되도록' 동고동락하는 시절은 지났다. 지금은 회사의 성장과 개인의 성공이 별개인 시대가 되었다(물론 지금도 회사 안에서 성공을 꿈꾸고 그것이 자신의 행복이라고 여기는 사람은 있다. 그것도 하나의 선택지인 것만은 분명하고 충분히 존중받을 만하다. 하지만 그런 경우는 극히 적어서 여기서는 논외로 한다). 따라서 개인의 꿈과 행복을 조직 바깥에 두는 것을 인정하고 받아들여야 한다. 그것이 지금의 시대 상황에 맞는 새로운 표준, 즉 뉴노멀new normal이다.

사람들은 왜 회사 밖에서 꿈을 찾는 것일까? 회사 안에는 자신이 진정으로 원하는 꿈이 없기 때문이다. 그러니 밖에서 찾을 수밖에. 솔직히 말하면 대부분의 현대인에게 회사란 단지 '직장'이지 '직업'이 되지는 못한다. 밥벌이와 생계 수단을 목적으로 '직장'에 다닐 뿐이지 일을 통한 기쁨과 성취, 보람과 자아실현을 느끼는 '직업'으로 체험하는 경우는 드물다. 대체로 직장에서 하는 일은 '나를 위한 일'이 아니다. 남을 위한 일을 대신해서 수행할 뿐이다. 반면 직업은 '나를 위한 일'이자 '내 것'인 경우가 많다. 사람들은 직장이 아닌 직업을 통해 자신을 발견하고 성장하고 완성해나간다. 직업을 통해 자신의 정체성을 찾아가는 것이다. 따라서 직장에 다니면서 일을 '직업'으로 하는 사람은 행복하다. 그런 사람은 직장 안에서도 꿈을 찾을 수 있다. 하지만 불행히도 대다수 사람은 '직업인'이 아닌 '직장인'으로서 그저 사회생활 자체에만 몰두하고 있다. 그 결과 직장에 다닐수록 꿈에서 멀어지고 정체성을 잃어버리는 경우가 많다.

MZ세대가 '몸 따로 마음 따로'인 채 직장생활을 하는 이유도 바로 여기에 있다. 직장이 아닌 직업을 찾기 위해서다. 따라서 기성세대도 이러한 MZ세대의 관점과 태도를 인정해주어야 한다. 아니, MZ세대에게 배워야 한다. 따지고 보면 기성세대에게도 MZ세대만큼이나 꿈과 행복이 소중하다. 상대적으로 짧게 남은 조직생활을 감안한다면, 하루라도 빨리 '○○기업에 다니는 직장인'이 아니라 직업적 정체성을 찾아야 한다. 현재 조직을 떠난 뒤에도 자신이 원하는 모습으로 살아가기 위한 준비를 시작해야 한다.

직업인으로서의 정체성을 찾고 준비가 된 사람에게는 '퇴사'가 희망이다. 이런 사람에게 퇴사는 남을 위한 삶을 정리하고 자신을 위한 삶으로 가는 전환점이 된다. 축복할 일이며 축하할 일이다. 반면 직업인으로서의 준비가 되지 않은 사람에게 퇴사란 날벼락이며 불행이다. 아직 자신으로 살아갈 준비가 되지 않은 상태에서 생계 수단마저 막막해졌기 때문이다. 결국 '몸 따로 마음 따로'인 채로 직장에 임하는 MZ세대의 태도는 기회주의나 이기주의가 아니다. 미래에 닥칠 위험에 미리 대비하는 것으로 매우 유연하면서도 현명한 삶의 모습이다. 오히려 기성세대가 본받고 배워야 할 자세다.

오늘날 MZ세대가 갖는 삶의 태도를 잘 보여주는 신조어가 있다. '갓생 살기'라는 말이다. '갓생'이란 신을 뜻하는 'God'과 '인생'을 합쳐서 만든 말로, 자신의 인생에 집중하는 삶을 산다는 뜻이다. 원래 이 말은 아이돌 팬덤 사이에서 유행하기 시작했다. 아이돌을 향한 과도한 '덕질'과 과몰입을 멈추고 온전히 자기 자신의 본분에 집중하자는 의미로 사용되었다. 이러한 갓생 살기는 자아실현을 중요하게 생각하는 MZ세대에게 폭넓은 지지를 받았는데, 이들은 타인을 위한 삶이 아니라 자기 자신에게 집중하는 삶을 살고자 한다. 따라서 일상의 루틴을 자기 자신에게 맞추고 생산적이며 계획적인 삶을 살아간다. 갓생 살기를 시작한 직장인은 일일·주간·월간·연간 시간표를 조직의 업무에 맞추지 않고 자신의 계획과 목표에 따라 정한다. 전체 시간표 중 일부가 직장 업무일 뿐이다. 이러한 갓생 살기는 회사 밖에 꿈을 둔 직장인이 살아가는 모습의 한 단면이다.

결국 오늘날 MZ세대는 대부분 직장 밖에서 꿈을 꾸고 있다. 이들은 회사의 일과 개인의 꿈을 별개로 생각한다. 직장생활은 개인적인 꿈을 이루기 위한 과정일 뿐이다. 이러한 태도를 잘못된 것으로 해석하는 것은 곤란하다. 지극히 자연스럽고 지혜로운 태도다. 미래가 불투명하고 불확실한 상황에서 단 하나의 일에 모든 걸 거는 것은 결코 현명한 자세가 아니다. 따라서 기성세대는 MZ세대의 꿈과 행복을 지지해주어야 한다. 비록 그것이 회사 밖에 있더라도 인정하고 함께 고민해주어야 한다. 안이건 밖이건 꿈을 꾸고 그것을 향해 나아가는 사람은 행복할 수밖에 없다. 그런 사람일수록 현재 주어진 일에 열정을 보인다. 현재와 미래는 보이지 않는 끈으로 연결되어 있기 때문이다. 요컨대 MZ세대의 꿈을 인정하고 그것을 이룰 수 있도록 도와주는 것이 그들과 소통하고 함께 일하는 요체다.

03 워라밸보다 워라블을 찾도록 지원하라

"새벽 알람 소리에 기상, 아직 잠 덜 깬 눈으로 일어나 부랴부랴 씻고 화장하고 옷 입고 정신없이 집을 나선다. 마을버스와 지하철을 갈아타며 한 시간 이상의 출근 전쟁. 사무실에 도착하자마자 밀린 과제, 중요하지 않은 회의, 갑자기 떨어진 긴급 업무, 가치 없는 잡무 등 해도 해도 끝없이 밀려드는 업무로 이리저리 정신없이 휘둘리다 보면 퇴근 시간이다. 아침 출근길과 반대 방향으로 시작되는 퇴근 전쟁, 늦은 저녁 식사, 의미 없이 넘기는 스마트폰 화면, 그리고 수면, 똑같은 패턴으로 이어지는 월화수목금."

오늘날 직장인들의 평균적인 일상이다. 직장과 집을 오가며 정신없이 하루를 보낸다. 어제와 오늘이 같고 내일도 비슷한 일상이 반복된다.

이러한 일상을 두고 요즘 MZ세대 사이에서 자주 회자되는 표현이 있다. '일며들다'라는 신조어이다. '일이 내 삶에 스며들었다'는 뜻인데, 업무가 24시간 직장인의 곁을 떠나지 않는 현실을 반영한 말이다. 정규 근무시간 외에도 수시로 발생하는 야근이나 특근, 별로 함께하고 싶지 않은 식사나 회식, 퇴근 이후 시간이나 주말을 가리지 않고 울려대는 문자와 카톡 메시지. 인터넷과 스마트폰, 각종 메신저 등 정보통신 기술의 발달은 직장과 주거의 경계를 지워버렸고, 근무시간과 자유시간의 구분도 없애버렸다. 그러다 보니 제도적으로는 '주 40시간 근무'니 '52시간 노동 제한' 등이 있지만 실제로는 근무시간이 무한대로 늘어날 수도 있다. 그러니 '일며든다'는 생각이 절로 들 수밖에. 결국 '일며들다'라는 신조어가 회자되는 것은 오늘날 직장인의 삶도 시시포스와 별반 다르지 않다는 반증이기도 하다.

자신의 일상이 '일며든다'고 느낀 현대인들은 그에 대한 반작용으로 '워라밸'을 강조한다. 앞에서도 언급했지만, 특히 MZ세대 중에는 물질적 보상보다는 워라밸을 더욱 중요하게 생각하는 사람이 많고 워라밸이 지켜지지 않으면 조직을 떠나는 경우도 있다. 하지만 다양성을 특징으로 하는 MZ세대를 단 하나의 현상으로 설명하기는 어렵다. 워라밸과 유사해 보이지만 약간 결이 다른 현상도 나타났기 때문이다. 바로 '워라블work-life blending'이다. 워라블이란 일과 삶을 융합blending한다는 뜻으로, 업무와 일상의 균형balance을 찾는다는 워라밸에서 파생된 용어다.

워라밸과 워라블은 얼핏 비슷해 보이지만 디테일에는 엄연히 차이가 있다. 워라밸에서는 업무와 일상을 구분한다. 그래서 정규 근무시간 외 자유시간이나 여가시간을 중요하게 생각한다. 일하는 시간과 노는 시간을 엄격하게 나눈다. 양자 간에 적절한 시간 배분이 핵심이다. 일종의 양적 분배 개념이다. 반면 워라블은 업무와 일상을 나누지 않는다. 워라블을 추구하는 사람은 업무에 시너지를 낼 수 있는 자기계발이나 취미 활동을 삶의 중요한 부분이라고 생각한다. 즉 일상에서 업무와 관련된 영감을 얻을 수 있는 활동을 적극적으로 찾고, 일과 삶을 분리하지 않고 적절히 블렌딩한다. 워라밸이 어쩔 수 없이 하게 된 업무에서 탈출하여 자유시간을 찾는 것에 중점을 둔다면, 워라블은 업무를 효과적으로 하기 위한 방법을 찾기 위해 일상을 계획한다. 전자가 업무로부터의 탈출이라면 후자는 업무를 즐기기 위해 적극 대응하는 쪽이다. 요컨대 워라블족은 "피할 수 없으면 즐겨라"라는 금언을 실천하는 자들이다.

MZ세대는 왜 워라블족이 된 것일까? 기성세대와는 직장관이 달라졌기 때문이다. 조직의 이익을 위해 개인의 행복을 희생해야 했던 기성세대와 달리 MZ세대는 개인의 행복을 우선시한다. 또한 현재 직장이나 직업을 개인의 행복을 찾아가는 과정이자 수단이라고 생각한다. MZ세대에게 취업이란 정착이 아니라 커리어 확장을 위한 여정에 불과하다. 따라서 워라블족은 현재의 직장에서 많은 것을 누리기보다는—물론 그렇게 할 수 있다면 더 좋겠지만—그곳이 개인적 성장과 커리어 개발의 기회가 되기를 희망한다. 그래야만 본인의 적성에 맞는 업무, 높은 연봉, 더 나은 조직 문화, 더 좋은 근무 환경을 찾아서 떠날 수 있기 때문이다. 요컨대 워라블족은 업무를 피해 자유시간을 찾기보다는 업무를 통해 적극적으로 자신을 계발하고 더 높이 성장하려는 욕구를 가진 새로운 인간형이다.

혹시 워라블족이 너무 자기중심적이고 기회주의자로 여겨지는가? 부디 그런 시각을 가진 기성세대가 없었으면 한다. 여러 번 반복하는 이야기지만, 오늘날에는 평생직장이란 존재하지 않는다. 존재하지도 않는 것을 마치 실재하는 것처럼 여기는 것은 환상이며 맹목일 뿐이다. 이렇게 평생직장이라는 환상을 걷어내고 나면 워라블족의 행동이 이해가 된다. 그들은 매우 합리적이고 이성적이며 적극적이다. 기성세대보다 열악해진 노동 환경에도 굴하지 않고 굳건하게 자기 삶을 개척해나가는 주도적 인간형이다.

사실 기성세대는 젊은 세대의 행위를 탓하기보다는 미안한 감정을 가져야 할지도 모른다. 지금은 기성세대가 노동시장에 진출했던 시절보다는 모든 면에서 훨씬 열악한 조건이다. 취업도 쉽지 않을 뿐 아니라 취업에 성공해도 성과 압력과 생존 경쟁에 시달

려야 하고 정년이나 미래는 보장되지 않는다. 물론 이 문제를 기성세대 탓으로만 돌릴 수는 없다. 딱히 개개인에게 잘못이나 책임이 있는 것도 아니다. 하지만 일말의 연대 책임을 져야 하는 것도 맞고, 최소한 측은지심이라도 가져야 하지 않을까? 요컨대 MZ세대가 워라블을 통해 현재 직장을 자기계발과 커리어 확장의 수단으로 삼는 행위를 부정적으로 보지는 말자는 소리다.

현실적인 문제로 돌아오면, 다수의 MZ세대는 현재 조직에서 워라블이 지켜지지 않는다면 조직을 떠난다는 점이 중요하다. 다른 회사로 이직이 가능한 능력자일수록 더욱 그렇다. "연봉도 많이 주고 복지에 대한 처우도 좋은데 겨우 워라블이 지켜지지 않는다고 떠난다니 말이 되는가?" 하고 반문하는 사람이 있을지도 모르겠다. 사실 MZ세대에게도 연봉과 복지는 중요하다. 하지만 능력 있는 MZ세대를 뽑고 유지하기 위해 요구되는 것들은 여러 가지다. 연봉도 많아야 하고, 복리후생도 좋아야 하고, 일도 재미있어야 하고, 성장과 커리어 개발도 되어야 한다. 이것 중 어느 하나라도 부족하면 퇴사 이유로 발전할 수 있다.

'안나 카레니나의 법칙'이란 말이 있다. 이 말은 《총, 균, 쇠》의 저자 재레드 다이아몬드 교수가 톨스토이의 명저 《안나 카레니나》의 첫 문장 "행복한 가정은 모두 엇비슷하고 불행한 가정은 불행한 이유가 제각기 다르다"라는 말에서 따온 것인데, 그는 결혼생활이 실패하는 이유를 다음과 같이 설명했다. "행복한 가정은 모두 엇비슷하고 불행한 가정은 불행한 이유가 제각기 다르다. 이 문장에서 톨스토이가 말하려고 했던 것은, 결혼생활이 행복해지려면 수많은 요소들이 성공적이어야 한다는 것이다. 즉 서로 성적 매력을 느껴야 하고 돈, 자녀, 교육, 종교, 인척 등등의 중요한 문제들에 대해 합의할 수 있어야 한다. 행복에 필요한 이 중요한 요소들 중에서 어느 한 가지라도 어긋난다면 그 나머지 요소들이 모두 성립하더라도 그 결혼은 실패할 수밖에 없다." 사람들은 흔히 결혼을 하면 행복을 꿈꾸지만, 이는 특출한 한 가지 요소만으로는 이루어지지 않는다. 행복한 결혼생활이 되려면 그것에 필요한 중요 요소들이 모두 구비되어야 한다. 성적 매력, 돈, 자녀, 교육, 인척 등 중요한 문제에서 결격 사유가 없어야 한다. 이중 한 가지라도 낙제점이 되면 행복한 결혼생활은 물 건너가고 만다.

다이아몬드 교수는 안나 카레니나의 법칙이 결혼생활뿐 아니라 인생의 많은 부분을 이해하는 데도 도움이 된다고 주장했다. 예컨대 성공적인 인생이 되기 위해서도 경제력, 사회적 지위, 인간관계, 건강 등 중요한 요소들이 모두 뒷받침되어야 한다. 사회적 지위는 높지만 주변에 터놓고 이야기를 나눌 친구가 없거나 엄청난 돈을 모았지만 건강을 잃어 중환자실에 누워 있다면 이를 두고 성공한 인생이라고 말하기 어렵다. 안나 카레니나의 법칙이 설명하듯이, "어떤 중요한 일이 성공을 거두려면 수많은 실패

원인을 피할 수 있어야 한다." 성공에 필요한 요소 모두를 골고루 잘해야 한다.

안나 카레니나의 법칙은 능력 있는 MZ세대를 조직에 안착시키기 위한 방법을 찾는 데도 좋은 시사점을 제공한다. 오라는 곳도, 갈 곳도 많은 MZ세대를 뽑고 유지하기 위해서는 필요한 요소 모두에 골고루 신경을 써야 한다. 리서치 회사인 엠브레인 이사이자 《2022 트렌드 모니터》의 저자인 윤덕환 이사는 이에 대해 이렇게 말한다. "자발적 퇴사가 너무 빠르게 증가한다. 월급 많이 준다고 (퇴사하려는 사람을) 잡을 수 없다. 복지 제도나 다른 유지 전략이 필요한데, 그중 가장 중요한 게 시간 선택권을 포함한 (…) 회사에서 무언가 여러 가지를 스스로 바꿀 수 있는 권한(통제감)을 많이 받은 사람들이 직장생활을 오래한다."[60] 금전적 보상만이 퇴사를 막을 수 있는 유일한 방법이 아니며, 다양한 요소에 신경을 써야 한다는 뜻이다.

그래서인지 최근 들어서는 국내 굴지의 대기업을 중심으로 임금 인상만이 아니라 다양한 복지 혜택을 통해 MZ세대 구성원의 마음을 잡으려는 시도들이 늘어나고 있다. 삼성전자의 경우 한 달에 한 번 오후 5시 이전에 퇴근하는 '기프트데이GIFT Day'를 도입하는가 하면, 월급날을 '패밀리데이'로 정해서 야근·회식을 금지하고 정시 퇴근을 독려한다. SK하이닉스에서는 2주 동안 80시간 이상 일한 임직원에게는 별도의 휴가 사용 없이 매월 셋째 주금요일을 쉬게 하는 '해피 프라이데이' 제도를 시행 중이다.[61] 기업이 먼저 임직원의 개인적 시간을 보장하고 나선 것이다.

이외에도 직원들의 자기계발이나 근무 환경을 적극적으로 개선하려는 노력도 엿보인다. 삼성전자는 원어민 강사와 일대일 전화 통화를 통해 외국어를 배울 수 있도록 지원하고 있으며, '육아휴직 리보딩 프로그램'을 통해 육아휴직 후 복직하는 직원의 근무 부서 선택 애로나 경력 단절을 최소화하기 위해 노력한다. SK하이닉스는 전 임직원에게 개당 250만 원 상당의 명품 의자를 제공하고, 가족 친화적 기업 문화 조성을 위해 '임신 축하 패키지' 프로그램을 도입하는 등 복지 범위를 임직원 가족으로까지 확대했다. 또한 태아 검진 휴가 제도, 임산부 휴직 기간 선택 제도, 임산부 영양제 지원, 난임 휴가 제도 및 난임 의료비 지원 제도 등 복지 제도를 촘촘하고 디테일하게 마련하여 워라블을 회사가 먼저 나서 적극적으로 추진한다는 인상을 주려고 노력하고 있다. 물론 복지 제도를 마련하는 데도 돈이 들어간다. 따라서 일부 잘나가는 대기업만 할 수 있는 영역이라고 생각할 수도 있다. 그럼에도 대기업들이 사내 복지를 경쟁적으로 확대하고 있는 것은 연봉 인상만으로는 한계가 있어 사내 복지 확대로 MZ세대의 마음을 사로잡겠다는 포석이 깔려 있다고 보는 편이 타당할 것이다.

이러한 세태를 보면서 기성세대 입장에서는 격세지감을 느낄 수도 있다. "세상 참 좋아졌구나" 하면서 말이다. 그런데 이건 당연한 일이며 바람직한 방향으로의 변화다. 세상이 날이 갈수록 좋아져야지 나빠져서는 곤란하지 않겠는가! 사실 MZ세대 직장인이 워라블을 추구하고, 기업들이 다양한 복지 혜택을 통해 적극적으로 대응하려는 모습은 모두 긍정적인 변화다. 일과 삶을 대립으로 바라보는 워라밸이 아니라 양자의 조화를 이루려는 워라블은 개인을 위해서도, 기업의 경쟁력을 위해서도 모두 바람직한 모습이다.

사실 MZ세대를 중심으로 불고 있는 워라블 현상은 그들만의 전유물이 되어서는 곤란하다. 기성세대를 포함하여 직장인이라면 누구에게나 워라블이 필요하다. 일과 삶을 구분하지 않고 일을 통해 자신의 역량을 개발하고 커리어를 향상시키는 것은 세대를 불문하고 모두에게 중요한 과정이기 때문이다. 따라서 기성세대는 MZ세대의 워라블을 지지하고 지원하는 데서 그치지 않고 본인들도 적극적으로 워라블을 추구하고 실천해나가야 한다. 세대를 넘어 모두가 손을 잡고 워라블이 자연스럽게 이루어지는 조직 문화를 만들어야 한다. 그렇게 되면 자연스럽게 조직 내 유능한 인재가 넘쳐 날 것이다. 요컨대 워라블은 조직이 개인에게 주는 혜택이 아니라 조직 경쟁력의 원천이 되어야 한다.

04 직장 상사는 결코 인생 선배가 아니다

직장인 익명 커뮤니티 블라인드에 이런 질문이 올라왔다. "직장 상사와 선배의 차이점은 무엇입니까?" 이 질문에 많은 답변이 달렸는데, 몇 가지만 소개하면 다음과 같다.

> ① 일을 시키면 상사, 시킨 일을 같이 하는 사람은 선배
> ② 서로 도와가며 일하면 선후배, 상명하복이면 상사
> ③ 나보다 직급이 높으면 전부 상사인데, 배울 점이 많은 상사는 선배, 배울 점이 없는 상사는 꼰대

대체로 공감이 가는 답변이다. 요약하면 상사와 선배의 차이는 자신과 같은 편에 서 있는가, 아닌가에 따라 결정된다는 뜻이다.

상사와 부하는 조직 내 지위나 위치, 입장이 서로 다르다. 상사는 일을 시키고 부하는 시킨 일을 해야 한다. 상사가 주체라면 부하는 객체다. 반면 선배와 후배는 나이나 직급에 차이가 있지만 기본적으로 비슷한 입장과 위치에 있다. 주어진 업무나 과제에 대해 동등한 입장에서 함께 고민하고 힘을 합쳐 해결하는 사이다. 주체와 객체의 구분 없이 하나가 된 사이를 뜻한다. 상사와 부하가 주객이 분리된 상태라면, 선배와 후배는 주객일체主客一體의 관계다. 따라서 상사는 선배가 아니다. 그럼에도 유교 문화에 익숙한 대한민국의 기성세대는 상사와 선배를 구분하지 않을 뿐만 아니라 상사는 곧 인생 선배이자 스승이라고 생각하기도 한다. 그래서 직장 상사 중에는 자신이 부하 직원에게 회사 업무만이 아니라 인생의 모든 면에서 가르침을 줄 수 있고, 심한 경우 자신의 경험과 노하우를 전수(?)해줘야 한다는 사명감마저 가진 이도 적지 않다.

직장 상사가 인생의 선배나 스승 노릇을 자처하고 나서는 모습을 MZ세대는 좋아할까? 개인차는 있겠지만, 대체로 환영하지 않는다. 왜냐하면 그들은 먼저 직장 상사가 인생 선배나 스승으로서의 자격이 있는지 의심하기 때문이다. MZ세대는 선배인 기성세대를 보고 자기보다 지혜롭다고 생각하지 않는다. 오히려 자신들이 선배보다 머리가 좋고 똑똑하다고 생각한다. 기성세대는 주로 산업사회에 태어나 그 시대에 필요한 지식과 경험을 축적한 사람들이다. 하지만 지금은 산업사회가 저물고 지식정보화 시대로 접어들었다. 지식정보화 시대를 살아가는 MZ세대는 산업사회에서 축적된 경험과 노하우를 필요로 하지 않는다. 그것은 오래전에 유통되던 구舊 버전이라고 생각한다. 그 결과 MZ세대는 기성세대의 조언이나 가르침을 기대하지도 원하지도 않는다. 떡줄 사람은 생각도 않는데 김칫국부터 마시는 격이라고나 할까? 아니, 받을 생각도 없는 사람에게 떡을 주는 모양새다. 상대는 스승이라고 생각지도 않는데 스승이 되겠다고 자처하는 꼴이다. 한마디로 '오지랖'이다.

스승이란 자기를 가르쳐서 좋은 길로 인도하는 사람을 뜻하는 말로, 매우 명예로운 극존칭에 해당한다. 따라서 조직에서는 자주 쓰지 않는 표현이다. 대신 '멘토mentor'라는 표현이 조직에서는 더 많이 사용된다. 멘토는 본래 그리스 신화에 나오는 오디세우스의 친구 '멘토르Mentor'에서 유래한 말이다. 오디세우스는 트로이 전쟁에 참가하면서 어린 아들인 텔레마코스를 믿을 만한 친구인 멘토르에게 맡겨 돌보고 가르치게 했다. 이처럼 사람들은 자신이 미성숙하여 혼자서는 설 수 없을 때 자신을 돌봐줄 누군가를 찾게 되는데, 그런 사람이 바로 '멘토'다. 오늘날에는 자신을 올바르게 이끌어줄 '현명하면서도 신뢰할 만한 지도자'란 뜻으로 멘토라는 단어가 사용된다.

용어의 유래에서도 알 수 있듯이, 멘토가 되기 위해서는 두 가지 조건이 필요하다. 첫째, 현명함과 신뢰성을 갖추어야 한다. 그래야만 올바른 곳으로 이끌어줄 수 있기 때문이다. 똑똑하지만 믿을 수가 없거나 믿음직하긴 한데 현명함을 갖추지 못했다면 멘토로서 자격 미달이다. 두 번째 조건은 상대방(멘티mentee)의 요청이 있어야 한다. 오디세우스는 출정을 앞두고 가장 믿을 만한 친구인 멘토르를 찾아가서 자기 아들을 맡아달라고 정중히 요청했다. 그래서 아들은 그를 스승처럼 따랐던 것이다. 만약 아무런 요청도 하지 않았는데 아빠 친구가 찾아와서 대뜸 "아버지가 없으니 오늘부터 내가 대신 너의 스승이 되어주겠다"고 말한다면 아들은 순순히 그를 스승으로 모실까? 쉽지 않다. 이렇듯 멘토가 되는 것에도 자격과 절차가 필요하다.

많은 기업에서 신입 직원을 뽑으면 그들이 직장생활에 잘 적응할 수 있도록 돕기 위한 목적으로 멘토링 제도를 실시하는 경우가 많다. 각 부서의 선배를 한 명씩 지정하여 신입 직원과 일대일로 멘토-멘티 관계를 만들어준다. 멘토인 선배가 자신의 경험과 노하우를 바탕으로 멘티인 신입 직원을 잘 이끌라는 목적에서다. 하지만 멘토링 제도가 제대로 정착되는 경우는 극히 드물다. 이는 제도의 기획이나 실행상 미비점 때문이 아니라 본질의 결핍 때문이다. 앞서도 언급했듯이, 진정한 멘토가 되기 위해서는 현명함과 신뢰성을 갖추어야 하고 멘티의 요청도 있어야 한다. 하지만 현실의 멘토링 제도에는 이 두 가지가 모두 결여되어 있다. 멘토의 자격도 검증되지 않았고 멘티의 요청도 없이 무작정 제도가 시행되고 있다. 그래서 당초 목표를 달성하지 못한 채 흐지부지 끝나고 마는 경우가 대부분이다.

직장 상사가 인생 선배가 되지 못하는 이유도 마찬가지다. 사전적 의미로 선배란 '같은 분야에서 지위나 나이, 학예學藝 따위가 자기보다 많거나 앞선 사람'을 뜻한다. 이 정의에서 눈여겨보아야 할 부분은 '같은 분야에서'라는 표현이다. 누군가 선배가 되기 위해서는 기본적으로 지위, 나이, 학예 등이 자기보다 높거나 많아야 한다. 게다가 분야도 같아야 한다. 지위나 나이가 많고 학문이나 예술의 경지가 아무리 탁월하더라도 나와 다른 분야의 사람이면 선배라고 부르기 어렵다. 예컨대 축구선수 손흥민이 축구 실력이 뛰어나고 나보다 나이가 많다 한들 대기업에 다니는 신입직원에게 선배가 될 수는 없다.

이런 논리로 보자면 직장 상사가 인생 선배가 되지 못하는 이유는 너무도 자명하다. 직장 상사는 회사 업무에 있어서는 선배나 스승이 될 수 있다. 같은 분야이면서 나이나 경험, 경력이 앞서기 때문이다. 하지만 그렇다고 해서 사적인 생활에서까지 조언을 하거나 가르침을 줄 위치는 아니다. 분야가 다르고, 그 일에 대해서는 선배가 후배보다 뛰어나다고 장담할 수 없기 때문이다. 생각해보자. 직장을 먼저 들어온 선배라고 해서 결혼생활을 잘한다는 보장이 있을까? 자녀 교육을 더 잘한다고 장담할 수 있을까? 주식 투자는? 취미 활동은? 노후 대비는? 대부분 아니다. 환경 변화가 극심하고 미래가 불확실한 상황에서 살아가는 오늘날 직장인들에게는 사생활을 포함한 대부분의 인생이 미지의 영역으로 남아 있다. 어떻게 사는 것이 정답인지는 기성세대도 잘 알지 못한 채 살아간다. 따라서 어떻게 살아야 할지는 인생을 살면서 끊임없이 묻고 고민해야 할 영역이다. 누가 누구에게 조언하거나 가르칠 입장이 아니다. 그래서 나이가 많고 회사의 직급이 높다는 이유만으로 오지랖 넓게 나서서 가르치려 해서는 안 된다. 인생에 관한 한 우리 모두는 아마추어에 불과하다.

오해하지 말아야 할 점이 있다. MZ세대가 인생 선배나 스승을 원하지 않거나 필요 없다고 생각하는 것은 아니다. 자격 없는 사람이 선배나 스승이 되겠다고 나서는 것을 거부하는 것일 뿐이다. 알고 보면 MZ세대도 직장에서 좋은 선배를 갈망한다. 미래에 대한 불안감이 높고, 개인의 행복을 중시하는 그들은 누구보다 자신을 잘 이끌어서 성장시켜줄 사람을 절실히 원한다. 현실에서는 많은 경우 현재 직장에서 그런 사람을 찾지 못한다는 점이 아쉬울 따름이다.

젊은 세대가 상사나 선배의 조언을 필요로 한다는 사실은 다음의 조사에서 확인할 수 있다. 미국 Z세대(1990년대 중반~2000년대 초반 출생)의 사회학적 특징을 전문적으로 연구하는 기관인 스프링타이드 연구소Springtide Research Institute는 18~25세 사이의

7,000여 명을 대상으로 '일과 삶의 균형'에 대해 설문조사를 한 바 있다. 조사 결과, 이들 세대는 의미 있는 일을 하고 싶어 하면서도 일과 삶의 균형을 걱정하고 있는 것으로 나타났다. 그러나 대부분은 일과 삶에 대해 조언을 해줄 멘토가 없다고 답했다. 또한 이들 세대의 82%는 직장 내 멘토링을 통해 상사가 성과 목표를 설정하는 데 도움을 주는 것이 중요하다고 답했다. 응답자의 83%는 상사가 자신의 삶에 관심을 가져주기를 원하는 것으로 조사되었다.[62]

MZ세대가 인생 선배를 필요로 하지 않는 것이 아니다. 그들은 공사 구분 없이 선배 세대의 풍부한 경험과 노하우를 전수받고 싶어 한다. 또한 업무에 대한 지도뿐만 아니라 인생에 대한 조언을 들을 준비도 되어 있다. 하지만 전제가 있다. 선배가 믿을 만한 사람이어야 한다는 점이다. 이에 대해 조시 패커드 스프링타이드 연구소 이사는 이렇게 말했다. "Z세대에게 직장은 단순히 일을 위한 장소가 아니라 삶의 의미를 부여하는 장소가 될 것이다. (…) 그 속에서 가장 중요한 문제는 인간적인 신뢰다."[63] 믿을 만한 선배라면 업무에 대한 가르침과 더불어 인생에 대한 조언까지 얻고 싶다는 것이 이들의 소망이다.

MZ세대가 조언을 얻고 싶어 하는 인생 선배는 어떤 모습일까? 기본적으로 MZ세대는 '능력자'를 좋아한다. 그래야만 배울 게 있기 때문이다. 그들은 능력자 선배를 통해 보고 배우고 조언을 얻으면서 자신도 성장하고 싶어 한다. 따라서 그들은 현재에 안주하지 않고 학습과 배움을 통해 계속하여 성장하는 상사를 좋아한다. 그런 상사에게는 직장 업무에 대한 도움만이 아니라 인생 선배로서 현명하게 삶을 살아가는 데 필요한 지혜를 배우고자 한다. 말하자면, 능력 있고 배울 게 많은 사람과는 직장 상사-부하 관계를 넘어 인생의 선후배가 되어 동반자적 관계를 지속하길 원한다.

반면 더 이상 성장을 멈추고 기존에 자기가 가진 것만으로 세상을 살아가는 상사와는 분명한 선을 긋는다. 직장에서는 어쩔 수 없이 상사-부하 관계를 유지하지만 회사 밖에서까지 그 관계를 연장하고 싶지는 않다. 공적인 부분에서의 관계는 인정하되 사적인 부분까지 관여하는 것은 용납하지 않는다. 그런 사람에게는 직장 업무 외에는 배울 게 없다고 생각하기 때문이다.

그러므로 MZ세대에게 존경받는 상사·선배가 되기 위해서는 스스로 배우기를 좋아하고 학습 민첩성을 길러야 한다. 후배에게도 배울 것이 있으면 언제든 물어보아야 한다. 후배에게 물어보는 선배는 지식이나 역량이 부족한 것이 아니다. 배움에 대한 욕구가 강하고 학습 민첩성이 높다는 증거다. 다산 정약용이 쓴《목민심서牧民心書》서문에 이런 말이 나온다. "군자의 학문은 수신修身이 절반이고 나머지 반이 목민牧民이다." 백성을 잘 다스리기 위해서는 먼저 스스로를 갈고닦는 수신이 전제되어야 한다. 다산의 말은 오늘날 직장에서 상사-부하 관계에도 여전히 유효하다. 상사인 기성세대가 후배인 MZ세대에게 효과적으로 영향력을 발휘하려면 먼저 스스로 공부하고 계발하는 수신을 잘해야 한다.

이처럼 MZ세대는 직장에서의 인간관계를 맺는 방식이 예전과 사뭇 다르다. 과거에는 같은 직장에 소속되었다는 사실만으로도 동료니 가족이니 하면서 끈끈한 정과 우애를 과시하기도 했다. 하지만 이러한 모습은 호랑이 담배 피울 적 이야기가 되어버렸다. 지금은 철저하게 공公과 사私를 구분하는 시대가 되었다. 직장 상사라는 이유만으로 부하 직원의 사생활에 간섭하는 행위는 월권이다. MZ세대가 요청하지 않는 한 자기가 먼저 나서서 인생 선배처럼 굴어서는 곤란하다. 직장 상사는 결코 인생 선배가 아님을 명심해야 한다.

05 긍정적인 직원 경험을 발굴하고 제공하라

여기 아리따운 여성이 있다. 남성이라면 누구라도 사귀고 싶다는 마음이 절로 들 정도다. 당연하게도 그녀 주변에 청혼자들이 넘쳐 난다. 그들은 여성의 마음을 얻기 위해 온갖 수단을 동원하지만 그녀는 쉽게 마음을 열어주지 않는다. 어떻게 해야 그녀의 마음을 사로잡을 수 있을까? 그때 한 남성이 나섰다. 어렵게 여성과의 만남 기회를 얻은 남성은 그녀에게 오랫동안 기억에 남을 만한 이벤트를 준비했다. 먼저 한강이 내려다보이는 분위기 좋은 레스토랑에서 감미로운 라이브 음악을 들으며 맛있는 식사를 했다. 식사가 끝나자 남성은 무대로 걸어가더니 피아노 앞에 앉는다. 예상치 못한 남성의 행동에 깜짝 놀란 그녀를 향해 살짝 미소를 보낸 남성은 이내 진지한 표정으로 피아노 연주를 시작한다. 연주와 함께 이날을 위해 오랫동안 연습한 노래를 그녀를 위해 불러준다. 노래가 끝나자 주변 테이블에서는 박수와 환호가 터져 나온다. 예상치 못한 피아노 연주와 노래를 선물 받은 여성은 마치 영화 속 주인공이 된 듯한 느낌과 함께 짜릿한 감동을 경험했다. 그날 이후 여성에게 남성은 수많은 청혼자 중 한 사람이 아니라 함께 사랑을 나누는 '단 한 사람'이 되었다.

이 이야기는 영화나 드라마에서 자주 등장하는 에피소드다. 사실 이런 장면은 풋풋한 로맨스로 읽히기도 하지만 수컷의 비애처럼 느껴지기도 한다. 예로부터 '종족 번식'이라는 역사적 사명(?)을 띠고 태어난 수컷은 암컷의 마음을 얻기 위해 갖은 노력을 다해야 하는 운명이다. 호주와 파푸아뉴기니 등지에 서식하는 바우어새 수컷은 암컷을 유혹하기 위해 수개월 혹은 길게는 1년간 공을 들여 호화로운 둥지를 만든다. 약 1미터 높이의 둥지를 지어 놓고 각종 열매, 꽃, 조약돌, 조개껍데기 등을 물어 와서 인테리어를 한다. 외벽도 각종 장식물로 단장하거나 과일즙으로 칠하기도 한다. 암컷의 마음을 얻기 위해 불철주야 노력을 마다하지 않는 것이다. 하늘을 날거나 이동하는 용도로는 거추장스럽기만 한 공작 수컷의 화려한 뒷날개도 암컷의 마음을 얻기 위한 노력의 일환이다. 화려한 뒷날개를 갖추어야 암컷의 선택을 받을 수 있고, 그래야만 자기의 유전자를 후대까지 전달할 수 있다. 그래서 힘이 들어도 해야만 한다.

동물 세계에서 수컷의 구애 행동은 어찌 보면 참 애처로운 장면이다. 암컷과 짝짓기 한 번 하려고 갖은 고생을 해야 하니 말이다. 하지만 이러한 운명은 인간이라고 별반 다르지 않다. 본질이 수컷인 남성도 여성의 마음을 얻기 위해 열과 성을 다해야 하는 처지다. 남성이 뭇 여성에게 호감을 얻으려면 우선 경제력을 갖추어야 한다. 값비싼 아파트나 자동차, 명품 시계 등은 경제력을 드러내는 상징 기호에 해당하며, 이를 갖춘 사람은 매력도가 높아진다. 따라서 남성은 열심히 노력해서 아파트를 장만하고 멋진 자동차를 구매하기 위해 노력한다. 그래야만 이성에게 어필할 수 있기 때문이다. 이러한 행동은 바우어새 수컷이 호화로운 둥지를 꾸미는 것과 별반 다르지 않다.

남성은 신체적 매력도 갖추어야 한다. 대체로 암컷 인간은 돈이 많아도 신체적 매력도가 떨어지는 수컷에게는 호감을 보이지 않는다. 그래서 수컷은 신체를 매력적으로 만들기 위한 노력도 마다하지 않는다. 평소 다이어트나 운동을 꾸준히 하고, 피부 관리나 성형 수술까지 감행하는 경우도 적지 않다. 이는 공작 수컷이 화려한 뒷날개를 꾸미는 것과 본질은 동일하다. 이렇듯 경제력과 신체적 매력은 이성의 마음을 얻기 위한 수단이다. 이것들을 갖추어야 뭇 남성들과의 경쟁에서 살아남을 수 있다. 딱하다는 생각이 들지도 모르겠지만 어쩔 수 없다. 모든 수컷에게 주어진 운명이니까.

그런데 경제력이나 신체적 매력 등 본질적인 경쟁력을 갖추기란 말처럼 쉽지 않다. 그것들은 오랫동안 시간과 정성을 들여야만 겨우 얻을 수 있다는 특징을 가진다. 그래서 본질적인 경쟁력을 갖추는 것과 별개로, 앞에서 소개한 남성의 경우처럼 특별한 이벤트를 통해 이성의 마음을 얻으려 하는 사람도 많다. 특별한 감동의 순간을 연출함으로써 이성에게 잊지 못할 추억을 만들어 주는 것이다. 황홀한 경험을 선사하면 그것이 여성의 가슴 깊이 아로새겨져 순간의 감동이 영원의 추억으로 남는 경우도 많다. 그래서 이벤트는 이성의 마음을 얻고자 하는 인간 수컷들이 자주 애용하는 수법이다.

암컷과 수컷의 관계나 구애 행동의 메커니즘은 오늘날 조직과 개인의 관계와도 유사하다. 과거에는 회사와 직원의 관계는 고용하는 쪽과 고용당하는 쪽으로 구분되었다. 직원은 '돈 받으면 일하는 노동자'였고, 돈만 주면 일하겠다는 사람은 넘쳐 났다. 당연히 기업이 갑이고 직원은 을의 위치였다. 하지만 MZ세대가 회사의 주역이 되면서 관계의 역전 현상이 생겨나고 있다. 특히 능력 있는 MZ세대는 회사가 정중히 모셔 와야 하는 'VIP 고객'이다. 그들 주위에는 좋은 조건을 제시하며 모셔 가려는 기업이 많다. 말하자면, 오늘날 능력 있는 MZ세대는 뭇 남성의 구애를 받는 여성의 입장과 별반 다르지 않다. 콧대가 높을 수밖에 없다.

기업이 능력 있는 MZ세대를 뽑고 조직에 머물게 하기 위해서는 어떻게 해야 할까? 회사의 매력도를 높여야 한다. 높은 연봉을 제시하고 다양한 복지 제도를 갖추어야 한다. 하지만 이것만으로는 충분치 않다. 경쟁자가 많아질수록 보상과 복지 제도로 차별화하기 어렵기 때문이다. 그래서 최근에 등장한 방법이 있다. 일종의 이벤트 전략이라 할 수 있는데, 비즈니스 세계에서는 이를 '직원 경험Employee experience 관리'라 부른다.

'직원 경험'이란 한 사람이 직장에 입사해서 퇴사할 때까지 경험한 모든 것을 의미한다. 직장에서 일하며 느낀 경험, 다른 직원이나 경영진과 소통한 경험, 스스로 보고 느끼고 관찰한 경험 등 직장생활과 관련된 모든 경험이 포함된다. 직원 경험은 기업이 마케팅 차원에서 관리하는 '소비자 경험Customer experience', 즉 소비자가 제품을 사기 전후에 전체적으로 겪는 경험과 유사하다. 소비자가 어떤 제품에 대해 충성 고객이 되려면 소비자 경험의 전全 과정이 모두 만족스러워야 한다. 구매하기 전부터 매력적으로 보여야 하고 가성비도 좋아야 하고 제품의 사용 후 만족감도 좋아야 한다. 이러한 총체적인 소비자 경험이 좋다면 소비자는 해당 제품만 찾고 그것을 반복적으로 재구매하며 다른 사람에게도 적극적으로 추천하는 등 충성 고객으로 변모한다.

직원 경험도 이와 마찬가지다. 어떤 사람이 직장에 입사하여 일하고 관계하고 활동하는 모든 경험이 합쳐져서 직원과 기업의 관계가 결정된다. 직원이 회사에 얼마나 충성하고 오래 근무할지는 총체적인 직원 경험의 결과에 좌우된다. 평생직장이라는 개념 자체가 사라진 오늘날 MZ세대는 아무리 연봉을 많이 주더라도 불편한 감정이나 부당함을 감수하면서까지 직장생활을 하지는 않는다. 회사가 직원을 소모품으로 생각하거나 배려해주지 않고 함부로 대한다고 판단하면 더 이상 직장에 머물고 싶어 하지 않는다. 당연한 말이지만, 우수한 인재를 유지하지 못하는 기업이 경쟁력을 갖기란 불가능하다. 따라서 오늘날 기업은 구성원들에게 긍정적인 직원 경험을 선사하기 위해 노력하고 있다.

직원 경험을 잘 관리하면 무엇이 좋아질까? 에어비앤비, 페이스북(현 메타), 구글 등 267개 기업을 대상으로 직원 경험의 성과를 분석한 제이콥 모건Jacob Morgan의 연구에 따르면, 직원 경험을 잘 관리한 기업은 그렇지 못한 기업에 비해 생산성이 평균 4.3배 높은 것으로 나타났다. 직원당 평균 매출average revenue은 2.8배, 평균 수익average profit은 4.2배가 높았다.[64] 매출보다 수익이 높다는 것은 우수 인재가 해내는 일의 성과나 효율성이 매우 뛰어남을 의미한다. 게다가 '일하기 좋은 기업'이라고 등재되는 횟수도 6배 높은 것으로 조사되었다. 훌륭한 직원 경험은 잠재적 구직자에게 좋은 평판으로 작용하는 셈이다.

직원 경험의 성과는 다른 조사에서도 일관되게 나타났다. IBM에서 45개국 2만 3,070명의 직원을 대상으로 진행한 연구에서도 직원 경험 관리 지수가 높은 경우, 기업의 총자산 이익률은 3배, 매출액 수익률은 2배 증가했다고 밝힌 바 있다. 또한 직원 경험이 관리되지 않는 기업 직원의 퇴사 의사도 잘 관리된 기업보다 2배 이상 높게 나타났다.[65] 많은 연구 결과가 직원 경험의 관리 여부가 조직 성과와 밀접한 관계가 있음을 일관되게 보여주고 있다. 직원 경험을 잘 관리하면 매출이나 이익 등 조직 효과성 상승뿐만 아니라 우수 인력의 퇴사를 줄이고 유입을 증가시키는 효과도 있다는 것이 입증되었다. 긍정적인 직원 경험은 우수 인재 유입, 조직 효과성 제고, 생산성 향상 등 내부 역량을 강화하고 좋은 조직 문화를 만드는 기제로 작용한다. 우수한 인재들이 모여서 즐겁게 일하는 문화는 자연스럽게 긍정적인 고객 경험을 높이는 결과로 이어지며, 이는 또 높은 비즈니스 성과를 창출하는 기반이 된다. 이렇게 만들어진 성과는 또다시 긍정적인 직원 경험에 대한 투자로 이어져 선순환의 고리가 완성된다. 따라서 능력 있는 MZ세대를 유치하고 높은 성과를 얻고 싶은 기업이라면 직원 경험 관리에 신경을 써야 한다.

직원 경험을 효과적으로 관리하려면 어디에 중점을 두어야 할까? 제이콥 모건은 "직원 경험은 문화, 기술 그리고 물리적 공간의 합으로 구성된다"고 밝힌 바 있다. 결국 직원 경험을 관리하기 위해서는 조직의 문화적 환경, 기술을 통한 새로운 경험, 물리적 공간을 통한 색다른 체험 등이 다양하게 제시되어야 한다. 먼저

MZ세대가 긍정적인 경험을 할 수 있는 문화적 환경을 조성해야 한다. 기본적으로 MZ세대는 시간적·공간적 제약 속에 일하는 것을 싫어한다. 근무시간과 일하는 장소에 대해 통제력과 유연성을 원한다. 실제 많은 기업에서 시간적 유연성을 높이기 위한 수단으로 자율 출퇴근제, 유연 근무시간제 등을 도입하고 있다. 공간적인 측면에서는 집에서 근무하는 재택근무제나 본사에 출근하지 않고 언제 어디서나 원격 근무를 할 수 있는 스마트 오피스 운영 등이 문화적 경험의 사례에 해당한다.

기술 발전을 통해 직원들이 새로운 경험을 쌓게 하는 것도 중요하다. 새로운 기술을 도입함으로써 업무 효율성을 높이고 직원 개개인의 역량을 증대시키는 방식이다. 예컨대 마이크로소프트는 '비바Viva'라는 기술 플랫폼을 통해 다양한 직원 경험을 제공하고 있다. '마이크로소프트 비바'는 여러 플랫폼을 통해 직원의 지식 관리, 학습, 인사이트 등을 제공하는 통합 플랫폼이다. 그중 '비바 토픽스Viva Topics'는 개인의 업무와 관련된 사내 정보와 사내 전문가를 연결해주는 지식 플랫폼이다. 여기서는 인공지능을 통해 직원들이 필요로 하는 정보를 예측해 관련된 사내 정보를 제시하고, 자동적으로 사내 지식을 습득할 수 있도록 도와준다. '비바 러닝Viva Learning'은 사내 정보나 내부 전문가를 넘어 외부 교육과정이나 외부 전문가를 연결해주는 확장된 직원 경험 플랫폼이다. 여기서는 개인의 작업 흐름에 맞춰서 필요한 교육과정을 안내

해주고, 업무에 필요한 외부 전문 지식을 제공하여 이를 습득하는 데 도움을 준다. 한마디로 인공지능이 개개인의 업무와 학습을 지원하는 플랫폼이다. 이를 통해 직원들은 다른 곳에서는 쉽게 얻을 수 없는 경험을 실시간으로 체험한다. 물론 이러한 경험을 제공하기 위해서는 높은 수준의 기술이 전제되어야 한다.

물리적 공간을 통해서도 긍정적인 직원 경험을 쌓게 해야 한다. 이것은 외부와의 물리적 교류를 통해 의미 있는 경험을 쌓는 것으로 기업 공간을 지역 주민에게 개방하거나 지역 봉사 활동 등을 통해 가치 있는 직원 경험을 체험시키는 방식이다. 2022년 4월 SK하이닉스에서는 출범 10주년을 맞아 의미 있는 행사를 개최했다. 춘천에 있는 최신 테마파크인 '레고랜드'를 정식 개장 전 3일 동안 통째로 대관하여 매일 임직원과 가족 1만 명을 초청하는 '피크닉데이'를 가졌다. 반응은 어땠을까? 행사에 참석한 한 직원은 "애들이 아빠 회사 최고라고 하네요. 몸은 힘들지만 아이들한테 최고면 부모에게도 최고죠"라며 만족감을 표했다.[66]

직원 경험을 위한 설계에는 적지 않은 비용이 들 때가 많다. SK 하이닉스가 3일 동안 놀이공원을 통째로 빌리는 데는 꽤 많은 돈이 들었을 것이다. 하지만 특정 기업만이 제공할 수 있는 복지 혜택에는 해당 기업 구성원만이 체험할 수 있는 특별한 직원 경험이 녹아 있다. 이는 자연스럽게 애사심과 자긍심으로 이어진다. 따라서 경쟁사와는 차별화된 직원 경험은 비용이 아닌 투자의 개념으로 접근해야 한다. 최근 들어 잘나가는 대기업을 중심으로 우수 인재의 유출을 막기 위해 심각한 고민에 빠졌다. 인사 담당자들은 아무리 연봉을 높이고 복지를 확대해도 인력 유출을 막는 데는 한계가 있다고 말한다. 능력 있는 MZ세대를 원하는 기업은 넘쳐 나는 상황이다 보니 어쩔 수 없는 일이다. 따라서 임금 수준을 높이고 복리후생을 강화하는 한편, MZ세대에게 특별한 경험을 줄 수 있는 다양한 방법을 고민해야 한다. 경쟁이 심할수록 직원 경험에 투자를 늘릴 필요가 있다.

직원 경험이란 직원의 행복감과 긍정성, 직장생활의 활력을 높이는 활동이다. 한마디로 '출근하고 싶은 조직'을 만드는 것이다. 자신이 속한 조직을 긍정하고 자기 업무에 만족하며 행복감을 느끼는 구성원일수록 오래 머물려고 한다. 오늘날 MZ세대는 의미 있는 직원 경험을 얻지 못하면 언제라도 떠날 준비가 되어 있다. 어쩌면 조직의 미래는 직원들에게 얼마나 의미 있는 경험을 제공하는가에 달렸는지도 모른다. 돈만 벌어다 주고 매사에 무뚝뚝하게 대하는 남편에게 아내가 여전한 애정을 갖기를 기대하는 것은 아무래도 무리다. 오늘날 기업은 '무뚝뚝한 남편'이 아니라 '다정다감한 애인'처럼 굴어야 한다. 상대가 호감을 유지하면서도 행복감을 느낄 수 있도록 만들어야 한다. 가끔은 생각지도 못한 감동의 순간을 경험하게 만들어야 한다. 때로는 순간의 감동이 영원으로 이어지기도 하니까.

06 나 보기가 역겨워 가실 때에는 말없이 고이 보내드리자

오래된 연인이 한쪽의 일방적인 변심으로 헤어지게 되었을 때 "고무신 거꾸로 신는다"고 표현할 때가 있다. 남자친구가 군대 갔는데 애인이 기다려주지 않고 떠난 상황에서 주로 사용된다. 남성의 입장에서는 애인이 고무신을 거꾸로 신으면 하늘이 무너지는 심정일 것이다. 가뜩이나 군대에 끌려온 것도 서러운데, 그것 때문에 애인까지 떠나버렸으니 말이다. 설상가상이라고 해야 할까? 하지만 그러한 일은 주변에서 심심치 않게 벌어지는 흔하디흔한 사례이기도 하다.

사람들은 남친이 군대 간 사이에 고무신을 거꾸로 신는 여성을 보면 어떤 평가를 내릴까? 물론 개인의 성향이나 당사자와의 관계에 따라 판단은 다르겠지만, 부정적으로 평가하는 경우가 많을 것이다. "국방의 의무를 다하러 간 남친을 위해 겨우 몇 년도 기다려주지 못하는가!" 하면서 말이다. 여성은 왜 군대 간 남자친구를 기다려주지 못하고 고무신을 거꾸로 신는 것일까? 갑자기 애정이 식어서일까? 아니면 옛 남친보다 더 멋진 이성이라도 만난 것일까? 이유야 백인백색일 것이다. 하지만 보다 근원적이면서도 공통적인 이유가 있다. 그것은 바로 여성에게는 '자유'가 있다는 사실이다. 구체적으로는 남성을 떠날 자유, 고무신을 거꾸로 신을 자유가 있기 때문에 주변의 부정적인 시선에도 불구하고 마음을 바꾼 것이다.

　남성 입장에서야 여성이 가진 자유가 불만스러울 수밖에 없다. 특히 입대 당시에 새끼손가락을 걸면서 "제대할 때까지 기다리겠노라"고 맹세까지 했다면 더욱 그럴 것이다. 기다리겠다는 약속을 했음에도 고무신을 거꾸로 신는다는 것은 '약속 위반'이며 '반칙'이고 나아가 '배신'이라고 항변하고 싶을 수도 있다. 하지만 여성 입장에서는 그 자유만큼 소중한 것도 없다. 생각해보라. 군대 간 남친을 기다리기로 약속한 여성에게 어떤 일이 있어도 고무신을 거꾸로 신을 자유가 없다면, 이는 너무도 가혹한 처사이지 않겠는가? 끝까지 기다리겠다고 한 약속을 지키지 않았다는 것에 가책을 느낄 수는 있겠지만, 법적 구속력까지 있는 것은 아니다. 약속을 위반했다고 해서 잘잘못을 묻거나 제재를 가할 수 있는 것은 결코 아니다. 원통하고 억울해도 어쩔 수 없는 일이다.

곰곰이 생각하면, 자유란 여성에게만 있는 것은 아니다. 남성에게도 있다. 여성에게 자유가 소중한 것처럼 남성에게도 중요하다. 다른 경우를 생각해보자. 예컨대 여자친구가 군 복무 기간 동안 끝까지 기다렸다고 치자. 그 사실 때문에 남성은 어떤 상황이 오더라도 여성과 결혼까지 해야 할까? 그사이에 더 마음에 드는 여성이 나타나더라도 어쩔 수 없이 포기해야 한단 말인가? 미혼 남녀가 결혼 전까지 여러 이성을 만나본 뒤에 최종 결정을 내리는 것은 지극히 자연스러운 일이다. 그래서 군대에 가 있는 동안 기다려주었다는 이유만으로 남성의 자유를 제한한다면, 이 또한 지나치게 가혹하다. 결국 자유란 남성과 여성 모두에게 필요한 것이다. 자유가 없거나 자유가 제한된 상태에서 시작하는 사랑은 아무래도 부자연스럽다.

장 폴 사르트르는 《존재와 무》에서 자유가 진정한 사랑의 전제 조건이라면서 이렇게 말했다. "내가 타인에게 사랑받아야 한다면, 나는 '사랑받는 상대'로서 자유롭게 선택되어야 한다." 사르트르는 진정한 사랑의 조건으로 상대가 자유로운 상황에서 나를 선택해야 한다고 보았다. 만약 어느 한쪽이라도 자유롭게 선택하지 않은 상황에서 시작되었다면 이는 진정한 사랑이라고 보기 어렵다. 즉 자유로운 선택은 진정한 사랑을 위한 필수 조건이다.

진정한 사랑에는 자유가 전제되어야 한다는 사르트르의 주장은 그다지 새삼스럽게 느껴지지 않는다. 오늘날에는 대부분의 사람이 자유의지에 따라 상대를 선택하고 사랑을 시작하기 때문이다. 하지만 모든 사람이 자유를 마음껏 누리며 사랑을 하는 것은 아니다. 예컨대 조선 시대만 하더라도 배우자 얼굴도 모른 채 집안 어른이 정해준 짝과 결혼하는 사람도 있었다. 이런 경우라면 진정한 사랑이라고 말하기 어렵다. 요즘도 간혹 정략결혼을 하는 경우가 있는데—소위 '막장 드라마'에 자주 등장하는 소재다—이 또한 제대로 된 사랑은 아니다. 집안끼리 맺어준 결혼이나 정략결혼은 거래이거나 계약이라고 부르는 편이 더 어울린다. 당사자의 자유가 전제되지 않았기 때문에 진정한 사랑이라고 말하기 어렵다. 요컨대 자유가 없다면 사랑도 없다.

흔히 사람들은 사랑을 시작하면 그것이 영원하길 기대한다. 그래서 사랑을 막 시작한 연인들은 '변치 않는 사랑'을 약속하고 '영원한 사랑'을 꿈꾼다. 결혼식 날 혼인서약을 하면서도 '검은 머리 파 뿌리가 될 때까지' 사랑하겠노라고 많은 하객들 앞에서 맹세하기도 한다. 하지만 그러한 약속은 대체로 레토릭에 불과하다. 솔직하게 말하면, 영원한 사랑이란 존재하지 않는다. 사랑도 사람도 변하기 때문이다. 변치 않는 사랑이란 상대방의 자유를 빼앗아야만 비로소 가능한 일이다. 각자에게 자유가 있는 한 사랑이 영원하리라는 보장은 없고 자유가 없다면 그것은 이미 사랑이 아니다. 이것이 사랑과 자유의 역설이다.

조직과 개인의 만남도 사랑과 결혼에 비유할 수 있다. 취업준비생이 마음에 드는 회사를 선택하여 사랑을 시작하고 서로의 마음이 통하면 결혼을 한다. 구인·구직 활동을 통해 개인과 조직이 서로의 애정을 확인한 후에 입사가 결정되면 양쪽이 결혼식을 올린 셈이다. 부부 사이가 그러하듯, 개인과 조직이 결혼을 하면 그들의 사랑이 영원하기를 기대한다. 조직은 새로 입사한 직원을 아끼고 보살펴주며 직원이 회사를 위해 충성을 다하기를 기대한다. 중간에 조직이 직원을 버리거나 개인이 새로운 회사를 찾아 떠나는 것은 사랑에 대한 배신이자 약속 위반이라고 생각한다. 한 번 해병은 영원한 해병이어야 하고, 한 번 조직 구성원이 되면 영원해야 한다고 생각한다.

그런데 이상과 현실은 항상 불일치하는 법이다. 불행히도 현실에서는 영원한 사랑에 대한 기대와 바람이 잘 지켜지지 않는다. 개인이 아무리 회사가 마음에 들어 '혼인서약(근로계약)'을 했다 하더라도 당사자에게는 여전히 계약을 철회할 '자유'가 있다. 그것은 헌법에도 보장된 권리다. '직업 선택의 자유!' 즉 개인과 조직이 한 번 인연을 맺었다고 해서 그 상태가 영원하기를 바라는 것은 순진한 기대이거나 지나친 욕심이다. 개인에게 떠날 자유가 없는 계약 관계는 사랑이 아니라 구속에 가깝다. '근로계약'이 아니라 '노예계약'이라고 해야 할 것이다.

오늘날 MZ세대는 연인과의 사랑에서도, 직장과의 인연에서도 기성세대보다 쿨한 면이 있다. 현재 직장이나 직업을 행복을 위한 수단이나 진정한 목표를 찾아가는 과정으로 여기는 MZ세대에게서 한 번의 인연이 영원히 이어지길 기대하는 것은 아무래도 무리다. 그들은 쉽게 만나기도 하고 쉽게 헤어지기도 한다. 만남과 헤어짐에 크게 얽매이지 않는다. 그런 면에서 기성세대보다 쿨한 편이다. 따라서 MZ세대는 애정이 식어버린 조직이라면 언제든 떠날 준비가 되어 있다. 식어버린 애정 관계를 복원하려고 노력하기보다는 새로운 사랑을 찾아나서는 쪽을 선호한다.

그렇다면 조직 입장에서, 애정이 식어버린 개인이 회사를 떠나는 것이 문제가 되는 상황은 언제일까? 퇴사자가 우수한 인재일 때다. 능력이 별로이거나 자기 밥값도 못하는 직원이 스스로 조직과의 결별을 선언하면 이는 오히려 감사할 일이다. 그런 직원이 사표를 제출하면 앞에서는 아쉬운 표정을 지을지 모르지만 돌아서서는 쾌재를 부른다. 하지만 인재가 사표를 쓰면 조직의 경영자나 직속 상사가 직접 나서서 마음을 돌리기 위해 온갖 노력을 다한다. 퇴직 이유를 확인하고 문제가 되는 부분을 해결해줄 테니 다시 한번 생각해보라며 달래기도 한다. 이런 의미로 보자면, 개인을 대하는 조직도 두 얼굴을 가졌다. 무능력자에게는 비정하고 능력자에게는 비굴하다.

능력 있는 직원이 회사를 떠나려 할 때 조직이 나서서 붙잡으려는 이유는 무엇일까? 직원을 위해서일까, 조직을 위해서일까?

당연히 조직을 위해서다. 인재가 조직을 떠나면 조직이 난처해진다. 그 사람이 떠난 자리를 누군가가 대신해야 하는데 마땅한 사람이 없기 때문이다. 떠나는 직원에게는 별 타격이 없다. 능력자인 그를 반기는 곳이 많기 때문이다. 결국 우수 직원이 퇴사를 결정한 상황에서 칼자루를 쥔 쪽은 회사가 아니라 직원이다. 이런 이유로 인재가 사직서를 제출하면 회사는 당사자의 마음을 되돌리려 해도 생각처럼 쉽지 않다. 그에게는 회사를 떠날 자유가 있고 그 자유를 실행에 옮길 능력도 있기 때문이다.

우수 인재가 사표를 제출하면 회사(또는 직속 상사)는 어떻게 대응해야 할까? 바짓가랑이라도 붙잡고 마음을 거두어달라고 애원이라도 해야 할까? 결코 좋은 전략이라고 보기 어렵다. 사직서를 제출한 직원을 붙잡고 다시 한번 생각해보라고 말하는 것은 마치 고무신 거꾸로 신은 애인을 찾아가 울고불고 매달리는 것과 별반 다르지 않다. 모양새만 나쁘고 실익은 별로 없는 행위다. 그렇게 했다가는 상대방 마음을 되돌리기는커녕 남은 정나미마저 없어질 수 있다. 사실 인재가 사직 의사를 밝히면 엔간해서는 마음을 되돌릴 방도가 없다. 그는 이미 오래 고민하여 결정을 내렸고 사직 의사를 철회할 생각이 없다. 본래 능력자는 쉽게 칼을 뽑지 않지만, 한 번 뽑은 칼은 그냥 칼집에 넣지 않는다.

생각을 바꾸어보면 어떨까? 이 대목에서 김소월의 〈진달래꽃〉 한 대목을 음미해보자. "나 보기가 역겨워 가실 때에는 말없이 고이 보내 드리오리다 / 영변寧邊에 약산藥山 진달래꽃 아름 따다 가실 길에 뿌리오리다 / 가시는 걸음걸음 놓인 그 꽃을 사뿐히 즈려밟고 가시옵소서." 시인은 나 싫다며 떠나는 연인을 향해 읍소를 하거나 저주를 퍼붓기보다는 말없이 고이 보내라고 조언한다. 차라리 아름다운 꽃을 따다 가시는 길에 뿌려주며 축복하라고 이야기한다. 인재가 조직을 떠날 때도 이렇게 하면 어떨까? 어떤 이유에서건 회사를 떠날 결심을 했다면 그를 붙잡기보다는 그간의 인연에 감사를 표하고 앞길을 축복해주면 어떨까?

'퇴장의 미학'이란 말이 있다. 멋지게 퇴장하고 아름답게 결별할 때 사용하는 표현이다. 사실 모든 만남은 시작보다 끝이 중요하다. 어떤 30대 건축가가 다니던 설계 사무소에 사직서를 제출했다. 회사에 다니면서 불만보다는 만족감이 많았지만 여전히 해결되지 않은 갈증이 있어서 새로운 도전에 나서겠다는 이른바 '퇴사의 변辯'을 적은 사직서를 사장에게 전했다. 그러자 사장은 "사표가 아니라 새로운 인생의 출사표일세. 훨훨 날아가시게!"라고 말하며 사직서에 "성공을 빕니다"라고 적어주었다고 한다. 사직서를 제출한 뒤, 사장님으로부터 축하와 응원을 받은 건축가는 그 당시의 소회를 다음과 같이 밝혔다. "대표와 사원 관계를 끝내던 날, 인생 선배를 얻은 기분이었다."[67] 불가피하게 헤어지는 일이 생겨도 좋은 인상을 남기는 것이 중요하다. 잘 헤어져야 다시 만날 가능성이 조금이라도 생긴다.

특정한 불만 때문에 퇴직하려는 경우라면 그 불만 요소를 제거하면 문제가 해결되는 경우도 있다. 하지만 더 나은 직장이나 새로운 인생을 향해 '출사표'를 던지는 경우라면 막을 도리가 없다. 아니, 막아서는 곤란하다. 이때는 퇴장의 미학을 발휘하는 것이 더 좋다. 떠나는 사람의 앞날을 축복하고 응원해주는 편이 더 낫다. 요즘 같은 디지털 세상에서는 퇴사자를 어떻게 대하는지도 그 회사의 평판이 된다. 악감정을 가지고 조직을 떠난 사람이 회사에 대해 좋은 말을 해줄 리 없다. 좋은 인상을 가지고 떠난 경우라야 어떤 형태로든 회사의 평판에 도움이 된다.

물론 퇴장의 미학을 발휘하는 것이 최선일 수는 없다. 퇴직자에게 좋은 인상을 남기는 것보다 더 중요한 것은 인재가 떠나는 일이 없도록 만드는 것이다. 최상의 방책은 유비무환이다. 인재가 회사 내에서 꿈을 펼치고 행복을 느낄 수 있도록 만드는 것이 우선이다. 그렇게 했음에도 불구하고 조직을 떠나겠다면 쿨하게 보내주는 편이 더 낫다. 불교에는 '시절인연時節因緣'이란 말이 있다. 모든 인연에는 때가 있다는 뜻이다. 조직과 개인의 만남도 그렇다. 인연이 있어 만났고 인연이 다하면 헤어지는 것이 자연의 섭리다. 따라서 헤어지는 순간이 오면 '말없이 고이 보내드리는' 것이 좋다. 가는 동안 사뿐히 즈려밟고 갈 수 있도록 아름다운 꽃길을 만들어주면 더 좋다. 누가 알겠는가? 다시 인연이 찾아와 또 만나는 날이 있을지도.

07 어떤 경우라도 수단이 아닌 목적으로 대하라

대체로 어른들은 나이가 들면서 미래보다는 과거를 그리워하는 경향이 있다. 본인이 살아온 과거 시간은 길고 다채로운 반면, 앞으로 살아갈 미래의 시간은 얼마 남지 않은 경우에는 더 그렇다. 그래서 "아, 옛날이여!"라는 말을 입에 달고 사는 사람도 적지 않다. 가수 이선희의 노래 제목이기도 한 이 표현은 주로 과거 좋았던 시절을 그리워할 때 자기도 모르게 내뱉는 말이다. 지금보다 옛날이 훨씬 좋았다는 뜻인데, 과거로 돌아가고 싶다는 소망을 내포하고 있기도 하다.

"아, 옛날이여!"를 입버릇처럼 말하는 사람의 현재 삶은 행복할까? 그렇지 않을 가능성이 크다. 현재에 만족하며 사는 사람이라면 굳이 과거를 떠올릴 이유가 없다. 현재를 즐기기에도 시간이 부족하기 때문이다. 하지만 현재가 불만족스럽거나 불행하다고 느끼는 사람은 그것에 대한 반작용으로 과거 즐겁고 행복했던 시절을 회상한다. '그때가 참 좋았지!' 하면서. 이 대목에서 한번 생각해보자. 우리가 '아, 옛날이여!'라면서 옛날의 기억을 회상하는 때의 시제時制는 어떻게 될까? 과거일까, 현재일까? 정답은 '현재'다. 과거의 기억을 떠올리고 있지만 그 행위의 시점은 현재다.

초기 기독교의 대표적인 교부敎父 철학자인 아우구스티누스는 《고백록》에서 우리가 경험하는 시간은 오로지 '현재'뿐이라면서 다음과 같이 말했다. "과거와 현재와 미래라는 세 가지 시간이 있다고 말하는 것은 옳지 않다. 차라리 과거의 현재, 현재의 현재, 미래의 현재, 이와 같은 세 가지의 때가 있다고 말하는 것이 옳다." 우리는 흔히 시간을 과거·현재·미래 세 가지로 구분하여 말하지만 아우구스티누스에 의하면 이런 구분은 의미가 없다. 과거를 떠올리는 순간도 '현재'이며, 미래를 기대하는 순간도 '현재'이기 때문이다. 따라서 우리가 경험하는 모든 시간은 현재에 속하며, 현재만이 실제로 체험할 수 있는 시간이다. 과거나 미래는 관념적으로만 존재하는 시간이다. 과거를 기억하는 것은 '과거의 현재'이며, 미래를 기대하는 것 또한 '미래의 현재'에 불과하다. 결국 삶은 언제나 '현재'로만 존재한다. 우리가 체험하는 시간은 '과거-현재-미래'로 이어지는 것이 아니라 '과거의 현재-현재-미래의 현재'로만 존재하는 셈이다.

이런 의미로 보자면, '아, 옛날이여'를 입에 달고 사는 사람은 현재에 충실하지 못하고 있다. 그의 의식은 지금보다 행복했던 과거의 기억에 사로잡혀 있다. 그렇게 되면 현재를 직시하지 못하고 '지금-여기'의 삶에 충실하지 못할 가능성이 농후하다. 그의 눈과 의식은 '눈앞의 현재'가 아니라 '과거의 현재'를 향해 있기 때문이다. 오늘날 조직의 기성세대도 과거를 그리워하는 경우가 많다. 새롭게 등장한 MZ세대와 소통이 어렵고, 그들이 자기 뜻대로 움직이지 않기 때문이다. 본전 생각이 날 수도 있다. 자기들은 신입 시절에 상사의 말이라면 죽는 시늉이라도 했는데 지금은 도무지 '말발'이 먹히지 않는다. 그렇다고 마냥 손 놓고 있을 수도 없는 노릇이다. 기성세대는 조직에서 관리자나 리더 역할을 맡고 있는 터라 MZ세대를 동기부여시켜서 성과를 내야 하는 책임도 지고 있다. 위로부터는 성과 압력이 거센데, 아래에서는 내 맘처럼 따라주지 않는다. 그러니 어쩌겠는가? "아, 옛날이여" 하며 푸념이라도 늘어놓을 수밖에.

'카르페 디엠Carpe diem'이란 말이 있다. 영화 〈죽은 시인의 사회〉에서 주인공인 키팅 선생님이 제자들을 향해 조언하여 유명해진 말이다. 카르페 디엠은 '현재를 잡아라'는 뜻의 라틴어다. 현재의 삶에 충실하라는 의미로 충만한 삶을 살고자 하는 사람이라면 금과옥조로 삼아도 좋을 말이다. 하지만 오늘날 조직에서 기성세대가 "아, 옛날이여"를 연발하고 있다면, 이는 카르페 디엠의 가르침을 실천하지 못하는 셈이다. 기성세대는 왜 현재에 충실하지 못하고 과거 좋았던 시절을 그리워하는 것일까? 왜 카르페 디엠을 실천하지 못하는 것일까? 사람마다 이유야 다를 것이다. 하지만 새롭게 변화된 환경에 적응하지 못한 탓도 중요한 이유 중 하나다. 인생을 살아가는 가치관도, 직장생활에 임하는 마인드도 자신과 전혀 다른 MZ세대가 도무지 이해되지 않고 그들과 함께하는 조직생활이 좀처럼 익숙해지지 않아서다. 그래서 과거를 그리워하는 것이다.

이제 어떻게 해야 할까? 결론부터 말하면, 새로운 환경에 익숙해져야 한다. 어떻게 하면 기성세대가 새롭게 변화한 환경에 익숙해지고 적응할 수 있을까? 이 대목에서 우리는 질 들뢰즈의 '아장스망agencement'이라는 개념을 사유할 필요가 있다. 아장스망이란 '배치, 배열'을 뜻하는 프랑스어다. 들뢰즈는 사람이나 사물의 본성은 고정된 것이 아니라 다양한 배치의 결과라고 보았다.

예컨대 날카로운 칼이 요리사의 손과 만나면 그것은 맛있는 음식을 만드는 유용한 도구가 된다. 하지만 강도의 손에 들려 있으면 그것은 사람을 위협하는 흉기로 변하고 만다. 칼의 본성이 고정된 것이 아니라 무엇과 만나는가, 다시 말해 어떠한 배치 속에 존재하는가에 따라 매번 달라진다. 결국 사람이나 사물의 본성을 결정하는 것은 타고난 특질이 아니라 어떤 배치 속에 있는

가에 따라 달라진다는 것이다.

들뢰즈는 아장스망을 이렇게 정의했다. "아장스망은 다양한 이질적인 항들로 구성되어 있으며, 나이 차이, 성별의 차이, 신분의 차이, 즉 차이나는 본성들을 가로질러서 그것들 사이에 연결이나 관계를 구성하는 다중체multiplicity이다."[68] 우리가 살아가는 세상은 이질적인 다양한 것으로 구성되어 있다. 오늘날 조직에서도 세대, 성별, 국적, 신분, 직무 등 이질적인 본성을 가진 사람들이 모여서 함께 일하는 경우가 많다. 이 상황에서 각각의 개별자에게는 이질적이고 차이나는 본성들과의 다양한 마주침 속에서 새로운 주름이 생겨난다. 마치 외부 환경과의 조우로 인해 나무에 매년 새로운 나이테가 생기듯이, 우리 인간도 살아가면서 다양한 마주침의 결과로 어떤 흔적이나 주름이 생기는데, 이 흔적이나 주름이 대상의 본성을 결정한다는 것이 들뢰즈의 주장이다. 들뢰즈는 이처럼 다양한 마주침으로 발생하는 흔적이나 주름을 배치나 배열을 의미하는 '아장스망'이라는 개념으로 사유했다.

결국 인간은 태어난 본성대로 살아가는 존재가 아니다. 살면서 만나는 다양한 배치(아장스망)의 결과로 매번 새로운 주름을 만들어가는 존재다. 또 그렇게 만들어진 새로운 주름이 자신의 본성을 형성한다. 따라서 다양한 본성들로 구성된 세상을 살아가는 인간은 본인이 원하건 원하지 않건 간에 이질적인 것과의 만남은 피할 수 없다. 오늘날 조직에서 기성세대가 자신과 전혀 다른 본성을 가진 MZ세대를 만나는 것 또한 필연이다. 관건은 새로운 배치 속에서 얼마나 그에 맞는 주름을 만들어내는가 하는 점이다. 이질적인 것과의 마주침을 통해 그것에 어울리는 새로운 주름을 만들어낸다면 그 환경에 익숙해져서 그다지 불편함을 느끼지 않는다. 하지만 새로운 주름을 만들어내지 못한다면 현실은 여전히 어색하고 불편할 것이다. 그 결과 "아, 옛날이여"를 연발할 가능성이 높다.

들뢰즈의 아장스망 개념이 중요한 이유는 우리가 어떤 배치 속에 들어가는가에 따라 '생성'이 달라지기 때문이다. 들뢰즈에 따르면 현재 자신의 모습은 아장스망, 즉 다양한 배치의 결과다. 타고난 본성 따위는 없기 때문이다. 따라서 현재의 배치를 바꾸면 지금과는 전혀 다른 존재로 변신할 수도 있다. 매일 자동차로 출퇴근하던 사람이 생각을 바꿔 자전거를 타고 출퇴근하기로 마음먹었다고 치자. 그는 이제부터 출퇴근길의 아장스망이 달라졌다. 자동차와 연결되었던 과거의 배치는 사라지고 자전거와 헬멧, 운동복과의 새로운 연결이 만들어졌다. 그 결과 그의 몸에는 자전거 출퇴근에 필요한 근육과 체형, 심폐 기능이라는 새로운 주름이 만들어진다. 새로운 생성이 일어나는 것이다. 이처럼 인간은 새로운 배치를 통해 변화하고 발전하는 존재다. 지금과 다른 모습으로 변하고 싶다면 새로운 배치를 회피해서는 곤란하다. 적극적으로 부딪치면서 그에 어울리는 주름을 만들어내야 한다.

결국 조직에서 기성세대가 이질적인 본성을 가진 MZ세대와 만나는 일은 불편함만 주는 것은 아니다. 그 새로운 아장스망은 기성세대로 하여금 새로운 생성의 기회를 주는 일이기도 하다. 기성세대에게는 새롭게 주어진 환경을 회피할 것인가, 아니면 적응할 것인가의 선택이 주어진 셈이다. MZ세대와의 만남을 불편함이나 어색함으로 해석할지, 아니면 새로운 생성의 장으로 활용할지는 전적으로 기성세대의 몫이다. 현재에 머물지 않고 자신을 계속해서 새롭게 변화시키고 싶다면 새로운 마주침이나 배치를 생성의 기회로 활용해야 한다.

이제 '대퇴사 시대'와 '조용한 퇴사' 열풍에 어떻게 대처해야 할 것인가에 대한 논의를 마무리할 시간이 되었다. 능력 있는 MZ세대를 자기 조직으로 끌어오려는 조직(또는 상사)의 생각과 자신의 성장과 행복을 꿈꾸는 개인은 기본적으로 지향점이 다르다. 회사는 개인이 조직을 향해 충성을 다하고 자신이 가진 능력을 십분 발휘하고 헌신하여 조직 성과에 기여하길 바란다. 반면 개인은 조직생활을 통해 자신의 역량을 개발하고 몸값을 높이며, 나아가 행복한 삶의 기반을 구축하길 원한다. 서로가 우선하는 가치가 다른 셈이다. 동상이몽이라고나 할까! 그럼에도 우리는 그 가운데서 접점과 공생의 길을 모색해야 한다. 조직과 개인이 서로 윈윈win-win할 수 있는 이른바 '제3의 길'을 찾아야 한다.

어떻게 찾을 수 있을까? 사실 손쉬운 정답을 기대하는 것은 순진한 생각이다. 개별 사안 하나하나에 대해서는 간혹 '솔로몬의 지혜'를 발견하는 경우도 있다. 하지만 복잡하게 얽힌 세상의 문제를 단번에 풀 수 있는 마법의 열쇠란 현실에는 존재하지 않는다. 사람마다, 상황마다, 시기마다 해법과 솔루션은 다를 수밖에 없다. 따라서 각자 자신에게 주어진 배치와 상황을 잘 분석하여 현명한 대처 방법을 찾아야 한다. 앞서 소개한 여러 논의를 각각의 상황에 적용해보면 나름의 해법을 찾는 데 도움이 될 것이다. 그런 의미로 보자면, 이 책은 물고기를 잡아주는 것이 아니라 물고기를 잡는 방법을 알려주는 지침서에 가깝다. 이 지침서를 잘 활용하면, 좀처럼 기성세대의 낚시나 그물에 걸리지 않는 MZ세대의 마음을 얻는 데 조금이나마 도움이 될 것이라 확신한다.

끝으로 MZ세대라는 물고기를 잡고자 하는 '강태공'이라면 반드시 가져야 할 마음가짐을 소개하면서 마치고자 한다. 독일 철학자 칸트는 《실천이성비판》에서 사람을 대하는 윤리 준칙에 대해 다음과 같이 말했다. "언제 어디서나 너와 다른 사람을 항상 수단이 아닌 목적으로 대하라." 상대방을 수단이 아닌 목적으로 대하라는 칸트의 정언명령定言命令은 모든 인간관계에 적용되어야 할 원칙이지만, 특히 오늘날 조직에서 상사인 기성세대가 부하인 MZ세대를 대할 때 반드시 새겨야 할 금언이다.

흔히 경영학에서는 사람을 경영에 필요한 여러 자원 중 하나로 분류한다. 사람은 돈이나 토지, 설비 등 물적物的 자원과 대비되는 인적人的 자원이다. 이처럼 사람을 자원의 하나로 포함시키는 것은 결코 바람직한 관점이 아니다. 자원의 본질은 '수단'이다. 즉 어떤 목적을 이루기 위한 도구인 셈이다. 수단은 필요하면 가져다 쓰지만 쓸모가 없어지면 용도 폐기되고 만다. 일종의 소모품이다. 이처럼 사람을 자원으로 생각하는 관념에는 비인간적인 의도가 숨어 있다.

조직에서 경영자나 관리자가 직원을 경영 자원의 하나라고 생각하여 수단처럼 부린다면, 그 직원과 좋은 관계를 맺기란 불가능하다. 나아가 그가 자기 일에 열정과 몰입을 다 하고 조직에 헌신하기를 기대하는 것은 앞뒤가 맞지 않는 일이다. 사람을 자원이나 수단으로 대한다는 것은 인간을 마치 기계나 설비 대하듯 하는 것과 같다. 기계 인간은 생각이 없다. 열정도 모른다. 당연히 조직을 향상 충성심도 없다. 기계에게 인간의 감정을 기대하는 것은 애초부터 무리다. 결국 직원을 자원으로 생각하는 것은 인간의 고유성을 무시하고 마치 기계 대하듯 하는 셈이다. 이는 인간만이 가진 고유한 특질인 창조성과 잠재력을 전혀 활용하지 못하는 것으로 매우 낮은 수준의 자원 활용이다. 그러한 생각을 가진 경영자나 관리자 또한 하수에 불과하다.

오늘날 MZ세대는 조직의 자원이 되기 위해서 입사하는 것이 아니다. 자신만의 인생과 행복에 이르기 위한 과정으로 조직을 택한 것이다. 스스로의 목적을 위해 현재 조직을 택했을 뿐이다. 따라서 MZ세대에게 사람을 수단이 아닌 목적으로 대하라는 칸트의 정언명령은 반드시 지켜져야 할 대원칙이다. 아무리 보상을 많이 해주더라도 자신이 수단으로 활용되고 있다면 그 조직을 계속 다닐 이유가 없어진다. 사실 자신을 수단이 아닌 목적으로 대해주길 바라는 마음은 MZ세대만이 아니라 기성세대도 가지고 있다. 기성세대도 오너나 경영자에 의해 수단으로만 취급된다면 조직에 대한 진정한 헌신과 몰입은 요원할 것이다.

조직이란 각기 목적인 사람이 만나서 공동의 목표를 위해 협력하는 공간이다. 경영자도 자기 목적 때문에 조직을 운영한다. 상사도 부하도 각자의 목적을 위해 한배를 탄 사람들이다. 자기가 탄 배가 자신이 원하는 목적지에 데려다줄 것이라는 믿음 때문에 승선한 것이다. 따라서 자기가 탄 배가 원하는 목적지를 향해 나아가지 않는다고 판단되면 미련 없이 다른 배로 갈아탄다. 특히 자신이 수단처럼 취급되어 배의 원료로 활용되고 있다고 느낀다면 지체 없이 배를 떠난다. 결국 함께 배를 탄 사이라면 각자의 목적지를 파악하고 그 목적지까지 안전하게 갈 수 있도록 배려하고 협력해야 한다. 우리는 모두 자기 인생의 목적지를 향해 떠나는 여행객이다.

3장 요약 이제 어떻게 해야 하는가

3장에서는 MZ세대가 조직을 떠나는 문제에 대한 대책을 논의하였다. 먼저 조직을 떠나려는 MZ세대를 왜 붙잡아야 하는지에 대해서 살펴보았고, 이후로는 그들을 조직에 머물게 하기 위한 대책과 방법론에 대해 논하였다.

1. MZ세대를 붙잡아야 기업에 미래가 있다: 인터넷과 소셜네트워크서비스가 등장하면서 소수의 오피니언 리더가 여론 시장을 독점하던 시대는 저물고 누구나 인플루언서가 되어 영향력을 행사하는 시대가 되었다. 이러한 변화의 중심에는 온라인과 소셜네트워크서비스에 친숙한 MZ세대가 있다. MZ세대는 비즈니스 미래에 막대한 영향을 미치고 궁극적으로는 비즈니스의 형태를 완전히 바꿀 '트렌드 세터trend setter'다. 오늘날 많은 기업이 앞다투어 MZ세대의 욕구를 읽고, 그들의 눈치를 살피는 까닭은 그들이 가진 구매력 때문만이 아니다. 온라인과 소셜네트워크서비스에 능통한 그들이 세상의 트렌드를 주도하고 다른 사람에게 막강한 영향력을 행사하기 때문이다. 따라서 오늘날 조직과 상사는 MZ세대의 욕구를 이해하고, 그들의 마음을 잡는 노력을 게을리해서는 안 된다. 그들이 곧 기업의 미래이기 때문이다. MZ세대를 놓친 기업에게 미래는 없다.

2. 회사 밖의 꿈과 목표를 이룰 수 있게 도와주라: 오늘날 MZ세대는 직장에 적籍을 두고 있지만 진정 이루고 싶은 꿈은 직장 밖에 있다. 이들은 언제든 선택의 순간이 도래하면 진정한 꿈을 찾아 떠나리라는 마음을 품고 오늘도 일터를 향한다. 직장 밖에 꿈을 두고 있는 MZ세대는 회사의 일과 개인의 꿈을 별개로 생각한다. 직장생활은 개인적인 꿈을 이루기 위한 과정일 뿐이다. 이러한 태도를 부정적으로 바라보는 기성세대가 있는데, 이것은 잘못된 판단이다. 그들의 생각은 지극히 자연스럽고 지혜로운 태도다. 미래가 불투명하고 불확실한 상황에서 현재의 직장 일에만 모든 걸 거는 것은 결코 현명한 자세가 아니다. 기성세대는 회사 바깥에 있는 MZ세대의 꿈과 행복을 지지해주어야 한다. 비록 그것이 회사 밖에 있더라도 인정하고 함께 고민해주어야 한다. 안이건 밖이건 꿈을 꾸고 그것을 향해 나아가는 사람은 현재 주어진 일에 열정을 보인다. 현재

와 미래는 보이지 않는 끈으로 연결되어 있기 때문이다. 요컨대, MZ세대의 꿈을 인정하고 그것을 이룰 수 있도록 도와주는 것이 그들과 소통하면서 함께 일할 수 있는 비결이다.

3. 워라밸이 아니라 워라블을 찾도록 지원하라: MZ세대의 많은 이들은 물질적 보상보다는 워라밸을 더욱 중요하게 생각한다. 다른 한편으로는 워라블을 추구하기도 한다. 워라블이란 일과 삶을 융합blending한다는 뜻으로, 워라블을 추구하는 MZ세대는 업무와 일상을 나누지 않는다. 업무에 시너지를 낼 수 있는 자기계발이나 취미 활동을 삶의 중요한 부분이라고 생각한다. 일상에서 업무와 관련된 영감을 얻을 수 있는 활동을 적극적으로 찾고, 일과 삶을 분리하지 않고 적절히 블렌딩한다. MZ세대를 중심으로 불고 있는 워라블 현상은 그들만의 전유물이 되어서는 곤란하다. 일과 삶을 구분하지 않고 일을 통해 자신의 역량을 개발하고 커리어를 향상시키는 것은 세대를 불문하고 모두에게 중요한 과정이기 때문이다. 기성세대는 MZ세대의 워라블을 지지하고 지원하는 데서 그치지 않고 본인들도 적극적으로 워라블을 추구하고 실천해나가야 한다. 워라블이 조직이 개인에게 주는 혜택이 아니라 조직 경쟁력의 원천이 되어야 한다.

4. 직장 상사는 인생 선배가 아니다: 지식정보화 시대를 살아가는 MZ세대는 산업사회에서 기성세대가 축적한 경험과 노하우를 필요로 하지 않는다. 그렇다고 MZ세대가 인생 선배나 스승을 원하지 않거나 필요 없다고 생각하는 것은 아니다. 풍부한 경험과 노하우를 갖춘 믿을 만한 선배라면 업무에 대한 가르침과 더불어 인생에 대한 조언까지 얻고 싶어 한다. 결국 상사나 선배의 능력이 관건이다. MZ세대에게 존경받는 상사·선배가 되기 위해서는 스스로 배우기를 좋아하고 학습 민첩성을 길러야 한다. 과거에는 같은 직장에 소속되었다는 사실만으로도 동료니 가족이니 하면서 끈끈한 정과 우애를 과시하기도 했지만 지금은 직장 상사라는 이유만으로 부하 직원의 사생활에 간섭하는 행위는 월권이다. MZ세대가 요청하지 않는 한, 자기가 먼저 나서서 인생 선배처럼 굴어서는 곤란하다. 직장 상사는 결코 인생 선배가 아니다.

5. 긍정적인 직원 경험을 발굴하고 제공하라: 기업이 능력 있는 MZ세대를 뽑고 조직에 머물게 하기 위해서는 '직원 경험Employee experience'을 잘 관리할 필요가 있다.

'직원 경험'이란 한 사람이 직장에 입사해서 퇴사할 때까지 경험한 모든 것을 의미한다. 어떤 사람이 직장에 입사하여 일하고 관계하고 활동하는 모든 경험이 합쳐져서 직원과 기업의 관계가 결정된다. 직원 경험을 잘 관리하면 매출이나 이익 등 조직 효과성 상승뿐만 아니라 우수 인력의 퇴사를 줄이고 유입을 증가시키는 효과도 있다. 긍정적인 직원 경험은 우수 인재 유입, 조직 효과성 제고, 생산성 향상 등 내부 역량을 강화하고 좋은 조직 문화를 만드는 기제로 작용한다. 인재들이 모여서 즐겁게 일하는 문화는 자연스럽게 긍정적인 고객 경험을 높이는 결과로 이어지며, 이는 또 높은 비즈니스 성과를 창출하는 기반이 된다. 따라서 능력 있는 MZ세대를 유치하고 높은 성과를 얻고 싶은 기업이라면 직원 경험 관리에 신경을 써야 한다.

6. 떠날 때는 말없이 고이 보내드리자: 오늘날 MZ세대는 현재 직장이나 직업을 행복을 위한 수단이나 진정한 목표를 찾아가는 과정으로 여긴다. 그 결과, 그들은 만남과 헤어짐에 크게 얽매이지 않는다. MZ세대는 애정이 식어버린 조직을 언제든 떠날 준비가 되어 있다. 식어버린 애정 관계를 복원하려고 노력하기보다는 새로운 사랑을 찾아나서는 쪽을 선호한다. 사실 인재가 사직 의사를 밝히면 엔간해서는 마음을 되돌리기가 쉽지 않다. 특정한 불만 때문에 퇴직하려는 경우라면, 그 불만 요소를 제거하면 문제가 해결되는 경우도 있다. 하지만 더 나은 직장이나 새로운 인생을 향해 '출사표'를 던지는 경우라면 '퇴장의 미학'을 발휘하는 것이 더 좋다. 떠나는 사람의 앞날을 축복하고 응원해주는 편이 더 낫다. 요즘 같은 디지털 세상에서는 퇴사자를 어떻게 대하는지도 그 회사의 평판이 된다. 물론 퇴장의 미학을 발휘하는 것이 최선일 수는 없다. 퇴사자에게 좋은 인상을 남기는 것보다 더 중요한 것은 인재가 떠나는 일이 없도록 만드는 것이다. 인재가 회사 내에서 꿈을 펼치고 행복을 느낄 수 있도록 만드는 것이 우선이다. 그렇게 했음에도 불구하고 조직을 떠나겠다면 '쿨'하게 보내주는 편이 더 낫다. 조직과 개인도 인연이 있어 만났고, 인연이 다하면 헤어지는 것이 자연의 섭리다. 따라서 헤어지는 순간이 오면 '말없이 고이 보내드리'는 것이 좋다. 가는 동안 사뿐히 즈려밟고 갈 수 있도록 아름다운 꽃길을 만들어주면 더 좋을 것이다.

7. 어떤 경우라도 MZ세대를 수단이 아닌 목적으로 대하라: 경영학에서는 사람을 경영에 필요한 여러 자원 중 하나로 분류한다. 사람은 돈이나 토지, 설비 등 물적物的 자

원과 대비되는 인적人的 자원이다. 하지만 MZ세대는 조직의 자원이 되기 위해서 입사하는 것이 아니다. 자신만의 인생과 행복에 이르기 위한 과정으로 조직을 택한 것이다. 스스로의 목적을 위해 현재 조직을 택했을 뿐이다. 따라서 "언제 어디서나 너와 다른 사람을 항상 수단이 아닌 목적으로 대하라"는 칸트의 정언명령은 MZ세대를 대할 때 반드시 지켜야 할 절대 원칙이다. 아무리 보상을 많이 해주더라도 자신이 수단으로 활용되고 있다면 그 조직을 계속 다닐 이유가 없어진다. 조직이란 각기 목적인 사람이 만나서 공동의 목표를 위해 협력하는 공간이다. 경영자도 상사도 부하 직원도 각자의 목적을 위해 한 배를 탄 사람들이다. 따라서 모든 사람의 목적은 존중되어야 한다. 우리는 모두 자기 인생의 목적지를 향해 떠나는 여행객이다.

1 https://www.chosun.com/opinion/manmulsang/2022/09/20/AHGJC5X2GFBWHHA
   HXFHJCIE34M/
2 https://www.donga.com/news/article/all/20211214/110779253/1
3 https://www.ajunews.com/view/20220103080722222
4 https://www.jobkorea.co.kr/goodjob/tip/view?News_No=19299
5 https://www.saramin.co.kr/zf_user/help/live/view?idx=108293&listType=news
6 https://www.donga.com/news/Economy/article/all/20221101/116251238/1
7 http://blog.lxinternational.com/28413/
8 프리드리히 니체, 《선악의 저편·도덕의 계보》, 책세상, 2002.
9 https://www.donga.com/news/article/all/20210916/109284819/1
10 https://www.joongang.co.kr/article/21736123
11 F. Herzberg, B. Mausner and B. S. Snyderman, The Motivation to Work, NY: Wiely,
   1959.
12 https://www.kukinews.com/newsView/kuk201510140245
13 https://biz.sbs.co.kr/article/20000072188?division=NAVER
14 https://www.jobkorea.co.kr/goodjob/tip/view?News_No=18872&schCtgr=120003&Pa
   ge=1&Tip_Top=1
15 https://www.jobkorea.co.kr/goodjob/tip/view?News_No=19205
16 https://www.donga.com/news/Economy/article/all/20210728/108213176/1
17 데이비드 그레이버, 《불쉿 잡Bullshit Jobs》, 민음사, 2021.
18 https://m.khan.co.kr/culture/book/article/202109031052001#c2b
19 https://magazine.hankyung.com/business/article/202205118440b
20 https://www.inews24.com/view/1407757
21 http://www.mediadale.com/news/articleView.html?idxno=128792
22 http://news.unn.net/news/articleView.html?idxno=525345
23 https://www.hankyung.com/society/article/202204261726Y
24 https://www.saramin.co.kr/zf_user/hr-magazine/series-view?hr_series_idx=88&hr_
   idx=886
25 https://newsis.com/view/?id=NISX20220323_0001804831
26 https://www.fnnews.com/news/202207191805105262
27 https://newsis.com/view/?id=NISX20220323_0001804831
28 https://www.joongang.co.kr/article/25090858#home
29 https://m.nocutnews.co.kr/news/5740908
30 https://www.fnnews.com/news/202205251422466157
31 https://www.goodnews1.com/news/articleView.html?idxno=113233
32 https://www.hidoc.co.kr/healthstory/news/C0000638852

33 https://www.dailyimpact.co.kr/news/articleView.html?idxno=65903
34 https://biz.chosun.com/industry/industry_general/2021/06/03/SUKHUBSKAZE5ZKO
SOJRYTYCARQ/
35 https://www.hani.co.kr/arti/economy/finance/1037629.html
36 https://www.newspim.com/news/view/20220406000871
37 https://biz.newdaily.co.kr/site/data/html/2022/04/19/2022041900006.html
38 http://www.seouleconews.com/news/articleView.html?idxno=66897
39 https://www.fnnews.com/news/202207171827194002
40 https://www.fnnews.com/news/202207171827194002
41 https://kr.investing.com/news/economy/article-810394
42 https://www.fnnews.com/news/202207171827194002
43 https://www.hankyung.com/economy/article/202206307119g
44 https://www.hankyung.com/economy/article/202203081931Y
45 https://biz.chosun.com/site/data/html_dir/2020/05/05/2020050500795.html
46 https://www.saramin.co.kr/zf_user/help/live/view?idx=104624&listType=news
47 https://www.news2day.co.kr/article/20220713500348
48 https://biz.chosun.com/industry/company/2021/11/08/BG7E2ET2Y5FSPCWPXFZJ
S3IBNY/
49 https://www.joongang.co.kr/article/23842372#home
50 https://m.health.chosun.com/svc/news_view.html?contid=2021080901399
51 http://economychosun.com/client/news/view.php?boardName=C00&page=1&t_
num=13610834
52 https://www.news2day.co.kr/article/20210302500104
53 https://www.hankyung.com/economy/article/202102096272i
54 http://ch.yes24.com/Article/View/45426?callGb=lib
55 http://ch.yes24.com/Article/View/45426?callGb=lib
56 https://www.saramin.co.kr/zf_user/help/live/view?idx=96680&listType=news
57 이호건·엄민영, 《새로운 리더가 온다》, 피플벨류HS, 2018.
58 https://www.20slab.org/Archives/37750
59 https://biz.chosun.com/industry/2021/05/31/57JHHZF4FBFCLGEKGKJI3IQ2VU/
60 http://www.casenews.co.kr/news/articleView.html?idxno=10366
61 https://www.fnnews.com/news/202207291533564326
62 https://www.hankookilbo.com/News/Read/A2021072217200000169
63 https://www.hankookilbo.com/News/Read/A2021072217200000169
64 제이콥 모건, 《직원 경험The employee experience advantage》, 이담북스, 2020.
65 제이콥 모건, 앞의 책.
66 https://news.mt.co.kr/mtview.php?no=2022050114164375000
67 https://www.chosun.com/opinion/touch_korea/2022/04/23/6PPSWT5WV5E75GIO744
X52O4HA/
68 질 들뢰즈·클레르 파르네, 《디알로그》, 동문선, 2005.

DoM 016

MZ세대가 조직을 버리는 이유
조용한 퇴사

초판 1쇄 발행 | 2023년 1월 10일
초판 4쇄 발행 | 2023년 7월 10일

지은이 이호건
펴낸이 최만규
펴낸곳 월요일의꿈
출판등록 제25100-2020-000035호
연락처 010-3061-4655
이메일 dom@mondaydream.co.kr

ISBN 979-11-92044-21-7 (03320)
ⓒ 이호건, 2023

월요일의꿈

'월요일의꿈'은 일상에 지쳐 마음의 여유를 잃은 이들에게 일상의 의미와 희망을 되새기고 싶다는 마음으로 지은 이름입니다. 월요일의꿈의 로고인 '도도한 느림보'는 세상의 속도가 아닌 나만의 속도로 하루하루를 당당하게, 도도하게 살아가는 것도 괜찮다는 뜻을 담았습니다.

"조금 느리면 어떤가요? 나에게 맞는 속도라면, 세상에 작은 행복을 선물하는 방향이라면 그게 일상의 의미이자 행복이 아닐까요?" 이런 마음을 담은 알찬 내용의 원고를 기다리고 있습니다. 기획 의도와 간단한 개요를 연락처와 함께 dom@mondaydream.co.kr로 보내주시기 바랍니다.

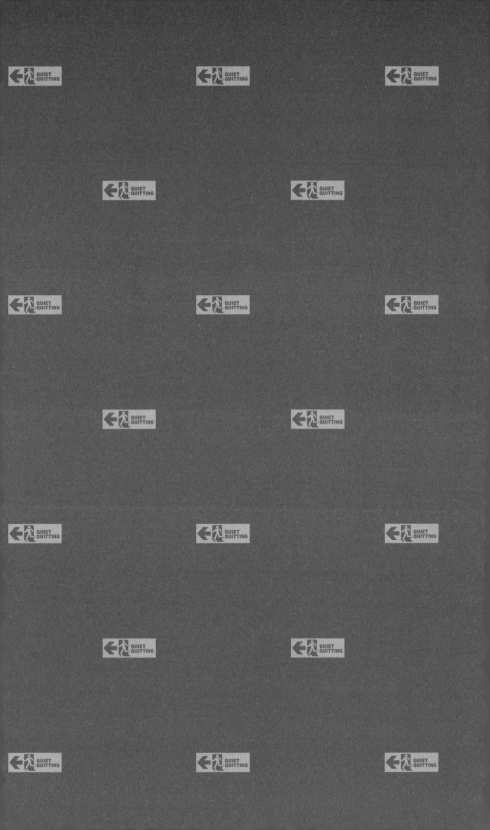

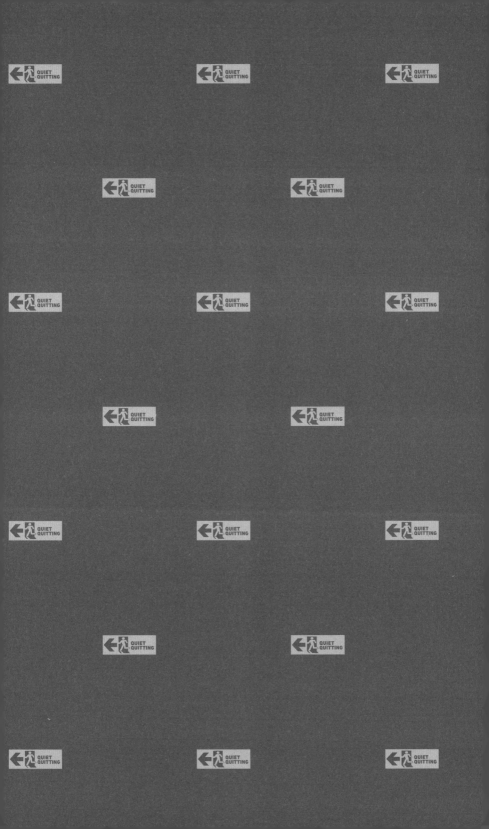